DE
L'INTERPRÉTATION
DES LOIS.

IMPRIMERIE D'HIPPOLYTE TILLIARD,

RUE DE LA HARPE, N° 78.

DE L'INTERPRÉTATION DES LOIS,

Par M. A. MAILHER DE CHASSAT,

JUGE-SUPPLÉANT AU TRIBUNAL DE 1ᶠᵉ INSTANCE DE LA SEINE.

> Doctrina... vim promovet insitam;
> Rectique cultus pectora roborant.
> HORAT. *Carmin.* lib. IV, od. IV.

2ᵐᵉ ÉDITION.

A PARIS,

LIBRAIRIE DE JURISPRUDENCE ET D'ADMINISTRATION
D'ANTOINE BAVOUX, ÉDITEUR,
Rue Gît-le-Cœur, nᵒ 4.

1825.

TRIBUNAL
de 1re
Instance
DU
Dépt. de la Seine.

CHAMBRE
des Avoués.

Paris, le 6 mars 1823.

A Monsieur A. MAILHER DE CHASSAT *, avocat à la Cour Royale* (1) *de Paris.*

MONSIEUR,

La Chambre accepte avec plaisir l'exemplaire que vous avez bien voulu lui transmettre de votre ouvrage intitulé, *Traité de l'interprétation des Lois.* D'après le compte qui lui en a été rendu, la Chambre a décidé qu'il sera placé dans sa bibliothèque, où elle n'admet que des livres utiles.

Votre livre, Monsieur, renferme dans un cadre assez étroit un grand nombre de principes importants et disséminés dans une foule d'ouvrages ; il a le double avantage d'offrir une doctrine complète sur un objet qui embrasse toute la législation, et d'épargner des recherches nombreuses.

(1) M. Mailher de Chassat a été nommé juge - suppléant postérieurement.

Cet ouvrage lui a paru précieux sous un autre rapport : il facilite l'étude, mais n'en dispense pas; il offre des principes à méditer, mais il faut en déduire des conséquences justes; ce qui ne péut être que le résultat du travail. Sous ce point de vue, il sera très utile aux jeunes gens qui se destinent à l'étude des Lois; il sera fort utile aussi à ceux qui, depuis long-temps, y consacrent leurs veilles, en mettant sous leurs yeux, dans un tableau de peu d'étendue, tous les principes dont il importe de bien juger l'ensemble : en un mot, l'administration de la Justice n'étant que l'action même de la loi, et cette action ne recevant la force et pour ainsi dire la vie, que de l'interprétation des lois, votre ouvrage ne peut être que d'une utilité générale.

Agréez, je vous prie, Monsieur, l'assurance de notre parfaite considération.

Le Président de la Chambre,

LOT.

Le Sécretaire de la Chambre.

MASSON.

PRÉFACE.

Je donne quelques règles sur l'interprétation des lois. J'ai hésité plus d'une fois dans l'exécution de ce dessein. . . . Vous explorez une mer sans rives, me disaient quelques-uns de mes amis; d'autres me représentaient les difficultés sans nombre qu'il y avait à asseoir de bons principes sur cette matière. Moi-même, je me faisais plusieurs objections : mon titre n'est-il pas un peu ambitieux? et de quelque modestie que j'enveloppe mon langage, n'ai-je pas l'air de donner des leçons sur un sujet où personne ne se soucie guère d'en recevoir? Chacun n'a-t-il pas sa raison? Ce flambeau n'est-il pas bien plus sûr que les pâles et incertaines lueurs d'un livre où tout peut être mis en question? Je ne me suis pas arrêté à ces obtacles; cependant, je vais examiner celui qui m'a paru le plus sérieux.

Je ne saurais nier la difficulté qu'il y a à asseoir de bons principes en matière d'interprétation : je dirai plus; je pense que ce grave sujet ne comporte pas une longue exposition de principes. Son champ est la métaphysique; et l'on sait que, dans cette science, à côté de la plus saine proposition se trouve immédiatement placée la proposition la plus subtile et souvent la plus dangereuse. Néanmoins il est des principes incontestables, avoués par la raison universelle, qui dirigeront toujours les esprits sages, les hommes de bonne foi. Les sciences ont pu subir de nombreuses révolutions; des méthodes d'enseignement nouvelles ont pu succéder aux anciennes; les procédés généraux de l'esprit humain n'en restent pas moins les mêmes; et après les immenses découvertes des *Bacon*, des *Leibnitz*, des *Descartes*, des *Locke*, des *Condillac* et de leurs disciples, les ouvrages philosophiques d'Aristote s'offrent encore à nous comme le recueil le plus complet et le plus généralement sage, de la plupart des vérités utiles et applicables aux usages de la vie. Quelle en peut être le cause? C'est que ce génie essentiellement juste et droit a posé toutes ses règles d'après les procédés les plus naturels et les plus constans de l'esprit humain (1). J'ai donc pu céder au desir d'écrire quelques principes sur l'interprétation des lois.

Quant à la raison individuelle, dont je parlais tout à l'heure, qui oserait se confier sans réserve à

---

(1) De ces deux vérités, que l'entendement et le cœur humain restent toujours les mêmes, puisqu'ils tiennent à l'organisation invariable de l'homme, on pourrait faire un beau livre qui contrarierait bien des idées modernes.

un pareil guide? On peut écrire de bonne foi des dissertations élégantes, précises, spécieuses même, et ne pas effleurer la matière dont on s'occupe. L'esprit et la métaphysique peuvent facilement prendre la place du positif de chaque science. Les vérités constantes, utiles, en matière de législation, s'appuient et s'enchaînent mutuellement. Celui qui ignore les propositions fondamentales de cette science, les conséquences que les gens habiles en ont tirées de tout temps et que l'on peut en tirer encore, court grand risque de suivre simplement son imagination, et de s'égarer au sein de spirituelles rêveries.

Mais j'ai beaucoup cité, me dira-t-on; et, dans le siècle où nous vivons, l'on cite peu. Il est vrai. J'avoue même que les nombreuses citations m'ont toujours paru de mauvais goût. Ici je reproduirai, pour toute réponse, l'observation que je faisais tout à l'heure. Le positif de la science du droit se compose d'un système de principes consacrés ou admis comme vrais par les hommes les plus habiles dans cette science; mais comme la bonté de ces principes n'est souvent que relative, comme ils peuvent être combattus par d'autres principes non moins bons en apparence, les citations faites avec discernement ont pour but de donner une sorte de garantie morale de la vérité, de l'exactitude, de l'excellence de celui que l'on expose ; et cette garantie est d'autant plus forte, que la série des hommes qui ont professé le même principe est plus nombreuse, plus ancienne ; que ces hommes peuvent être considérés comme autorités plus graves (1).

Cependant il a fallu faire un choix, et c'est ici que ma tâche devenait difficile. La science du droit n'a pas été envisagée ni traitée de la même manière à toutes les époques de son histoire, depuis sa renaissance en Europe. Les méthodes subtiles et scolastiques des Cynus, des Balde, des Bartole et autres commentateurs des treizième et quatorzième siècles, n'étaient pas celles des Cujas, des Doneau, des Duaren, des Hotman, des Brisson, des Mérille ; et les méthodes de ces savans jurisconsultes n'étaient pas celles des jurisconsultes qui les ont suivis (2).

De nos jours, les écoles d'Allemagne semblent occupées à ressaisir les belles méthodes de nos jurisconsultes du seizième siècle ; mais leurs travaux en ce genre, quelque recommandables qu'ils

---

(1) On sait que Théodose le Jeune avait ordonné qu'en cas de partage d'opinions parmi les juges, celle qu'adopterait Papinien serait préférée et suivie.

(2) Cependant je dois dire que c'est dans Bartole, surnommé par l'école *summus juris apex*, et dans quelques autres commentateurs de cette époque, que l'on trouve les plus nombreux matériaux sur l'interprétation.

soient d'ailleurs, portent tous l'empreinte, plus ou moins sentie, des divers systèmes philosophiques qui se propagent avec tant de facilité dans ce pays. De là la tendance habituelle de leurs jurisconsultes à généraliser, et à s'enfoncer, souvent en pure perte, dans une métaphysique abstruse et nébuleuse, d'où le praticien peut rarement faire résulter quelque proposition simple applicable aux usages de la vie. De là cette mobilité de leurs doctrines juridiques, qui les met si souvent en opposition entre eux, et quelquefois avec eux-mêmes. Néanmoins leurs travaux, exécutés avec grandeur, étendue et franchise, m'ont fourni d'abondans secours; et après avoir fait usage des jurisconsultes dont la France s'honore, j'ai emprunté, mais avec discernement, aux jurisconsultes allemands, quelques principes qui m'ont paru confirmés indirectement par nos propres auteurs, ou généralement admis parmi nous.

Domat et Pothier ont été aussi mes autorités. Ces deux grands jurisconsultes, qui forment pour ainsi dire la dernière époque du droit français, n'ont rien de commun avec leurs prédécesseurs. Leurs ouvrages, dépourvus de cette littérature exquise, de cette science de l'antiquité que le goût le plus pur ramène toujours à sa place dans ceux des Hotman, des Doneau, des Mérille, &c., écrits souvent dans un langage barbare au sein des dix-septième et dix-huitième siècles (1), s'élèvent néanmoins aux plus hautes méthodes, ou nous retracent, dans des discussions pleines de sagesse et de bonne foi, les seuls et véritables principes à suivre sur chaque matière. Ces deux jurisconsultes, essentiellement amis de l'ordre et de la paix dans leur pays, ont la gloire d'avoir rendu pour ainsi dire vulgaire la science du droit parmi nous, sans avoir jamais excité d'autres transports que ceux d'une reconnaissance qui ne périra jamais en France.

Mais eux-mêmes avaient pris pour guide comme pour texte de leurs travaux le droit romain : c'est là, en effet, que se trouvent les principes d'éternelle justice les mieux appropriés aux sociétés humaines; ce qui faisait dire à Gui Coquille, tout partisan qu'il était du droit coutumier, que, *par don de Dieu, ils* (les Romains) *avaient la lumière de l'entendement bien nette, et le cœur bien franc* (2). J'ai donc puisé habituellement à cette source. Cependant les Romains s'entendaient peu à coordonner

---

(1) En lisant le *Traité des obligations*, de Pothier, chef-d'œuvre de justesse et de raison, on est tenté de douter que jamais aucune notion de grammaire générale soit entrée dans la tête de cet excellent jurisconsulte. Quant à Domat, son langage est meilleur que celui de Pothier; mais qui croirait lire en lui un auteur du siècle de Louis XIV et l'ami intime de Pascal? (Il est mort en 1696.)

(2) Gui Coquille, quest. 208.

en système les divers principes du droit : il y a plus ; leurs travaux n'ont jamais eu cela pour but. Traiter une question ; en analyser scrupuleusement toutes les parties ; arriver jusqu'à la nuance la plus légère, aux aperçus les plus délicats, quelquefois même jusqu'à des subtilités : tels sont les résultats que nous offrent habituellement leurs livres sur le droit. J'ai donc choisi dans ce vaste recueil, et à l'aide des plus habiles commentateurs, les principes qui m'ont paru les plus appropriés à l'interprétation des lois.

Enfin j'ai dû faire mes applications au droit français. Je ne sais jusqu'à quel point j'aurai réussi ; ce que je puis dire, c'est que mon livre est *un livre de bonne foi*, et fait avec le vif desir d'être utile. J'ai pensé qu'à une époque où la science des lois avait acquis, sous la main sage qui nous gouverne, une importance qu'elle n'a eue à aucune autre époque de notre histoire, quelques règles d'interprétation courtes et faciles à saisir en simplifieraient l'étude.

Au reste, la meilleure de toutes les règles d'interprétation, celle sans laquelle toutes les autres sont nulles ou deviennent même des instrumens dangereux, est la probité, l'absence de toute prévention funeste, un attachement profond et sincère aux lois de l'ordre, à la paix et au bonheur de son pays. Pour nous, cet attachement est inséparable de celui que nous devons à l'auguste dynastie qui est la cause naturelle de l'ordre dont nous jouissons, et sans laquelle notre pays recommencerait bientôt une nouvelle ère d'infortunes et de crimes.

Enfin, on ne doit jamais oublier que c'est moins la science que la bonne foi qui interprète.

INTRODUCTION.

Le Traité de l'interprétation des lois est du petit nombre des livres de doctrine qui ont paru depuis la révolution. Je sentais, je l'avoue, cet inconvénient en le publiant ; aussi était-ce une espèce d'essai que je faisais sur le goût du public. Je n'ai sans doute qu'à me féliciter de l'accueil bienveillant qu'il en a reçu ; mais j'oserai me permettre d'encourager en France ce genre de composition. Que de travaux on s'épargnerait, que de méprises souvent funestes on éviterait, si, plus exercé sur les divers points de la doctrine, on était moins dépendant de la jurisprudence ! Ai-je besoin de dire combien est incertaine l'autorité de la jurisprudence ; combien sont nombreuses et difficiles les conditions auxquelles elle acquiert une gravité suffisante pour déterminer les hommes instruits ? Que de jugements en dernier ressort, que d'arrêts paraissent consacrer le même principe, et statuent néanmoins sur des espèces différentes ? Le juge pouvant toujours mêler aux motifs tirés du droit ceux résultant des circonstances ou de l'équité, comment affirmer qu'il ait jamais résolu un pur point de droit? Plus la doctrine sera forte dans un pays, moins on invoquera la jurisprudence. Mais ce n'est pas là le seul avantage : la jurisprudence elle-même n'étant en quelque sorte, que les résultats de la doctrine, elle retiendra facilement les qualités précieuses d'une excellente origine ; et c'est alors qu'elle prendra, à juste titre, aux yeux des vrais jurisconsultes l'importance, la dignité qui lui sont propres.

Reprocherait-on à la matière dont je m'occupe d'être abstraite? Mais toutes les parties du droit le sont également. Lisez une discussion forte dans un mémoire ou dans une consultation, entendez à l'audience une plaidoirie solide et bien préparée, c'est toujours de la métaphysique. Seulement, il est donné à quelques esprits de répandre de plus vives clartés sur ces matières, qu'à d'autres : on ne peut donc pas dépouiller la science du droit d'une qualité qui lui est inhérente ; mais il dépend de nous de mettre cette science plus à notre portée, par de bonnes études, par des méditations sérieuses, par un travail assidu.

Mon Traité est court; cependant, comme j'ai calculé, les auteurs à la main et après de nombreuses vérifications, la portée et, autant que possible, la justesse de chaque principe, j'ose affirmer que celui qui aura le courage de prendre le corps de droit, de mettre sous sa main les diverses sources auxquelles j'ai puisé, et de commenter ce Traité à loisir, le trouvera assez long. Il aura même fait, à mon avis, un bon cours de droit. Je conviens cependant que l'étude en sera plus agréable et plus satisfaisante pour celui qui connaîtra déjà la langue du droit.

Je me propose de donner à ce Traité des développements nouveaux et nécessaires dans un ouvrage que je publierai incessamment (1). Mais, en attendant, je veux exposer ici quelques modifications que j'ai cru devoir faire subir à un petit nombre de principes incomplètement énoncés, ou dont je n'ai pas assez fait sentir la justesse dans ce traité.

J'ai énuméré, à la page 262, les cas dans lesquels il y a lieu à recourir au législateur pour interpréter *par voie d'autorité.* Cependant il en est encore deux où la Cour de Cassation, procédant par analogie, et sans qu'il s'agisse d'interprétation, peut saisir le pouvoir législatif d'une question qui a été jugée d'une manière contraire à ses décisions par les Cours royales. Le premier est celui où la Cour de Cassation reconnaît et constate l'existence d'une lacune dans la législation, et casse les jugements ou les arrêts qui lui sont déférés pour

---

(1) Les arguments légaux.

avoir faussement appliqué les lois en vigueur (1). Le
second est celui où la Cour de Cassation reconnaît
et constate l'abrogation d'une loi ancienne qu'on
auraitappliquée. Dans ces deux cas elle n'interprète
pas ; à moins qu'on ne veuille prétendre, ce que je
ne saurais admettre, qu'elle interprète la législation
tout entière. Elle veille seulement à la stricte ob-
servation des lois, et repousse comme irrégulière
ou comme dangereuse toute tentative par laquelle
les corps judiciaires voudraient mettre leurs déci-
sions à la place de la loi. Elle se conforme aussi
par là au but spécial de son institution.

J'ai dit néanmoins que dans ces cas elle pro-
cédait par analogie ou par extension ; en effet la
loi du 1er décembre 1790, qui l'institue, porte
art. 91.

« Lorsqu'un jugement aura été cassé deux fois,
» et qu'un troisième tribunal aura jugé en dernier
» ressort de la même manière que les deux premiers
» la question ne pourra plus être agitée au tribunal
» de Cassation, qu'elle n'ait été soumise au corps
» législatif qui, en ce cas, portera *un décret déclara-*
» *toire de la loi ;* et le tribunal de cassation s'y con-
» formera dans son jugement. »

-----

(1) Voyez, pour l'application de ce cas, l'arrêt du 5 décembre dernier
sur le duel.

Et l'art. 1ᵉʳ. de la loi du 16 septembre 1807 porte :

« Il y a lieu à *interprétation de la loi*, si la Cour
» de cassation annule deux arrêts ou jugements en
» dernier ressort, rendus dans la même affaire,
» entre les mêmes parties, et qui ont été attaquées
» par les mêmes moyens. »

Ces deux textes supposent toujours, comme on le voit, la nécessité d'interpréter une loi obscure, absurde ou immorale, etc., mais existante. Ils n'ont évidemment pas prévu le cas où il s'agit de l'application des lois en vigueur à des faits non prévus par elles, ou de statuer sur l'abrogation d'une loi ancienne par l'usage. Néanmoins, le but vers lequel on tend dans ces cas est analogue à celui que la loi a prévu, et les motifs sont identiques, d'où résulte la nécessité de l'extension. Quelle différence en effet , quant au résultat, entre une loi inintelligible ou vicieuse, et par conséquent inapplicable, et une loi que l'on suppose abrogée, et par suite inapplicable inégalement ? Le besoin est le même dans les deux cas, et jusqu'à ce qu'une disposition de loi ait autrement régularisé le recours au pouvoir législatif dans ces deux derniers cas, la force des choses aussi-bien que les vrais principes commandent l'analogie (1).

____

(1) Quelques docteurs subtils pourront peut-être prétendre que les

Ce premier point établi , je passe à un second.

J'ai dit à la page 64, que quelquefois l'interprétation authentique ne se bornait pas à faire connaître le sens de la loi antérieure, mais qu'elle ajoutait à ses dispositions, ou les diminuait, sans cesser d'être interprétation authentique.

Ce principe ainsi présenté offre des difficultés ; et j'avoue qu'il serait propre à induire en erreur. Comment concevoir en effet que le législateur qui ajoute ou retranche sciemment quelque chose à une loi antérieure, interprète cette loi? Une subtilité de Franzke m'avait amené à énoncer ainsi d'une manière trop vague, un précepte vrai en lui-même.

Le législateur qui est toujours présumé honnête et franc dans sa pensée comme dans son langage (1), ne peut mêler, sans le déclarer, des dispositions nouvelles à une loi ancienne qu'il interprète. Il faudra donc dire avec Voët et avec la raison, « que la » loi nouvelle s'appliquera aux choses passées , en » se rattachant à la loi interprétée, non pas en tant » qu'elle énonce des dispositions nouvelles, mais

____

arrêts de la Cour de cassation appréciant la force d'un usage dans le dernier cas, le pouvoir législatif sera saisi d'une question d'interprétation d'usage; mais ce serait déplacer la difficulté; il ne s'agit pas en effet d'interpréter un usage, mais bien de décider si l'usage a abrogé une loi ancienne. C'est là le point de vue sous lequel j'examine la question.

(1) § 130.

» en tant qu'elle explique la loi antérieure dont le
» sens était obscur ». *Quoties non tam novi quid
lege nova injungitur, quàm potiùs dubiæ legis ante-
rioris interpretatio fit.*

Il serait peut-être curieux et important de déter-
miner ici le caractère du législateur comme inter-
prète. Toutes les difficultés à cet égard ne sont pas
résolues par la loi dernière au Cod. *de legib.*, § 1 (1).
Je conviens que ses pouvoirs sont égaux à ceux du
législateur qui a rendu la loi, mais il ne se propose
pas comme interprète de rendre une loi nouvelle ;
sa mission consiste à ressaisir, comme je l'ai dit
(§ 165), la pensée de l'auteur de la loi antérieure
pour la mettre dans tout son jour. Il ne diffère, à
mon avis, de l'interprète ordinaire que sous deux
rapports : le premier, en ce qu'il envisage avec plus
d'élévation et d'indépendance l'objet même de la
loi ; le second, en ce que son interprétation, quelle
qu'elle soit, portera sur-le-champ le caractère de
loi. — Que, si à la faveur de la loi interprétative, il
fait passer une disposition nouvelle, il commet une
fraude indigne du législateur, mais qui ne saurait
jamais se présumer.

A la page 262. J'ai dit, n° 1... qu'il y avait lieu à
rendre la loi interprétative, entre autres, lorsque le

---

(1) Si enim in præsenti leges condere soli imperatori concessum est ;
et leges interpretari solo dignum imperium esse oportet.

sens de la loi antérieure était absolument *inapplicable à l'espèce soumise ;* j'ai voulu dire *à une espèce quelconque.* Enfin, j'ai admis (page 130) d'après Everhard, Donellus, etc., le principe que la *volonté* et le *motif* de la Loi étaient une seule et même chose; ce principe, quoique professé par la plupart des docteurs, me paraît susceptible de plusieurs modifications que j'indiquerai dans mes arguments légaux.

L'INTERPRÉTATION

DES LOIS.

LIVRE Ier.

TITRE PRÉLIMINAIRE.

§ Ier.

Divisions, Définitions (1).

Toute la science du droit peut se diviser en trois grandes parties :

1° La didactique du droit ;
2° Son histoire générale ;
3° L'exégèse ou la science de l'interprétation.

---

(1) Je veux expliquer sur-le-champ la fameuse règle de droit qui paraît condamner toute espèce de définition : *Omnis definitio in jure periculosa est ; parum est enim ut non subverti possit.* (L. 202, ff. de reg. jur.) Jacques Godefroi démontre d'une manière incontestable que le mot *definitio* signifie ici *règle.* (*Opera juridica minora*, pag. 1218 et suiv.) Une règle est dangereuse en droit, selon lui, pour trois raisons : 1° par la grande difficulté qu'on éprouve en général à faire une règle, surtout lorsqu'elle statue sur des faits ou sur l'équité, plutôt que sur le droit ; 2° par les exceptions et les restrictions qui accompagnent ordinairement la règle ; en effet, comment déterminer exac-

La didactique a deux principaux objets : 1° la recherche et l'exposition de toutes les parties du droit positif ;

2° Toutes les méthodes générales ou spéciales propres à en faciliter l'étude.

L'histoire embrasse tout ce qui tend à donner la connaissance des causes générales ou particulières, éloignées ou prochaines, des diverses parties du droit ; les variations, les perfectionnements, les abrogations, dérogations , en un mot , toutes les vicissitudes de la législation. On la divise en *histoire extérieure* et *histoire intérieure*.

L'exégèse a pour objet l'interprétation du droit positif (1).

---

tement le nombre des exceptions , qui peut être tel souvent qu'il fasse disparaître la règle ; 3° par la difficulté qu'il y a à l'appliquer exactement ; car le moindre doute, le plus léger obstacle dans l'application, en détruit toute la force.

Quant aux moyens de se convaincre de l'exactitude de l'application, ils consistent à s'assurer 1° du sens réel des termes ; 2° du but de la règle ; 3° de sa parfaite convenance avec l'espèce à laquelle on l'applique.

Mais les définitions emportant précepte , comme l'explique Godefroi (*ibid.*), sont d'un fréquent usage dans les lois , et n'offrent aucun danger. Loin de là , elles sont d'une grande utilité , surtout lorsque la matière qu'elles embrassent est exactement décrite. Javolenus traite formellement des règles et préceptes ou *définitions du droit naturel : naturalia jura* (§ ultim. *Instit. de jur. natur. et gent.*). Le Code civil donne une foule de définitions. Il définit l'usufruit, la représentation , les présomptions , la vente , l'échange , les contrats aléatoires , etc. etc.

(1) Ces divisions, qui appartiennent spécialement à la théologie, ont paru à Leibnitz pouvoir s'appliquer convenablement à la jurisprudence. (*Method. nov. disc. doct. jurispr.* part. II , §§ 2 et 42.) Quant au mot d'*exégèse*, je l'ai pris dans le sens le plus étendu.

Elle se divise en deux parties principales :

La philologie du droit ;

Les diverses méthodes d'interprétation.

§. II.

L'interprétation a pour but de donner le sens d'un texte obscur, soit que l'obscurité provienne de l'insuffisance, de l'impropriété ou du barbarisme des mots, soit qu'elle provienne des vices du raisonnement ou du langage, de la défectuosité des caractères employés, des fautes des copistes ou des typographes (1).

Un système de règles appropriées à l'interprétation du droit, prend le nom d'*herméneutique du droit*.

§. III.

Les fondemens de toute interprétation législative sont, 1.° la signification propre ou figurée des mots : 2.° le langage employé par le législateur, la liaison et les rapports des diverses propositions entre elles ; 3.° la nature de la matière soumise à l'interprétation ; 4.° le motif de la loi, en tant qu'il retrace le but du législateur. De là cet axiome incontestable, qui se reproduira souvent dans ce traité, que le motif de la loi en est l'ame, et est par suite toute la loi (2).

---

(1) L'interprétation suppose toujours que le texte à interpréter exprime un sens ; s'il n'en exprimait aucun, l'interprétation serait sans objet. (Eckard, *Hermeneut. juris*, §. ix.)

(2) Voyez *præfat.* Heinecc. *ad Pandectas*.

§. IV.

Il y a trois espèces d'interprétations :

L'interprétation de doctrine ;

L'interprétation d'usage ou de jurisprudence ;

L'interprétation authentique ou par voie d'autorité.

La première est dévolue à tous les fonctionnaires chargés d'appliquer la loi ; c'est principalement sur leur raison et leurs lumières qu'est fondé l'usage régulier qu'ils en font.

On connaît deux espèces de méthodes d'interprétation par voie de doctrine : les méthodes générales, et les méthodes spéciales (1).

Si ces méthodes sont insuffisantes pour donner le sens de la loi, l'interprète consulte l'usage établi, la jurisprudence uniforme et constante.

Lorsque toutes ces ressources sont insuffisantes en même temps, il a recours au législateur, qui interprète par voie d'autorité (2).

PHILOLOGIE DU DROIT. (§. 1.er *in fine.*)

TITRE I.er

§. V.

Objet de la Philologie.

La philologie du droit peut être considérée comme les prolégomènes de toute la science de l'interprétation des

___

(1) *Voyez*, pour les définitions, le livre II.

(2) J'expliquerai au livre III les formes d'après lesquelles le législateur rend les lois interprétatives.

lois. Elle convient, quoique d'une manière différente, aux trois espèces d'interprétations dont je viens de parler. J'indiquerai ses rapports avec chacune d'elles.

Elle a deux principaux objets :

1.° La culture et les développemens de l'esprit dans le but de l'interprétation des lois ;

2.° Les diverses matières placées dans le domaine de la loi.

TITRE II.
CULTURE DE L'ESPRIT.

ſ. VI.

La loi, considérée dans son grand objet, est l'expression de tous les besoins de la société : il est évident, dès-lors, que son interprète doit s'élever à la connaissance approfondie de tous ces besoins ; son esprit doit donc avoir reçu tous les genres de développemens, car il peut être appelé à s'exercer sur toutes les branches de la législation.

ſ. VII.

Mais il est des sciences qui ont plus spécialement pour objet de diriger l'esprit vers les recherches spéculatives ; de fortifier ses progrès dans les études morales et méthaphysiques, et de le préparer ainsi aux divers procédés de l'interprétation. Les rapports nombreux qu'elles ont d'ailleurs avec toutes les matières de droit, mettent l'interprète dans la nécessité constante d'en faire l'application. Ces sciences sont, la grammaire, la rhétorique, la logique, l'histoire et les antiquités, la philosophie morale, et le droit naturel.

CHAPITRE Ier

GRAMMAIRE.

PARTIES TECHNIQUE, PHILOLOGIQUE ET MÉTAPHYSIQUE.

§. VIII.

Première Observation générale.

J'ai dit (§. II) que l'interprétation avait pour but de donner le sens d'un texte obscur, &c. &c.

Il est évident que les procédés généraux ou particuliers de la grammaire serviront souvent à lever les doutes, à dissiper les obscurités des textes.

Mais je dois commencer par énoncer une vérité qui domine toute la matière de l'interprétation.

Quoique les divers auteurs qui ont écrit sur ce sujet s'accordent généralement à ramener toutes les espèces d'interprétations à deux (l'interprétation grammaticale et l'interprétation logique), il n'en faut pas conclure que les théories des anciens jurisconsultes, qui divisaient l'interprétation, tantôt, selon les sciences dont elle exigeait l'application, en grammaticale, rhétorique, historique, logique, morale, &c. &c.; tantôt, selon la matière à interpréter, en politique, civile, géométrique, médicale, physique, &c., fussent entièrement dénuées de fondement. L'esprit humain ne procède pas dans un ordre didactique, et tel qu'il puisse être rigoureusement enchaîné par des méthodes. Quelquefois les ressources tirées de la logique et de la grammaire suffisent à elles seules, pour donner le vrai sens d'un texte ; quelquefois elles se combinent avec celles qui sont tirées de l'histoire, des antiquités, des mouvemens de l'ame, des subtilités de la dialectique, de la diversité des objets dont s'occupe le texte ; en un mot, c'est à la raison éclairée de l'interprète à juger jusqu'à quel point se trouvent ainsi mêlés ces divers élémens qui doivent lui servir de guide, et comment il doit en faire usage (1).

Cependant, en méditant beaucoup sur cette matière, je me suis convaincu que les jurisconsultes modernes ont raison de ne voir, avec Quintilien (2), que deux espèces d'interprétations (3); parce qu'en effet, la grammaire et la logique offrent presque toujours les principaux moyens d'interprétation, lorsqu'elles ne suffisent pas exclusivement.

§. IX.

Seconde Observation générale.

La grammaire embrassait, chez les Romains, ce que nous désignons aujourd'hui par le mot de *littérature*, par conséquent, la grammaire proprement dite, la rhétorique, la critique, l'histoire, &c. &c. Les jurisconsultes qui ont fondé les deux plus célèbres écoles de Rome, Antistius

---

(1) On trouvera au §. xvii un développement de ce principe.

(2) Lib. xii *Instit. orat.* cap. 2.

(3) On trouve aussi dans les lois 29 ff. *de legib.*, et 6, §. 1.er, ff. *de verbor. signif.,* la preuve certaine que Paul et Ulpien ne reconnaissaient que ces deux espèces d'interprétations.

Labeo et C. Ateius Capito étaient avant tout grammai-
riens (1). L'annotateur d'Eckard (2) soutient même, en se
fondant sur la loi 3, au Digeste, *de Reg. jur.*, que pen-
dant tout le temps de la république, on n'a fait usage à
Rome que de l'interprétation grammaticale, et que ce
n'est que sous les empereurs que s'est introduite l'interpré-
tation logique. L'examen et la critique de cette opinion
me paraissant au moins superflus, je me contenterai de
dire en terminant ce qu'Edmond Mérille, célèbre rival
de Cujas, a démontré fort au long (lib. i *Observat.*
cap. iii), savoir : que sous les empereurs, la grande oppo-
sition qui régnait entre les Proculéiens et les Sabiniens
résultait sur-tout de ce que les premiers s'attachaient
exclusivement à l'interprétation grammaticale , tandis que
les seconds accordaient tout à l'interprétation logique. En
voilà suffisamment pour faire sentir toute l'importance de
la grammaire, en matière d'interprétation.

SECTION Ire

───────

§. X.

Partie technique.

La partie technique de la grammaire a pour objet la
régularité grammaticale des termes et des locutions ; l'exac-
titude des conjugaisons, des déclinaisons ; les barbarismes,

────────────────────

(1) Sueton. *de illustr. Grammat.* cap. 10 ; Gellius, lib xiii *Noct.
attic.* cap. 10.

(2) Guillaume Walch *in* Eckard. *Hermeneut. jur.* pag. 18.

les solécismes , l'étymologie, les dérivés, les règles de syntaxe ; par suite, les constructions régulières ou vicieuses, la prosodie, l'orthographe, les appositions, &c. &c. Ainsi c'est elle qui nous apprendra que les mots *vis et potestas*, employés dans la définition de la tutelle (1), sont une véritable apposition (2) ; que les jurisconsultes romains ont souvent employé le mot *vis* au génitif, &c. &c.

C'est ainsi que les articles 786, 1112, 1302 et 2146 du Code civil, m'ont toujours paru blesser les principes élémentaires de la langue ; j'aurais desiré la rédaction suivante : Art. 786. Au lieu de, *s'il est seul, ELLE EST dévolue ;* j'aurais desiré, *s'il est seul, LA SUCCESSION est dévolue au degré subséquent.* — Art. 1112. *Il y a violence, lorsqu'ELLE est de nature ;* j'aurais préféré, *Il y a violence, lorsque LA CAUSE D'OÙ ELLE RÉSULTE (ou qui l'a produite) est de nature, &c. &c.* — Art. 1302, §. 1.er Au lieu de, *dans le cas où la chose FÛT également PÉRIE,* j'aurais préféré, *EÛT également PÉRI.* — Art. 2146, §. 1.er Au lieu de, *si l'inscription n'a été faite par l'un d'eux que DEPUIS L'OUVERTURE ET DANS LE CAS OÙ LA SUCCESSION, &c ;* j'aurais voulu, *DEPUIS L'OUVERTURE DE LA SUCCESSION, et DANS LE CAS OÙ ELLE N'EST ACCEPTÉE, &c.*

---

(1) *Instit.* §. 1.er *de tutel.* Ces mots sont aussi employés ensemble dans la loi 17 ff. *de legib.*

(2) Leibnitz, *de nov. Method. disc. doc. juris,* part. II, §. 44. On peut en dire autant de la définition de la justice..... *Constans et perpetua voluntas &c.*

SECTION II.

§. XI.

Partie philologique.

La partie philologique de la grammaire a pour objet l'éclaircissement, la pureté des textes ; car il importe avant tout d'exercer son esprit sur un texte qui exprime le sens réel de son auteur.

Les difficultés qu'éprouve le philologue, sous ce rapport, sont, 1.° en raison de l'époque à laquelle a été écrit le texte ; 2.° du genre d'écriture, des caractères, sigles ou abréviations employés ; 3.° de l'impéritie des copistes ou des libraires, et des vices de ponctuation ; 4.° des interpolations et altérations ; 5.° des erreurs long-temps accréditées par les fausses interprétations.

Le premier devoir du philologue est donc de s'assurer du sens, d'abord par la lecture ; s'il ne peut y réussir, il doit rechercher la cause qui s'oppose à la découverte du sens. Elle peut provenir de la forme dans laquelle se trouve conçu le texte. Ainsi, par exemple, on sait que les décisions renfermées dans les Pandectes, étant, pour la plupart, matériellement extraites des livres des anciens jurisconsultes, se présentent à nous sous la forme de réponses ou de solutions données à des questions proposées. Pour bien entendre le texte dont il s'agit, il conviendra donc de se représenter, de la manière la plus exacte, l'espèce sur laquelle ont prononcé les jurisconsultes.

Cette cause peut provenir aussi du caractère ou du signe employé. Les mêmes caractères ou les mêmes signes ne sont pas employés à toutes les époques. Le philologue doit s'attacher sur-tout à démêler ce qui est propre à une époque, de ce qui a cessé de l'être à une autre; il doit s'assurer aussi des usages affectés par telle classe d'hommes, telle secte de philosophes, ou même tel jurisconsulte dont on interprète les écrits. C'est ainsi qu'au rapport de Cicéron (*de Officiis*, lib. 1, n.° 7), les stoïciens étaient réputés *scrupuleux étymologistes.*

Si cette cause provient de l'impéritie des copistes, des libraires, ou des vices de la ponctuation, le philologue doit alors conférer les manuscrits, sur-tout les plus authentiques, les plus estimés et les plus rapprochés de l'époque à laquelle ont été écrits les textes. Il peut aussi recourir aux paraphrases et aux versions des idiomes étrangers.

Enfin, il doit avoir le courage de rechercher et de combattre les fausses interprétations, quelque grandes que soient les autorités qui les entourent; mais il doit se garder d'une témérité dangereuse, et ne jamais oublier que lorsqu'un texte de loi offre un sens clair, vouloir lui en donner un plus naturel ou meilleur, c'est s'ériger en législateur, et méconnaître la tâche de l'interprète (1).

---

(1) Eckard. *Hermeneut. jur.* §. 52; Val. Guil. Forster. *de Interp. jur.* cap. 11, n.° 9.

Ceux qui voudront de plus amples notions sur cette matière, pourront consulter l'*Hermeneutica juris* d'Eckard, vaste répertoire de toutes les connaissances philologiques dont peut faire usage l'interprète.

SECTION III.

§. XII.

Partie métaphysique.

La partie métaphysique de la grammaire embrasse toutes les nuances, toutes les finesses, toutes les variétés du langage; elle se lie à la littérature, aux sciences, aux arts; elle suit les progrès et la décadence des mœurs et des institutions, les révolutions politiques et civiles, en un mot tous les mouvemens de l'esprit humain. De là la nécessité, pour l'interprète, de faire une étude spéciale de cette partie de la philosophie.

Plusieurs auteurs ont appliqué ces réflexions à l'étude du droit romain.

« Les fragmens dont sont extraits les livres du droit » romain, dit Barbeyrac, dans une dissertation élégante » sur la manière d'étudier le droit (1), ne sont pas d'un » seul et même âge; ils renferment une foule d'expressions » ou de locutions fort diverses entre elles. Tout le droit » romain, depuis la fondation de Rome, se trouvant en » quelque sorte fondu dans cette collection, il est résulté » de là que les différentes parties dont elle se compose, » portent toutes plus ou moins l'empreinte des divers » âges de la langue latine, jusqu'à l'époque où a été pro- » mulgué le corps de droit. On citerait à peine une lo- » cution ou même une expression qui ne fût propre à

_____

(1) *Oratio de studio jur. recte instituendo*, pag. 8.

» vérifier cette observation. Il ne suffit donc pas de quel-
» ques études légères faites sur deux ou trois auteurs
» anciens ; tous doivent être étudiés, quel que soit le
» genre de leurs écrits, car tous contribuent à éclairer les
» divers passages du droit romain. »

Ces sages réflexions, qui ont été faites aussi par François Hotman (1) et par Leibnitz (2), exigent des études approfondies des auteurs qui peuvent amener le plus directement à ce but. Leibnitz a indiqué plusieurs ouvrages dans ce dessein (3); j'y ajouterai les suivans : 1.° les divers traités d'Isaac et de Gérard Vossius, sur la langue latine ; 2.° le *Lexique juridique* de Barnabé Brisson, augmenté d'une savante préface d'Heineccius; 3.° le livre *de Latinitat. vet. jurecons.* de Duker; 4.° ceux de Kirchmayer sur le même sujet; 5.° sur-tout les beaux ouvrages de Funck sur les quatre âges de la langue latine.

§. XIII.

Les principes que je viens d'exposer relativement aux usages de la grammaire philosophique pour l'interprétation du droit romain, s'appliquent à la législation française, mais d'une manière différente.

La collection du droit romain présentant des fragmens d'une législation de plusieurs siècles, offre en même temps les nuances diverses qui caractérisent les époques aux-

---

(1) *De optim. gener. jur. interpr.* in principio.
(2) *Method. nov. disc. doc. jurisp.* part. II, §. 45 *et seq.*
(3) Eod. §. 45.

quelles ces ι ̶ ιcns ont été composés. Tous ayant reçu force de loi de la part de Justinien, ils sont tous d'un égal intérêt pour l'interprète, qui doit redoubler d'efforts à mesure que le texte s'éloigne d'un âge où les moyens d'interprétation sont plus nombreux.

Il n'en est pas de même de la législation française, qui a été composée en entier, presque d'un seul trait, par des contemporains, dans la vue de rédiger des lois, avec une éducation, des mœurs à-peu-près semblables, et vivant sous les mêmes influences politiques. Il est vrai que leurs principes en jurisprudence n'étaient pas conformes en tous points. Quelques-uns d'entre eux, élevés dans les pays de droit écrit, avaient des notions plus étendues et plus sûres sur cette espèce de droit que leurs collaborateurs; de là une prédilection marquée et souvent un préjugé en faveur de ce premier objet de leurs études. La même observation s'applique, en sens inverse, aux rédacteurs dont les doctrines appartenaient aux pays de droit coutumier. Bien plus, toutes les parties des Codes ne sont pas revêtues des mêmes formes de style; et il serait facile de faire sentir les différences qui existent, sous ce rapport, entre deux titres voisins. Mais ces nuances n'ayant aucun objet, disparaissent évidemment pour nous, du moins quant au Code civil; et l'on peut dire qu'il a été conçu et composé dans un même esprit, comme dans une même langue; ce qui ne permet pas de lui appliquer les principes que je viens d'exposer, dans le sens du droit romain.

Mais toutes les parties de la législation française n'ont pas été saisies par les nouveaux rédacteurs. Les matières religieuses, par exemple, ne les ont pas occupés ; quelques dispositions de droit public se font à peine remarquer de loin en loin ; et plusieurs matières de droit privé, évidemment omises, ou trop succinctement traitées, obligent de recourir encore aux anciens monumens du droit civil.

Je réduirai donc à quatre classes les matières auxquelles s'appliquent mes remarques sur les usages de la grammaire :

1.° La partie du droit positif non abrogée :
{ matières ecclésiastiques,
de droit public,
de droit privé ;

2.° La partie abrogée de ce droit (comme source d'interprétation) ;

3.° La jurisprudence et les usages régulièrement constatés ;

4.° Les opinions des auteurs.

Dans la partie positive non abrogée, relative au droit public, je comprends tout le droit antérieur à la Charte et aux lois qui s'y rattachent. En effet, la Charte ayant été donnée par le Roi dans la plénitude de sa puissance, il est évident que toute la partie du droit antérieur qui ne lui est pas contraire, reste à interpréter comme droit positif en vigueur, et que l'interprète peut appliquer les principes que je développe, à l'explication d'actes qui remontent jusqu'à l'origine de la monarchie.

§. XIV.

Je viens d'énoncer que même les parties du droit positif antérieur, abrogées par les Codes, étaient susceptibles, comme sources d'interprétation, de recevoir l'appli-

cation de ces principes. En effet, il pourra souvent devenir
intéressant de rechercher, par des études grammaticales,
le véritable sens de tel édit, de telle disposition du droit
coutumier qui aura servi de fondement à une disposition
nouvelle; de rechercher par suite celui que les anciens
commentateurs de cet édit ou de cette coutume leur ont
prêté, celui des anciens arrêts formant jurisprudence; car,
quel est le jurisconsulte qui, pouvant établir par une série
d'actes législatifs, ou par une jurisprudence uniforme et
constante, qu'une disposition des établissemens de Saint
Louis, par exemple, interprète directement un article des
Codes, n'ait la conviction que tel est le vrai sens de la
disposition nouvelle, et la confiance qu'elle obtiendra
l'assentiment de la magistrature éclairée?

Or, cette longue chaîne de monumens législatifs, qui
commence avec le berceau de la monarchie, et qui,
malgré l'incohérence résultant de la constitution poli-
tique du pays et de la variété des statuts locaux, n'en est
pas moins, au besoin, le plus sûr interprète de la plu-
part des lois nouvelles, nous offre ses ressources dans une
langue qui a eu aussi ses âges, ses vicissitudes, et qui n'est
pas moins digne que la langue romaine de fixer l'atten-
tion et les recherches du jurisconsulte philosophe.

Enfin, les synonymes, les homonymes, les pléonasmes,
les périphrases, les inversions, les paraphrases, les tours
elliptiques, l'analyse des idées, le système habituel de la
langue, les idiotismes étrangers (1), les allusions légales,

---

(1) On sait, par exemple, que les Pandectes sont remplies d'archaïsmes
et d'idiotismes grecs.

rentrent également dans le domaine de la grammaire gé-
nérale.

§. XV.

Je viens de parler des allusions légales ; je dois expli-
quer ce mot.

Un discours n'est souvent qu'une allégorie continue ;
presque toujours il offre une suite d'allusions à un ordre
d'idées, de faits, de personnes ou de choses sur lesquelles
l'auteur exprime son jugement. A l'abri de ce voile, il
peut passer quelquefois toutes les bornes ; il jouit au moins
toujours d'une liberté qui lui serait interdite en employant
la voie directe. Le législateur, qui n'est présumé avoir
qu'une chose en vue, le bien de l'État, se trouve placé en
présence des besoins moraux de la société, d'une part, et
des obstacles qui s'opposent à l'exécution des anciennes
lois, ou de leur insuffisance, de l'autre. C'est là l'ordre
d'idées et de choses vers lequel doivent tendre perpétuel-
lement les allusions de la loi qu'il rend ; et la brièveté à
laquelle il est tenu, l'oblige souvent de donner cette forme
détournée à son précepte.

Il importe donc, pour bien interpréter la loi, de jeter
un regard attentif sur toutes les circonstances au milieu
desquelles le législateur l'a conçue et rédigée, sur son ca-
ractère personnel, sur les motifs secrets ou connus qui
ont pu l'engager à couvrir d'un voile son précepte, afin
de saisir réellement sa pensée, et de réserver l'application
de la loi pour les faits qui seuls l'ont déterminée.

§. XVI.

Au reste, l'allusion n'est pas le motif de la loi ; pour
que l'allusion existe, il faut qu'elle résulte des termes ou

de la forme même dans laquelle la loi est énoncée, et elle
sert alors à en indiquer le motif. Celui-ci, au contraire,
existe toujours ; car il ne saurait y avoir de loi sans motif.
De plus, le motif est, en général, fondé sur des vues
étendues, sages et durables ; tandis que l'allusion n'ex-
prime, le plus souvent, que la volonté particulière du
législateur de déroger au droit ancien, de créer des dispo-
sitions nouvelles, de modifier les mœurs dans tel ou tel
sens ; &c. &c.

Par exemple, l'art. 732 du Code civil porte : « La loi
» ne considère ni la nature ni l'origine des biens, pour
» en régler la succession. »

Toute la force de cette disposition repose évidemment
sur l'allusion qui résulte des mots *nature* et *origine*. Pour
bien saisir la volonté du législateur, il faudra donc se re-
porter sur les matières qu'il a en vue, et analyser ainsi ses
expressions : par le mot *nature*, il entend les distinctions
que l'on faisait autrefois en biens propres, acquêts, &c. ;
et par celui d'*origine*, les distinctions que l'on faisait
également en propres paternels et propres maternels, &c. ;
et sa volonté est de ne plus suivre ces distinctions. C'est
ainsi que plusieurs dispositions prohibitives ou *pénales*,
soit sur les matières civiles, comme les prohibitions résul-
tant des articles 162, 250, 340 du Code civil; sur le
faux (article 214 *et suiv.* Code de procédure) ; soit sur
les matières commerciales, par exemple celles relatives
aux faillites et banqueroutes, &c. &c., ont pris place
dans les Codes, uniquement parce qu'on avait sous les
yeux des désordres et des crimes dont la capitale seule
est le théâtre, qui tiennent spécialement à ses mœurs,

et qui même depuis cette époque ont pu changer de
nature ou éprouver de nombreuses variations. Néan-
moins l'allusion de la loi existe, et il serait dangereux de
la méconnaître parce que la cause aurait cessé en tout ou
en partie.

CHAPITRE II.

RHÉTORIQUE.

§. XVII.

La grammaire, la rhétorique et la logique ont entre
elles des liaisons intimes. Les nuances de la pensée, les
élégances du langage, les formes abstraites ou simples,
peuvent tour-à-tour être considérées comme appartenant
à l'une ou à l'autre de ces sciences. Tous les bons esprits
regardent la Logique de Port-Royal comme le complément
de sa Grammaire : d'un autre côté, Aristote, voulant faire
un traité de rhétorique, a presque fait un traité de lo-
gique (1).

Cependant, si l'on veut se rendre un compte exact de
leurs fonctions, et déterminer avec précision leurs pro-
priétés, on pourra dire que la grammaire a plus spécia-
lement pour objet le matériel et la correction du langage ;
la logique, l'ordre et l'enchaînement des idées ; la rhéto-

---

(1) S. Augustin ne savait où placer les tropes ; ils lui paraissaient
convenir aussi bien à la grammaire qu'à la rhétorique. (*Doctr. christ.*
lib. 3, cap. 24 et 29.)

rique, les mouvemens de l'ame, les figures de la pensée, d'où résultent les formes du style.

Que conclure de ces observations? Que l'esprit humain ne se sert pas de ses ressources partiellement, mais bien simultanément. Il est vrai qu'il ne les emploie pas toujours dans des proportions égales; mais alors l'usage en est réglé par les matières mêmes sur lesquelles il les exerce. Ces réflexions m'amènent naturellement à examiner quel est celui que l'on peut faire de la rhétorique en matière d'interprétation des lois.

Si je prends pour règle le caractère général par lequel je viens de désigner les propriétés de la rhétorique, il est évident que ses fonctions se trouveront renfermées dans un cercle très-étroit. Toutes les solutions que peuvent donner les mouvemens de l'ame, les formes du style, seront de son domaine; mais les textes de droit expriment rarement des passions. Le style, il est vrai, peut aider l'interprète dans la recherche du vrai sens des lois. « Les » gens habiles, dit Leibnitz (1), ont souvent reconnu, à » la forme du style, Tribonien se cachant parmi les an- » ciens jurisconsultes.......... » On sait d'ailleurs que tous les hommes ne sont pas également affectés par les mêmes mots : Spinosa et Bossuet prononçaient le mot *Dieu;* ils ne l'entendaient pas de la même manière. C'est ce qui m'a fait insister moi-même, au §. XII, sur les diffé-

______

(1) *Insignes viri sæpè latentem sub veterum jurisconsultorum nomine Tribonianum, præmittentibus velut arcadici pecoris auribus, styli judicio deprehenderunt.* (*De nov. Method. disc. doc. jurisp.* part. II, §. 47.)

rences que peuvent offrir à l'interprète éclairé les nom-
breux textes du droit romain. Mais c'est à cela que se
bornent les secours que l'on peut tirer de la rhétorique.
L'art de *commencer*, de *diviser*, de *réfuter*, de *finir*, &c.,
me paraît faire tout aussi bien partie de la logique que
de la rhétorique.

Je ne terminerai pas ce qui concerne la rhétorique,
sans dire un mot de la méthode nommée *hermago-
réenne* (1). F. Hotman, Forsterus et quelques autres
l'appellent *interprétation rhétorique*. Cependant Fors-
terus avoue qu'elle est plus propre à la controverse qu'à
l'interprétation des textes (2). Il est vrai que la controverse
peut s'établir sur l'obscurité ou l'ambiguïté des lois ; mais
alors on fait usage des ressources ordinaires, savoir, la
grammaire, l'histoire, la logique, &c. &c. La controverse
n'offrant pas de nouveaux moyens, ne saurait donc être
rangée parmi les méthodes d'interprétation des lois.

CHAPITRE III.

LOGIQUE.

§. XVIII.

La plupart des auteurs qui se sont occupés de l'inter-
prétation des lois, ont confondu la dialectique et la logique.
Leibnitz, F. Hotman, Forsterus, parlent de l'interprétation

---

(1) Elle est attribuée par Cicéron et Quintilien à Hermagoras, ancien
rhéteur et jurisconsulte. *Voyez* Hotman, *de Jure cons.* pag. 96.

(2) *Forsteri Interpr.* cap. IV.

dialectique. Eckard la désigne tantôt sous le nom de *dia-lectique*, tantôt sous celui de *logique* (1). MM. Thibaut (2) et Zacharie (3) se servent décidément de la dénomination d'*interprétation logique*.

J'ai recherché la cause de cette confusion, et je crois l'avoir aperçue dans la différence qu'Hotman établit lui-même entre la dialectique et la logique. Il fait descendre la première (4) du mot grec διαλέγεσθαι, dont le sens propre est faire un échange de paroles, s'entretenir, discuter, &c. &c.; tandis que la logique a pour racine le mot λόγος, qui signifie *discours*. La dialectique emporte donc avec elle l'idée de la controverse, de la dispute. Or, on sait qu'elle était un art chez les anciens philosophes, et qu'ils l'appliquaient indistinctement à toutes les matières de philosophie; les auteurs dont j'ai parlé plus haut ayant pris pour modèles, dans leurs traités, les anciens philosophes, ont donc pu employer leurs termes. Mais les modernes, qui ne traitent plus les sciences d'après les formes de la dialectique, ont dû abandonner ce mot, dont l'objet rentre d'ailleurs dans celui de la logique. La logique au surplus présente un sens plus étendu, et est indépendante des règles scolastiques.

§. XIX.

L'emploi du mot *logique* étant justifié, j'examinerai

---

(1) *Hermeneut. juris*, pag. 13 *et seq.*
(2) *Théorie de l'interprétation des lois.*
(3) *Essai d'une Herméneutique générale du droit.*
(4) *Instit. dialecticæ*, lib. 1.

rapidement l'usage de cette science dans l'interprétation des lois.

Elle offrait aux anciens jurisconsultes trois méthodes : la synthèse, la diérèze et l'analyse. Ils ont recherché quelle était celle dont les procédés convenaient le mieux à l'interprétation. Hotman (1) repousse la synthèse ou méthode de composition, comme contraire à l'objet même de l'interprétation (2). La diérèze ou méthode de Galien lui paraît applicable dans de certains cas : elle consiste à diviser un sujet en genres, en espèces, en individus, &c. Justinien en a fait fréquemment usage dans ses Institutes (3). Mais la véritable méthode de l'interprète est l'analyse, ou l'art de décomposer un sujet dans toutes ses

---

(1) *De optim. gen. juris interpr.* in principio.

(2) Selon cet auteur, la synthèse n'est propre qu'à démontrer comment un tout est formé, en commençant par les plus petites parties, et remontant successivement jusqu'aux principales. Par exemple, celui qui voudra démontrer ce que c'est que le droit civil, commencera par exposer,

1.º Les personnes selon leurs rangs et leurs qualités : *libres, esclaves, ingénus, affranchis, pères de famille, enfans de famille pubères, impubères,* &c. &c.

2.º Les choses selon leurs différences : *divines, humaines, sacrées, saintes, religieuses,* &c.

3.º Les modes d'acquérir et d'aliéner : *l'invention, l'occupation, l'accession, l'usucapion,* &c.

4.º Les actions : *publiques* ou *privées, criminelles* ou *civiles,* &c.

De cet ensemble, dont toutes les parties auront été régulièrement coordonnées, résultera la notion générale du droit civil.

(3) Connan, Doneau, Wesembecius et autres, ont aussi fait usage de cette méthode.

parties (1). C'est elle, en effet, qui nous porte alternativement sur toutes les difficultés grammaticales comme sur
toutes les formes sous lesquelles se déguise la pensée.

Il ne faut pas cependant croire que les auteurs des lois
suivent toujours les règles de la saine logique. « Mille
» exemples dans le droit civil, dit Julien (2), nous prouvent
» que dans beaucoup de circonstances on s'écarte des vé
» ritables principes du raisonnement. » Les jurisconsultes
(dont on interprète les textes), dit Hotman (3), ne cherchent pas tant à se conformer exactement aux règles de

---

(1) Voici un exemple de l'analyse, tiré de la loi 55 ff. *de acquir. rer.
dom. :*

Un sanglier est tombé dans un filet que tu avais tendu pour la chasse ;
je l'en ai retiré et l'ai emporté. Je demande si je suis censé avoir enlevé
ton sanglier ? et si tu penses qu'il fût encore à toi dans le cas où, l'ayant
délié, je l'aurais rendu à sa liberté naturelle ? Je demande si, dans ce
cas, il cesse de t'appartenir ou s'il demeure ta propriété ? Quelle est
l'action que tu aurais contre moi, s'il avait cessé de t'appartenir ? Serait-
ce l'action *in factum ?* Il faut examiner, répond le jurisconsulte,
d'abord si le filet était placé dans un lieu public ou dans une propriété
particulière ; et, dans le cas où ce serait une propriété particulière, si
la propriété m'appartenait ou appartenait à autrui ; dans ce dernier cas,
si j'ai placé le filet sur son fonds avec ou sans sa permission ; si le sanglier était arrêté dans le filet de telle sorte qu'il ne pût pas s'en débarrasser de lui-même, ou s'il l'aurait pu par suite de ses efforts prolongés.
En résumé, ajoute le jurisconsulte, je pense que si le sanglier est tombé
en ma puissance (par l'occupation ou la quasi-occupation. D. Godefroi),
il est à moi ; mais si tu l'as rendu à sa liberté naturelle, il a cessé par ce
fait de m'appartenir, et je dois avoir contre toi l'action *in factum.* Ce
cas est semblable à celui d'un individu qui aurait je é hors du vaisseau
la coupe d'un autre, &c.

(2) L. 51 ff. *ad leg. Aquil.*

(3) Hotman. *Illustr. q.* 3.

la dialectique, qu'à arriver à un résultat. Cependant Doneau (1), Stephan. de Federicis et autres, recommandent fortement, et avec raison, la stricte observation des préceptes de la logique.

§. XX.

Voici les principaux moyens d'interprétation que nous fournit la logique.

Elle nous apprend à résumer la matière ou le texte à interpréter; nous nous assurons, par cette manière abstraite de voir le sujet, si nous l'avons bien ou mal interprété d'abord (2). C'est par ce moyen encore que nous parvenons à établir *une règle*, lorsque la matière en est susceptible. La logique nous donne les moyens de définir juste, de bien diviser, de créer des espèces qui s'adaptent exactement au précepte de la loi, et qui en prouvent l'insuffisance, l'injustice ou la bonté. C'est elle qui nous dévoile tous les vices du raisonnement, toutes les formes

---

(1) *Comm. jur. civ.* cap. 1. Steph. de Feder. *de Interpr. jur.*

(2) *Voyez* plus bas, *Méthodes générales d'interprétation* (summo). Plusieurs jurisconsultes ont blâmé la méthode par laquelle on ramène à des points généraux et sommaires les espèces particulières. Le célèbre Duaren a été du nombre. Un jour, un étudiant en droit présenta à Hotman le livre *de Verbor. obligat.* où le professeur Breton condamnait cette méthode; Hotman parcourut le livre, et remarqua plusieurs notes sommaires qui servaient à diviser et à généraliser les matières; il les montra au jeune homme en lui disant que Duaren, dont on voulait se prévaloir pour défendre cette fausse doctrine, était un de ceux qui avaient fait le plus fréquent usage des notes et des sommaires. (Hotman. *de Juxc.* p. 87.)

régulières ou sophistiques sous lesquelles le législateur
peut envelopper son intention, qui est la loi dans tous les
cas. La logique nous met à portée d'apprécier l'ordre et
la méthode employés par le législateur dans la conception
et la rédaction de la loi, dans la distribution des matières,
dans la manière dont chaque partie est déduite de l'autre ;
d'où résultent de nouveaux moyens pour nous de décou-
vrir sa volonté. Enfin, elle nous apprend à débrouiller les
antinomies réelles, des antinomies apparentes ; et nous
donne souvent, relativement aux premières, des moyens
simples, à l'aide desquels ces antinomies, réelles quant
aux mots, ou sous d'autres rapports secondaires, admettent
des conciliations fondées sur le droit et sur la raison qui
est sa base naturelle. Car la loi n'étant pas censée expri-
mer une futilité, ou un sens qui n'aurait pas d'application
aux besoins de la société, il importe d'adopter le moyen
qui explique et conserve sa volonté réelle, quelle que soit
d'ailleurs la forme sous laquelle elle l'énonce.

Enfin je dois dire en terminant que, de toutes les res-
sources dont l'esprit doit faire usage pour arriver à une
exactitude scrupuleuse en matière d'interprétation, les
trois principales sont sans contredit la grammaire, la lo-
gique et l'équité. Ces trois moyens peuvent agir concur-
remment avec d'autres, comme je l'ai dit au §. VIII ; mais
ils agissent presque habituellement ensemble. La preuve
de cette vérité ressortira d'une manière évidente, lorsque
je traiterai des méthodes spéciales d'interprétation.

CHAPITRE IV.

HISTOIRE ET ANTIQUITÉS DU DROIT.

HISTOIRE DES INSTITUTIONS POLITIQUES, CIVILES, JUDICIAIRES ;
DES SOURCES DU DROIT ; DES SECTES DE JURISCONSULTES,
ET DE LA CONFECTION DES LOIS.

Observations générales.

§. XXI.

L'histoire en général offre les plus abondantes ressources à l'interprète. Mais il est bien important de fixer ses idées sur cette vaste matière. De même que quelques anciens jurisconsultes voyaient tout dans la grammaire (§. IX), quelques jurisconsultes modernes ont vu toute l'interprétation dans l'histoire (1). D'autres, dégoûtés des nombreuses études qu'elle exige, ne sachant pas s'imposer des bornes, l'ont rejetée sans réserve (2). M. Thibaut, l'un des jurisconsultes dont s'honore le plus l'Allemagne, a été accusé tantôt d'admettre, tantôt de rejeter l'histoire, ainsi qu'il nous l'apprend lui-même (3).

Les jurisconsultes n'ont pas été plus d'accord sur la manière de diviser les études historiques. Leibnitz est le premier, je crois, qui ait divisé l'histoire du droit en *exté-*

---

(1) Ant. Viperanus, *Tract. de scrib. histor.*
(2) Alberic Gentil, epist. 4.
(3) *Théorie de l'interprétation des lois*, §. IX.

rieure et *intérieure*. Mais il a tracé à grands traits, selon son habitude, cette division, et l'application en a toujours souffert les plus grandes difficultés; c'est ce qui a forcé M. Hugo (1) (dans son *Histoire du droit romain*), tout en se servant des mots employés par Leibnitz, à créer une division nouvelle (2). M. de Lassaulx, ancien professeur de Coblentz, en avait aussi créé une qui ne ressemblait pas aux autres. Au reste, qu'importe cette variété de divisions; il en faudra toujours revenir à celle qui sortira le mieux de la nature des choses.

On peut poser deux principes constans sur cette matière.

Le premier, que l'histoire générale du droit, prise dans son acception la plus étendue, n'est pas d'une utilité immédiate et indispensable à l'interprète. C'est sans doute d'elle que Leibnitz a dit, *adminiculum tantùm est, et requisitum* (3). J'appellerai celle-là, si l'on veut, *histoire extérieure;* car sous le rapport de l'utilité et des secours; elle est plus éloignée, et par conséquent plus étrangère à la matière, que celle dont je vais parler.

2.° L'histoire qui a pour objet d'expliquer les institutions politiques, civiles, judiciaires d'un pays; les sources de son droit; les sectes de jurisconsultes qui en ont été les créateurs ou les interprètes; les progrès de la jurisprudence; en un mot, la confection même des lois; cette,

---

(1) Célèbre professeur de Gottingen.

(2) *Voyez* plus bas (§. XXIV) la note où je fais connaître cette division.

(3) *Method. nov. disc. doc. jurisp.* part. II, tom. IV, §. 20.

histoire, dis-je, amenant nécessairement et directement à la connaissance intime de ce droit, me paraît indispensable à l'interprète ; et je l'appellerai volontiers *histoire intérieure du droit* (1).

§. XXII.

Après avoir admis, comme indispensable à l'interprète, l'histoire intérieure du droit, il convient de tracer quelques principes propres à le diriger dans cette étude. Je m'occuperai d'abord du droit romain, ensuite du droit français.

Ire PARTIE.
DROIT ROMAIN.

SECTION Ire
Histoire et Antiquités.

---

§. XXIII.

Pour faire un usage convenable de l'histoire du droit romain, il importe de diviser cette histoire selon les époques auxquelles elle offre évidemment un caractère de différence marqué. Les études philologiques de ce droit ont fait de tels progrès en Allemagne, et les découvertes récentes et nombreuses qu'elles ont amenées, ont répandu un tel jour sur une foule de points livrés jusqu'ici aux conjectures des interprètes, que je ferai

---

(1) Je n'ai pas besoin d'ajouter qu'en admettant comme indispensable *l'histoire intérieure du droit*, j'admets aussi, comme condition indispensable, les lumières suffisantes, la bonne foi, la critique et tous les moyens propres à régulariser et à légitimer l'usage de ce moyen.

souvent usage des doctes travaux auxquels nous devons ces résultats. Je ne balancerai donc pas à suivre en ce moment la division de M. Hugo, quoique je repousse, à certains égards, celle qu'il a adoptée pour les matières.

Ainsi nous reconnaîtrons avec lui quatre époques caractéristiques du droit romain : 1.º celle qui commence aux premiers temps de Rome et se termine à la loi des XII tables (an de Rome 1 à 305, avant J. C. 750 à 455); 2.º celle depuis la loi des XII tables jusqu'à Cicéron (an de Rome 305 à 706, avant J. C. 455 à 47); 3.º celle depuis Cicéron jusqu'à Alexandre Sévère (an de Rome 706 à 1000, avant J. C. 47 jusqu'à l'an 222 après J. C.); 4.º enfin celle depuis Alexandre Sévère jusqu'à Justinien (l'an de J. C. 222 jusqu'à l'an 535).

§. XXIV.

Mais avant d'étudier, d'après le plan de M. Hugo, les diverses parties dont se compose le droit romain (1), l'interprète devra rechercher dans l'histoire politique de Rome les révolutions dont cette cité a été successivement

---

(1) Ici se fait sentir le besoin de justifier ma division des matières, attendu qu'elle n'est pas celle de M. Hugo. Ce professeur a cru devoir diviser la première époque, 1.º en histoire des sources, de la confection du droit, et aperçu de ce droit à la fin de la même époque; 2.º théorie des personnes; 3.º théorie des choses; 4.º théorie des droits; 5.º enfin, droit public. Les époques suivantes offrent la même division. Cette méthode correcte et savante est très-appropriée sans doute à une histoire du droit romain; mais elle n'est pas exempte d'obscurités, exige une grande contention d'esprit, et ne saurait par-là convenir à la science de l'interprétation, science assez abstraite par elle-même. M. Hugo place

le théâtre, les causes qui les ont amenées, les effets qu'elles ont eus sur les institutions civiles et judiciaires, et les

---

au nombre des sources de la première époque, l'ancien état politique de Rome sous les rois, les changemens survenus depuis l'établissement du cens, des consuls, des tribuns, leur puissance, &c. &c. A la seconde époque il met au nombre des sources, la décadence du patriciat, la domination des Romains en Italie, les troubles intérieurs, les succès et les conquêtes des armées; enfin la plupart des matières qui concernent le droit public, civil ou judiciaire, se trouvent classées tantôt dans la théorie des personnes, tantôt dans celle des choses, selon le but de l'auteur.

Il m'a semblé que ma division servait mieux le plan que je me suis proposé, de faciliter à l'interprète les études historiques du droit. Je crois que la division en institutions politiques, civiles et judiciaires, est indiquée par la nature même des choses, et qu'une division arbitraire, qui a pour résultat de séparer les divers élémens d'un même tont pour les classer dans des catégories où ils ne conviennent que sous des rapports secondaires, altère nécessairement leur essence. Ces institutions veulent être envisagées, pour ainsi dire, d'un seul trait; alors elles présentent un ensemble qui donne souvent la solution de difficultés impossibles à résoudre dans une étude isolée. Ne sait-on pas que presque tous les changemens survenus dans la constitution politique d'un pays, s'expliquent par leur liaison avec l'état antérieur? D'ailleurs, il ne serait pas vrai de dire que les variations ou les progrès des institutions civiles et judiciaires, se rattachent nécessairement à des causes politiques : elles en sont souvent très-indépendantes, et peuvent être aussi un effet naturel et lent du temps et des mœurs.

Au reste, on remarquera que je ne condamne pas d'une manière absolue les divisions de M. Hugo. Je pense même que l'interprète, après avoir considéré les institutions romaines dans l'ensemble qui nous en représente les progrès et la décadence, pourra recourir avec fruit aux divisions de ce professeur. Elles lui permettront même d'étudier, d'une manière plus précise, l'esprit et le caractère de ces institutions; et il sera par-là plus à portée de découvrir le véritable sens des lois : mais ces secondes études pourront ne lui être pas toujours ou faciles ou possibles.

changemens qui en ont été la suite. C'est ainsi qu'il se trouvera conduit naturellement à étudier dans leur ensemble ces mêmes institutions, et que se développeront à ses yeux les progrès de la jurisprudence romaine.

Quant à l'importance des études historiques, j'ajouterai peu de chose à ce que j'ai dit au paragraphe précédent. Les meilleurs jurisconsultes ont toujours regardé ces études comme indispensables à l'interprète.

Selon Balde (1), *l'histoire et la science du droit sont deux parties indivisibles d'un même tout. J'ignore*, continue cet ancien docteur, *laquelle des deux, de la jurisprudence ou de l'histoire, prête le plus de secours à l'autre.* Cujas disait *qu'il se servait de l'histoire comme d'un hameçon d'or pour aller chercher dans les profondeurs du droit civil, des trésors précieux qu'il ramenait à la lumière* (2).

En effet, ici s'appliquent dans toute leur force, quoique sur des objets différens, les principes que j'ai exposés plus haut (§. VIII *et suiv.*), sur la nécessité des études grammaticales. Je recommandais alors de rechercher par les études philosophiques de la langue, par la connaissance exacte de ses progrès et de ses vicissitudes, le véritable sens des textes; mais ces études, si nécessaires pour nous donner la pensée des anciens jurisconsultes, acquièrent une nouvelle importance lorsqu'elles ont pour but de nous faire

_____

(1) *De Instit. histor. univers.*

(2) *Se historiâ, tanquam aureo hamo, in jure civili piscari abditaque scrutari, et è tenebris in apertam lucem trahere.* (Jac. Leikeri *Vitæ clarissim. Jurisc.*).

connaître les personnes et les choses. Comme on sent ici la liaison intime qui unit la langue aux objets qu'elle exprime, la nécessité d'expliquer les unes par les autres, et combien les recherches faites dans le but de servir les antiquités du droit romain doivent nécessairement influer sur la langue qui nous les transmet, et réciproquement! Quant à l'objet qu'elles se proposent l'une et l'autre, il est le même : la connaissance de la loi par ses motifs; car les motifs, retraçant tout l'objet de la loi, sont, dans un sens, la loi elle-même.

Quel est l'homme un peu versé dans l'étude du droit romain, qui ne convienne que l'intelligence des lois sur la puissance paternelle, la mancipation, l'adoption, &c. &c., ne soit presque toute entière dans l'histoire même de ces institutions? que la plupart des matières religieuses, de celles relatives aux juridictions, à la police, &c. &c., ne reçoivent de l'histoire leurs plus grands éclaircissemens? Les beaux travaux de Jacques Godefroi sur les lois des XII tables et sur le code Théodosien, ne sont qu'un cours approfondi de l'histoire et des antiquités romaines. Bynkershock a répandu le plus grand jour sur une foule de textes du droit romain, uniquement parce qu'il a donné l'histoire exacte et savante de plusieurs institutions romaines mal connues jusqu'à lui. Heineccius, voulant expliquer les lois Aquilia, Atilia, Atinia, Aufidia, Calpurnia, et une foule d'autres, en a fait l'histoire (1).

____

(1) *Histor. jur. rom.* lib. I, §. 87 *et seq.*

Forster (*Interpr.* lib. I, cap. V) applique de la manière suivante les observations que je fais sur la nécessité des études historiques :

SECTION II.

Sources.

§. XXV.

La conséquence naturelle des idées que je viens d'exposer (§. **XXIV**) est que je ne puis appeler sources du droit proprement dites, les diverses institutions romaines dont j'ai recommandé l'étude. Ces institutions font partie de l'histoire même du droit, et elles ne pourraient être considérées comme sources, qu'en ce sens que tout ce qui amène, de près ou de loin, la nécessité d'une loi, en est aussi la source.

Comment connaître les matières religieuses dans le droit romain, si l'on ignore ce qu'étaient les potitiens, les flamines, les vestales, le roi des sacrifices, les épulons, les pontifes, &c. &c.? Qui croira posséder des notions complètes sur le droit public romain, s'il ne connait l'étendue et les bornes de la dignité sénatoriale, les fonctions de la magistrature curule, des consuls, des dictateurs, des préteurs, des tribuns du peuple, des édiles, des questeurs, &c. &c.; les comices, les curies, les centuries, le tribunat, les centumvirs, les décemvirs, &c.? Comment entendre les lois militaires, si l'on ne sait ce qu'étaient la légion, la cohorte, l'escadron romain, la recrue, le vétéran, le serment, &c. &c.? Enfin il est démontré que les trois derniers livres du Code sont inintelligibles sans le secours de l'histoire. Au reste, c'est dans les fastes consulaires qu'il faut aller puiser les notions les plus sûres et les plus étendues sur plusieurs matières du droit public ou privé des Romains. Ainsi, par exemple, les interprètes n'étaient pas d'accord sur les empereurs auxquels ont doit appliquer les mots *divi fratres*, que l'on retrouve si fréquemment dans les Pandectes; les fastes consulaires ne permettent pas de douter que ce ne soit aux empereurs *Aurel. Antoninus* et *Lut. Ælius Aurelius Verus*. Ils expliquent même pourquoi on les désigne ainsi.

Je classerai donc les sources des collections de Justi-
nien, d'après plusieurs jurisconsultes (1), de la manière
suivante :

Première époque. 1.º Les lois. (Elles prenaient le nom
de *leges curiatæ* ou *leges centuriatæ*, selon qu'elles
étaient rendues dans les assemblées par *curie* ou par *cen-
turie.* Les *lois royales [leges regiæ]* sont toutes les
lois rendues sous les rois.)

2.º Les édits des rois, qui furent gravés sur des tables
de chêne.

3.º (A partir de l'établissement du gouvernement con-
sulaire), les lois : *leges curiatæ* et *leges centuriatæ*, ou
lois rendues sur la proposition du sénat, après avoir con-
sulté les auspices.

4.º Les plébiscites, ou lois rendues *inconsulto senatu*,
et sans avoir pris les auspices, sur la proposition des tri-
buns, dans les assemblées du peuple par tribus, *comitia
tributa.*

5.º Les sénatusconsultes rendus par le sénat seul, sur
des matières qui lui étaient spécialement dévolues : les
effets des sénatusconsultes pouvaient être suspendus ou
empêchés par l'opposition des tribuns.

6.º *Les édits des magistrats.* Les magistrats, dans les
premiers temps de Rome, n'étaient pas de simples juges ;
ils étaient législateurs sur diverses parties du droit. Leurs
édits exprimaient donc de véritables lois qui postérieu-
rement ont servi de sources.

---

(1) Entre autres Jacques Godefroi, *Histor. jur. civ. rom.*

Seconde époque. 1.° Les lois par centuries subsistent encore ; mais les plus nombreuses, pendant cette période, sont celles qu'on nomma *plébiscites*, rendues *in comitiis tributis.*

2.° Les édits des préteurs (ou droit prétorien) sur l'administration de la justice.

3.° Le droit coutumier : { *Jurisperitorum auctoritas. Æquitas. Mores majorum.* }

Troisième époque. 1.° Les lois proprement dites, dont les plus remarquables ont été rendues sous Auguste.

2.° Les sénatusconsultes, qui remplacèrent les lois. A la différence des anciens sénatusconsultes, qui n'avaient pour objet que certaines matières exclusivement attribuées au sénat, ceux-ci pouvaient être rendus sur toutes les parties du droit. Ils étaient proposés au sénat, au nom de l'empereur, par l'organe d'un consul.

3.° Les constitutions du prince. (On entendait sous ce nom les édits, les mandats, les rescrits, les priviléges, &c.)

4.° Les édits des préteurs *(edictum perpetuum, provinciale).*

5.° Le droit coutumier *(responsa prudentum).*

Quatrième époque. 1.° Le code Grégorien ; 2.° le code Hermogénien ; 3.° le code Théodosien, &c. (1).

---

(1) Ceux qui voudront avoir des notions plus approfondies sur tout ce qu'on peut appeler *sources du droit romain*, d'après les idées de M. Hugo, pourront consulter l'ouvrage de ce professeur. (Je l'ai déjà cité.)

SECTION III.

Sectes des Jurisconsultes.

____

§. XXVI.

Un des principaux moyens d'interprétation du droit
romain consiste sans doute dans la connaissance appro-
fondie des différentes sectes de jurisconsultes dont les
fragmens composent la plus grande partie du corps de
droit. Comment sentir, en effet, la justesse ou la fausseté
de telle décision ou de telle expression ; comment concilier
deux solutions contraires en apparence, si l'on ne s'assure,
avant tout, de l'école à laquelle appartiennent les juriscon-
sultes dont on examine les textes, des opinions affectées
par cette école, et quelquefois même des opinions parti-
culières des jurisconsultes?

La philosophie stoïcienne s'empara de la jurisprudence
à Rome, ou, pour mieux dire, les jurisconsultes cherchèrent
dans cette philosophie les véritables fondemens de leur
science. En voici les causes.

§. XXVII.

Elle était la plus anciennement connue. Du temps des
Scipions, et pendant la durée de la république, elle jouit
constamment d'une faveur marquée. Les principaux Ro-
mains tenaient à honneur de s'instruire dans cette philo-

sophie et d'en pratiquer les maximes (1). Plus tard, sous les empereurs, sa faveur s'accrut, et Sénèque, philosophe de cette secte, fut appelé à la cour pour élever Néron (2) ; mais ce fut sur-tout la manière admirable dont cette philosophie s'appropriait à la jurisprudence, qui entraîna décidément tous les jurisconsultes à la prendre pour guide.

§. XXVIII.

La philosophie stoïcienne n'était pas sans rivales à Rome ; on y connaissait l'*académique*, l'*épicuréenne*, la *péripatéticienne*, la *platonicienne*, la *cynique*. Mais l'*académique*, qui tendait à confondre les notions du vrai et du faux, devait avoir pour résultat nécessaire la confusion du juste et de l'injuste (3). L'*épicuréenne* semblait n'avoir pour objet que le repos et la douceur de la vie ; elle était dès-lors ennemie du gouvernement des affaires publiques ou privées (4). La *péripatéticienne* s'occupait spécialement des sciences naturelles ; la *platonicienne*, des sciences divines ; et la *cynique*, tendant à l'immoralité, était repoussée avec horreur par les Romains (5).

La stoïcienne seule paraissait devoir servir de base à la jurisprudence. Elle seule donnait des préceptes sur les

---

(1) Cicer. lib. 2 *de Orat.* cap. 37.

(2) Tacit. *Annál.* lib. 13, cap. 2.

(3) Eckard. *Hermeneut. jur.* §. 125.

(4) Seneca *de Otio sapient.* c. 30. Lactant. l. III *de Fals. sapient.* cap. 17.

(5) Cicer. lib. 1 *de Offic.* cap. 35.

devoirs, sur les mœurs ; imposait comme obligation au sage de se mêler du gouvernement de l'état, de diriger les affaires civiles, de se distinguer dans l'art de la parole (1). Ces maximes convenaient sur-tout aux jurisconsultes, qui consacraient leurs travaux aux soins des affaires humaines (2). Mais les méthodes de ces deux sciences ne convenaient pas moins entre elles. La jurisprudence a besoin de définitions, de divisions, de distributions de matières. La dialectique, méthode spéciale des stoïciens, lui fournissait tous les secours en ce genre. De là cette foule de définitions, ces formes dialectiques répandues dans le Digeste, et empruntées de la philopophie stoïcienne (3). Les stoïciens ne cultivaient pas moins la grammaire que la dialectique (§. IX) : les mots étant les signes des idées, il est évident que de la connaissance exacte de leur valeur, dépendait l'exacte connaissance des idées ; or, les jurisconsultes, obligés d'interpréter les lois, les édits, les sénatus-consultes, les contrats, les testamens, étaient intéressés, par la nature même de leurs travaux, à s'assurer du véritable sens des mots. De là leur application constante à la grammaire.

----

(1) Diog. Laert. lib. vii. Senec. epist. 16.

(2) De là la distinction entre la philosophie *véritable* et la philosophie *simulée* (l. 1.ᵉʳ, §. 1.ᵉʳ *de just. et jur.*) Par la première, Ulpien entend celle qui commande de se vouer aux affaires publiques ou privées ; la seconde, qui lui est opposée, consiste dans les frivoles disputes de mots, dans les stériles études contemplatives.

(3) L. 88 ff. *ad leg. Falcid.* L. 65 ff. *de reg. jur.* L. 177 ff. *de verb. oblig.* &c.

Cependant les définitions (1), les divisions, n'ont pas été seules empruntées aux stoïciens; et une foule de matières de droit civil romain doivent être interprétées par leurs principes (2).

Il est vrai que les jurisconsultes n'admirent pas toutes leurs opinions; ils en repoussèrent quelques-unes qui leur parurent ou trop subtiles ou complétement étrangères aux usages de la vie (3). Ils retinrent cependant un petit nombre de leurs paradoxes, dont le temps fit insensiblement justice (4).

Enfin les jurisconsultes, disciples jusqu'ici de l'école du Portique, se divisèrent eux-mêmes en deux sectes principales sous Auguste. L'une eut pour fondateur Antistius Labeo, l'autre C. Ateius Capito. Ces deux illustres chefs différaient essentiellement sous le rapport des doctrines juridiques, comme sous celui des opinions politiques. Le premier, toujours attaché à l'ancienne liberté de Rome, n'approuvait, dans le nouvel état de choses, que ce qui lui

---

(1) Les définitions du *droit naturel*, de la *justice*, de la *jurisprudence*; les préceptes, *honestè vivere, alterum non lædere, suum cuique tribuere*, &c., appartiennent aux stoïciens.

(2) Par exemple, la doctrine *de negotio metûs causâ gesto*, ff.; celles *de partu nondum edito ; de licentia in corpus suum sæviendi ; de partu ancillæ ; de fato ; de libertate ; de jurejurando ; de usuris ; de forma et materia*, &c. &c. Confer. Eckardi *Hermeneut. jur.* pag. 256 *et seq.*

(3) On les trouve à-peu-près énumérées par Cicéron dans l'oraison *pro Murena*, cap. 29 *et seq.*

(4) Voici l'un des plus fameux : *Omnia peccata sunt paria.* V. Cicer. *Parad.* 3. Diog. Laert. 7, pag. 120. Ulpien le rapporte (l. 21, principio, ff. *de fato*); mais c'est pour le flétrir.

paraissait conserver quelque conformité avec l'ancien (1) ; et cependant il autorisait chaque jour des innovations en jurisprudence. Le second, courtisan adroit, dévoué au prince, préconisant le nouvel état de choses, défendait l'ancien droit avec toutes les ressources de son esprit et de son instruction (2). Bientôt Auguste, voulant affermir son pouvoir, s'apercevant que les dissidences d'opinions des jurisconsultes occupaient les Romains, investit spécialement quelques-uns d'entre eux de la faculté de répondre légalement sur le droit. Son but était d'animer les controverses juridiques et de détourner l'attention des Romains (3).

Les chefs dont je viens de parler eurent plusieurs successeurs. Deux d'entre eux, Proculus et Sabinus, acquirent la plus grande célébrité ; ils donnèrent même leurs noms aux deux sectes dont Labeo et Capito avaient été les fondateurs. Proculus suivait l'école de Labeo, Sabinus celle de Capito. Enfin, sous les empereurs, ces deux sectes eurent alternativement les faveurs de l'opinion et de la cour. Sous les Vespasiens, les proculéiens triomphaient ; sous Adrien et ses successeurs, les sabiniens l'emportèrent ; et ce fut à Julien, jurisconsulte de cette école, que fut confié le soin de rédiger l'édit perpétuel (4). Bientôt l'ardeur pour la dispute se ralentit entre les deux écoles, et la jurisprudence devint plus uniforme.

____

(1) Aul. Gell. lib. 13, cap. 12.

(2) Tacit. lib. III *Annal.* cap. 70 et 75. Sueton. *in Aug.* cap. 54 &c.

(3) Gottlieb Heineccius, *Syntagm. antiquit. rom. jurispr.*

(4) Eutrope, 8-9. L. 2, §. 18, C. *de veter. jur. enucl.*

§. XXIX.

Quant aux différences d'opinions entre les deux sectes, on peut les réduire aux suivantes : 1.º Les proculéiens, partisans des nouvelles idées, rejetaient facilement les anciennes doctrines ; les sabiniens, au contraire, se montraient rigides observateurs des doctrines anciennes (1). 2.º Les proculéiens suivaient la subtilité et la rigueur des termes ; les sabiniens préféraient l'équité (2). 3.º Les sabiniens prenaient sur-tout la raison pour guide de leurs décisions ; les proculéiens suivaient plutôt les opinions humaines (3). 4.º Enfin, les proculéiens recherchaient avec soin toutes les raisons des lois ; les sabiniens s'en inquiétaient peu (4).

SECTION IV.

Confection des Lois.

---

§. XXX.

Deux causes principales déterminèrent Justinien à réunir en corps de lois toutes celles qui régissaient alors l'empire romain.

---

(1) L. 27, §. 21; l. 51, ff. *ad leg. Aquil.*; l. 6, ff. *de condict. ob turp. caus.*; l. 31, ff. *ad leg. Falcid.*; l. 3, §. 18, ff. *de acquir. possess.*; l. 12, *de auctor. tut.*

(2) L. 51, §. 2, ff. *ad leg. Aquil.*; l. 20, *de reb. cred.*; l. 13, ff. *de liber. et posthum.*; l. 91, §. 3, ff. *de verb. oblig.*

(3) L. 11, ff. *de acquir. rer. dom.*; l. 7, §. 7, ff. *eod.*

(4) L. 20, ff. *de legib.*

1.° La masse des livres qu'il fallait étudier ou compulser pour connaître les diverses parties de la législation, était telle, que la vie d'un homme suffisait à peine pour leur simple lecture (1).

2.° Plusieurs personnages célèbres (Cicéron, Pompée, César), avaient vainement tenté de réunir en un même corps toutes les lois romaines. Justinien était singulièrement flatté de l'idée qu'il terminerait une entreprise dans laquelle ces grands hommes avaient échoué. « L'empereur » se glorifie, dit-il lui-même, d'avoir achevé, avec le se- » cours de Dieu, ce que personne, avant son règne, n'a- » vait jamais espéré, ce que personne n'avait jugé possible » au génie humain. » *Verè gloriatur* (in princ. *de Constit. Dig.*) *se perfecisse, juvante Deo, quod nemo ante suum imperium unquam speraverit, neque humanc ingenio possibile esse penitùs existimaverit.*

Il fit d'abord rédiger par Tribonien et quelques autres jurisconsultes, un premier code auquel il donna son nom, *Codex Justinianeus*, et qui parut l'an 529. Ce code, qui renferme la plupart des constitutions (2) de ses prédécesseurs, fut abrogé peu de temps après. Cependant on ne doit pas oublier que lorsqu'il est fait mention du Code dans les Institutes, c'est de celui-ci, attendu que le second, qui l'a abrogé, n'a paru qu'après les Institutes.

Immédiatement après, Justinien fit rédiger, dans

---

(1) *Constit. tant. §. 1.ᵉʳ de confirm. digest.* Jacob. Gothofred. *in proleg. ad Cod. Theodos.* cap. 1.

(2) *Constitution* ici signifie à-peu-près *ordonnance.*

l'ordre de l'édit perpétuel, la fameuse collection connue sous le nom de *Digeste* ou *Pandectes*. Il confia le soin de cette rédaction ou compilation à seize jurisconsultes, à la tête desquels était Tribonien. Les Pandectes furent terminées et publiées trois ans après, en 533. Ce recueil contenait toutes les décisions et interprétations rendues sur le droit par les anciens jurisconsultes. Avant la promulgation des Pandectes, ces décisions n'étaient que des avis privés; par elle, Justinien leur donna force de loi.

On s'occupait encore de la confection de ce vaste recueil, lorsque Justinien fit paraître, de l'année 530 à l'année 532, cinquante décisions sur plusieurs points de droit. La diversité des sectes de jurisconsultes avait amené, comme je l'ai dit (§. XXVIII), une dissidence complète parmi eux : de là le besoin de concilier leurs opinions; et tel fut l'objet des cinquante décisions. On retrouve aujourd'hui ces décisions dans le Code (1). Deux signes servent à les faire reconnaître : 1.° elles sont toutes rendues ou sous le consulat de Lampadius et d'Oreste, ou dans l'année qui suit leur consulat; 2.° elles décident toujours un point de droit controversé.

Enfin, c'est dans ce même intervalle que l'empereur fit composer par Tribonien, Théophile et Dorothée, les Instituts ou élémens du droit, publiés avant le Digeste au commencement de l'année 533, mais qui n'eurent force de loi qu'en même temps.

Cependant, après la publication de ces diverses collec-

---

(1) *Codex repetitæ prælectionis.*

tions, on s'aperçut que le Code renfermait plusieurs lacunes et se trouvait souvent en opposition avec les Pandectes. Alors Justinien ordonna la révision du Code, et publia en l'an 534 le Code connu sous le nom de *Codex repetitæ prælectionis*, ou Code revu.

Mais le règne de Justinien ayant duré trente ans encore, la législation dut éprouver de nouvelles variations. De là les constitutions appelées *Novelles*. Enfin, parurent les *Authentiques*, qui ne doivent pas être toutes attribuées à Justinien. A la suite des Novelles, on trouve, dans divers corps de droit, le *Libri feudarum*, ou droit féodal, divisé en deux ou cinq livres par Cujas.

§. XXXI.

Il importe maintenant de déterminer le degré d'autorité qui appartient à chacune des collections du droit romain. Toutes ayant été promulguées par Justinien, elles ont toutes acquis force de loi; mais en partant du principe que la loi postérieure déroge à la loi antérieure, on doit dire : 1.° que les codes Hermogénien, Grégorien et Théodosien ont cessé d'être lois positives par la publication du premier code de Justinien; 2.° que les Novelles dérogent à toutes les autres parties du corps de droit, puisqu'elles sont plus récentes, et que la plus récente d'entre elles déroge aux précédentes; 3.° que le Code déroge aux Institutes et aux Pandectes, puisqu'il leur est postérieur ; 4.° quant aux Institutes et aux Pandectes, comme elles ont été publiées en même temps, il est bien évident que Justinien n'a pas voulu que l'une de ces lois dérogeât à l'autre ; cependant

lorsqu'elles se trouvent en opposition, il importe de s'atta-
cher aux distinctions suivantes. Toutes les fois qu'il sera
constant que les Institutes ne sont qu'une copie des Pan-
dectes, il faudra préférer les Pandectes comme source.
Lorsqu'il paraîtra au contraire que les Institutes énoncent
une disposition nouvelle, on ne considérera plus celle des
Pandectes que comme historiquement rapportée, et les
Institutes feront loi (1).

II.ᵉ PARTIE.

DROIT FRANÇAIS.

SECTION I.ʳᵉ

Histoire.

---

§. XXXII.

L'histoire intérieure du droit français ne se compose
pas d'élémens semblables à celle du droit romain ; elle ne
nous offre pas la même simplicité, les mêmes périodes.
Rome, centre unique de toutes ses institutions, les voit
naître, se développer et mourir dans son sein : en France,
au contraire, on n'aperçoit nulle part un centre commun
d'où sortent les diverses institutions dont se compose son
droit civil; par-tout une incohérence bizarre, soit dans les
doctrines de droit, soit dans la jurisprudence, soit dans les

---

(1) On peut vérifier cette observation en rapprochant les l. 9 et 11 ff.
de manum. vindict. avec le §. 7, Instit. *quib. ex caus. manum. non licet.*

opinions. D'innombrables coutumes (1), résultat barbare d'une foule d'anciens usages, régissent la plus grande partie de la France (2); l'autre est soumise au droit romain ; mais, parallèlement à cette législation immortelle, s'élèvent encore des usages particuliers , des traditions souvent absurdes et indignes d'elle (3).

Cependant je ne voudrais pas présenter cette assertion d'une manière trop générale. Si l'on ne voit pas naître en France le droit civil d'une source commune, et suivre comme à Rome les progrès marqués de la civilisation, il est une autre cause, résultat heureux de la constitution du royaume, qui a produit des effets analogues parmi nous : c'est l'action de l'autorité royale ; c'est le desir que l'on remarque dans presque tous les monarques français de simplifier, d'améliorer toutes les branches de la législation.

Ainsi les capitulaires de nos anciens rois, entre autres ceux de Charlemagne et de Louis le Débonnaire, attestent leurs efforts constans dans l'exécution de ce dessein. Mais c'est sur-tout depuis Philippe-Auguste et S. Louis que les monumens législatifs se multiplient ; c'est même à cette époque, qui fut celle de la renaissance du droit romain en France, qu'il faut rapporter l'origine de la plupart de nos anciennes institutions sur l'administration de la justice.

---

(1) On comptait en France, avant la révolution, soixante coutumes générales, et environ trois cents coutumes locales.

(2) *Voyez* le président Bouhier, *Observations sur la coutume de Bourgogne*, chap. II, §. 9 *et suiv.*

(3) La plupart des parlemens des pays de droit écrit (entre autres le parlement de Bordeaux) avaient une jurisprudence et des traditions particulières.

Elles ont fait l'objet principal des Établissemens de Saint Louis, première législation écrite, dans un siècle barbare, et par conséquent bienfait inappréciable pour le peuple. Le droit romain ayant été adopté par les provinces méridionales de la France, S. Louis employa les jurisconsultes les plus habiles de son temps à la rédaction des anciens usages des provinces du nord : ces statuts ainsi rédigés prirent le nom de *coutumes;* tels furent les Conseils de Pierre Desfontaines, le Livre de la reine Blanche, les Coutumes de Beaumanoir, la Somme rurale de Bouteiller, &c. &c. Bientôt les grands vassaux de la couronne suivirent cet exemple, et publièrent aux assises de leurs duchés ou comtés des réglemens sous le titre de *chartes, établissemens, assises,* &c. &c. Louis le Gros avait déjà affranchi les serfs et établi les communes ; Louis le Hutin et Philippe le Long rendirent aussi des ordonnances pour l'affranchissement général des serfs (*Ordonnances des Rois de France,* t. 1, p. 583 et 653). Les seigneurs en firent autant dans leurs terres : de là les chartes d'affranchissement, dont le principal effet est de conférer aux vassaux la propriété réelle des terres qui leur avaient été concédées moyennant une redevance.

§. XXXIII.

Tous les successeurs de S. Louis protégèrent l'enseignement du droit romain. Une foule d'universités célèbres furent érigées en France, dans le quinzième siècle (1). La

----

(1) On comptait autrefois jusqu'à vingt universités en France (y compris celles d'Avignon et d'Orange); savoir : celles de Paris et de Poitiers

plupart des parlemens avaient été créés le siècle précédent (1).

Enfin Charles VII, maître du royaume, fit procéder à la rédaction officielle des coutumes.

Plusieurs ordonnances relatives soit à divers points de droit, soit à la police générale du royaume, soit à l'administration de la justice, attestent la sollicitude de nos Rois pour l'amélioration des diverses branches du droit public ou privé.

Ainsi Philippe IV rendit l'ordonnance de 1311 contre l'usure ;

Louis X, celle relative à l'abolition de la servitude, en 1315 ;

Philippe V, en 1318, Jean II, en 1363, celles sur la procédure ;

Charles IV, en 1326, celle sur le régime des forêts ; Charles VII, en 1446, celle relative aux parlemens ; Charles VIII, en 1497, l'édit qui érige le grand conseil en cour souveraine ;

Louis XII, en 1498, celui qui augmente les attributions du grand conseil, et plusieurs autres sur l'administration de la justice ;

____

(1431), Bourges (1463), Bordeaux (1472), Orléans, Toulouse, Caen, Angers, Nantes, Reims, Valence, Aix, Montpellier, Besançon, Douai, Strasbourg, Dijon et Nancy.

(1) Le nombre des parlemens s'élevait à treize, savoir : Paris, Toulouse (1302), Grenoble (1337), Aix (1415), Bordeaux (1462), Dijon (1477), Besançon (1483), Rennes (1553), Nancy (1571), Pau (1620), Metz (1633), Douai (1668), Rouen (1715).

François Ier, en 1536, l'édit de Crémieu, qui règle la juridiction des bailliages, sénéchaussées, &c. &c. ;

L'ordonnance de Villers-Coterets, en 1539, pour l'abréviation des procès ;

Henri II, en 1551, l'édit relatif à l'établissement des présidiaux ;

François II, en 1560, l'édit de Romorantin ;

Charles IX, 1.° en 1560, la célèbre ordonnance d'Orléans, relative aux matières ecclésiastiques et à la justice; 2.° en 1563, celle de Roussillon, qui n'est qu'une suite de la précédente ; 3.° en 1566, l'ordonnance de Moulins, qui prohibe la preuve testimoniale en matière civile, dans les contestations dont l'objet excède 1000 francs, et établit la formalité de l'insinuation pour les donations entre vifs ; 4.° celle dite du domaine, qui met sur le même niveau les domaines anciens et nouveaux de la couronne.

Henri III rend, en 1576, la célèbre ordonnance de Blois, relative à diverses matières de droit personnel, entre autres à plusieurs dispositions du concile de Trente, concernant les mariages.

Henri IV, l'édit de Nantes, 1598, relatif à l'exercice de la religion réformée.

Enfin le règne de Louis XIII vit paraître le code nommé Code *Michau* ou *Marillac*, du nom de celui qui a présidé à sa confection , Michel de Marillac, garde des sceaux.

§. XXXIV.

Mais il était réservé au siècle de Louis XIV de nous offrir la plus brillante époque du droit français. Ce monarque, sensible à tous les genres de gloire, ne pouvait pas négliger celle dont les peuples reçoivent les plus grands comme les plus solides bienfaits. Les *Lamoignon*, les *Fourcroy*, les *Pussort*, les *Colbert*, les *Savary*, les *Auzanet*, éclairèrent de leur expérience et de leurs talens ses conseils, qu'il présidait en personne. C'est là que furent élaborées avec méthode et lenteur ces lois savantes, connues sous le nom d'*ordonnances*, mais que l'on peut considérer comme des codes complets sur chaque matière, et qui sont aujourd'hui le commentaire le plus sûr de la plupart des lois nouvelles. Elles furent, en outre, accompagnées de procès-verbaux, où nous pouvons suivre avec fruit le développement des motifs, et en quelque sorte la confection de la loi.

Cependant le Roi ne voulut pas se borner aux ressources que lui prodiguaient ces sages conseillers. Il soumit leur travail à l'examen de commissions tirées du parlement. Il recueillit les avis du clergé sur les matières ecclésiastiques, du commerce sur les matières commerciales, &c.

Ce fut par de tels soins et à la suite de ces travaux que parurent :

1.° L'ordonnance de 1667, sur la procédure civile ;

2.° Celle de 1669, sur les évocations et committimus ;

3.° Même année, celle sur les eaux et forêts ;

4.° Celle de 1670, sur la procédure criminelle ;

5.° Celle de 1672, sur la juridiction des prévôts des marchands et échevins de la ville de Paris ;

6.° Celle de 1673, relative au commerce ;

7.° Celle des gabelles, 1680 ;

4..

8.° Celle de la marine, 1681 ;

9.° Celle relative à la police des nègres dans les îles françaises de l'Amérique et de l'Afrique, nommée *Code noir* ;

10.° Celle de 1687, relative aux cinq grosses fermes ;

11.° L'édit de 1695, concernant la juridiction ecclésiastique ;

12.° Enfin l'édit de 1685, portant révocation des édits de Nantes, 1598, et de Nîmes, 1629, &c. &c.

Le siècle de Louis XV continua dignement cette grande période ; et les ordonnances rendues par ce monarque, presque toutes l'ouvrage de l'immortel d'Aguesseau, attestent sa sollicitude pour tout ce qui avait pour but le perfectionnement de la législation.

Ce fut sous ce règne que parurent :

1.° L'ordonnance de 1731, sur les donations ;

2.° Celle de 1735, sur les testamens ;

3.° Celle de 1737, sur le faux ;

4.° Celle de 1747, sur les substitutions.

Enfin Louis XVI, l'un des rois les plus justes et les plus sincèrement occupés du bonheur public qu'ait eus la France, ne pouvait pas rester en arrière sur de si nobles travaux ; déjà il avait aboli le servage et la main-morte dans ses domaines (édit du mois d'avril 1779), la question préparatoire en matière criminelle (déclaration du 24 août 1780), lorsque les crimes et les malheurs qui vinrent affliger la France, la privèrent des nombreuses améliorations que lui promettaient les vues paternelles de ce monarque.

§. XXXV.

Droit intermédiaire.

Le droit civil, à l'époque de la révolution, éprouva nécessairement les vicissitudes du droit public, dont il n'est qu'une dépendance : celui-ci, en haine de tout ce qui existait, parut ne consister que dans un fait, la destruction, sauf à reconstruire sur des bases nouvelles, qui n'étaient ni éprouvées ni connues. Bientôt la législation civile devint monstrueuse, et les législateurs eux-mêmes, obligés d'abandonner leurs travaux, revinrent sur leurs pas (1).

Il est évident que, dans ce chaos de mesures législatives, de lois violentes et absurdes, qui déshonorent à jamais cette partie de nos annales, on ne saurait reconnaître une législation véritable : fruits amers des luttes que les factions se livraient entre elles, les lois paraissaient et disparaissaient presque en même temps (2) ; l'ébranlement

---

(1) C'est ainsi que les lois des 5 brumaire et 17 nivôse an 2 furent rapportées par celles des 5 floréal et 9 fructidor an 3.

(2) Pour ne pas parler de plusieurs lois qui n'eurent qu'un instant de durée, voici comment se succédèrent quelques-unes des principales. La constitution de 1791 fit place à celle de 1793, qui ne fut jamais appliquée ; celle-ci fut remplacée par la constitution de l'an 3, qui le fut à son tour par celle de l'an 8, dont plusieurs dispositions subsistent encore. A l'édit de 1771 sur les hypothèques, succéda la loi du 9 messidor an 3, qui fut remplacée par la loi du 11 brumaire an 7. Le Code civil renferme une espèce de fusion de l'ancien et du nouveau système sur les hypothèques. Enfin les législations pénale, notariale, domaniale, fiscale, &c. &c., ont éprouvé toutes les variations que leur imprimèrent les événemens politiques, &c. &c.

général donné à toutes les institutions sociales laissa seul des traces profondes dans les mœurs de la nation. De là les changemens nombreux apportés par la suite dans plusieurs parties de la législation. (*Voyez* plus bas, *Sources,* §. XXXVII.)

Cependant, à la suite de plusieurs crises politiques, le gouvernement s'étant rapproché des formes monarchiques, on voulut exécuter l'idée conçue depuis long-temps de rendre uniforme la législation civile. Différens travaux, la plupart très-recommandables, avaient été préparés dans ce dessein; on les rapprocha ; et après avoir suivi les formes constitutionnelles prescrites à cette époque pour la confection des lois, on publia, du 5 mars 1803 [14 vent. an 11] au 5 mars 1804 [24 ventôse an 12], sous le nom de Code civil, les trente-six lois qui en forment la collection. Mais quelque précieux que fût le résultat qu'on obtenait en ramenant à l'unité toutes les parties de la législation civile, plusieurs causes concouraient à lui donner une physionomie dure, tranchante, et trop conforme à la législation intermédiaire.

1.° Le Gouvernement n'était pas assis sur ses bases légitimes; il était l'œuvre de la révolution, et l'on ne pouvait pas raisonnablement espérer qu'il ne prêtât pas tout son appui aux idées dont il empruntait toute sa force.

2.° La plupart des rédacteurs du Code civil avaient pris part aux événemens politiques ; quelques-uns même avaient coopéré à la rédaction des lois intermédiaires : comment supposer qu'ils voulussent démentir leur premier ouvrage (1)? D'ailleurs l'opinion, à cette époque, avait trop en horreur les anciennes institutions monarchiques, pour espérer qu'on apportât, dans la rédaction des lois nouvelles, cet esprit de paix et d'impartialité, cet amour sincère d'ordre et d'amélioration, qui pouvaient seuls promettre de grands et de solides résultats. « Les lois rencontrent toujours » les passions et les préjugés du législateur, dit Montes- » quieu (2); quelquefois elles passent au travers, et s'y » teignent; quelquefois elles y restent, et s'y incorporent. »

Plus tard le gouvernement impérial lui-même fit éprou- ver diverses modifications à la législation civile (3).

§. XXXVI.

Quant à l'ordre observé pour la classification des ma- tières du Code civil, je ne saurais partager l'avis de quel- ques jurisconsultes qui le désapprouvent entièrement (4). Les uns auraient préféré l'ordre des Institutes; d'autres, celui que Domat et Despeisses ont observé; d'autres enfin, se fondant sur l'idée singulière que toutes les dispositions

---

(1) Pour se convaincre de la vérité de mon observation, on n'a qu'à jeter les yeux sur la partie des procès-verbaux du conseil d'état relative à l'action en rescision de vente pour cause de lésion (art. 1674). On verra avec quelle difficulté fut admis cet article, qui était en opposition directe avec les lois des 14 fructidor an 3 et 2 prairial an 7.

(2) *Esprit des lois*, liv. 29, chap. 19.

(3) *Voyez* le sénatusconsulte du 28 floréal an 12; ceux des 14 et 16 août 1806 sur les majorats, &c. &c.

(4) M. de Malleville *(Analyse du Code civil)*; M. Locré *(Esprit du Code civil)*; M. Bauer, jurisconsulte allemand, &c. &c.

du Code ont pour but unique la propriété, auraient voulu un ordre quelconque, pourvu que ce ne fût pas celui qu'on a suivi.

Je pense que l'ordre adopté par le Code est naturel, et conforme aux divisions indiquées par la logique et les matières mêmes du droit. 1.º Sous quelque rapport que l'on envisage ces matières, les personnes ont nécessairement plus d'importance, plus de dignité que les choses ; elles devaient donc paraître en tête d'un système de lois civiles. Il est vrai que les rapports des personnes entre elles ont aussi pour but la propriété des choses ; mais ce n'est que secondairement ; et les rapports personnels restent toujours le principal objet de la loi. La puissance paternelle confère sans doute au père ou à la mère, après la dissolution du mariage, l'usufruit des biens de son fils mineur, jusqu'à l'âge de dix-huit ans accomplis (art. 384, Code civil) ; mais cette manière d'acquérir n'est qu'une disposition accessoire. Dans l'esprit bien entendu de la loi, la puissance du père sur l'enfant, sa protection, ses soins, sont le véritable objet qu'elle se propose. D'ailleurs, il peut se faire que l'enfant n'ait pas de biens ; la disposition de la loi n'en subsiste pas moins dans sa partie principale. 2.º Avant d'établir les rapports que les hommes ont avec les choses, il importe d'examiner les choses en elles-mêmes, et indépendamment des droits auxquels elles donnent naissance, lorsqu'elles passent dans le commerce. De là, l'objet du livre second, *des Biens, et des différentes modifications de la propriété.*

Enfin les choses devenant l'objet des transactions civiles,

il y a lieu à régler les rapports et les droits des hommes relativement à ces choses; et c'est l'objet du troisième livre.

J'avoue néanmoins que ce plan a été souvent perdu de vue dans l'exécution; qu'on a mêlé des matières étrangères entre elles; qu'on en a omis un grand nombre qui auraient dû trouver leur place dans le Code; que plusieurs, au contraire, auraient dû être renvoyées ailleurs. Il est une foule d'autres réflexions critiques que l'on pourrait ajouter à celles-ci ; mais ce serait l'objet d'un traité particulier.

SECTION II.

Sources.

---

§. XXXVII.

Les sources du nouveau droit français sont :

1.º Le droit romain ;

2.º Le droit coutumier ;

3.º Les anciennes ordonnances ;

4.º La jurisprudence des arrêts ;

5.º Le droit canonique et le droit féodal;

6.º Les doctrines des auteurs ;

7.º La législation intermédiaire.

Mon but n'est pas de parcourir successivement chacune des sources que j'indique, et de démontrer que telle partie de la législation nouvelle est nécessairement empruntée de telle partie du droit ancien. Tout esprit de bonne foi et versé dans les matières de droit, s'apercevra facilement qu'il est impossible que les rédacteurs des nouvelles lois , qui ne faisaient, à proprement parler, que résumer le droit antérieur, avec dessein de le plier au temps, aux mœurs, aux opinions de leur époque, ne fissent pas, même à leur insu, usage de toutes les parties de ce droit, dans lequel ils avaient été élevés, dont les formes et les décisions leur étaient familières, et dont toutes les branches d'ailleurs, sans en excepter même les matières féodales, pouvaient leur suggérer, dans l'occasion, des solutions appropriées à la législation actuelle.

Toutes les matières de droit ont des rapports plus ou moins intimes. C'est en commentant les matières féodales et les censives, sur la Coutume de Paris, que Dumoulin a discuté et approfondi les questions les plus intéressantes de l'ancien droit français. » Ce traité est si profond, dit » Camus (quatrième Lettre sur la profession d'avocat), qu'il » contient tous les principes du droit français. C'est une » mine inépuisable, qui devient plus riche à mesure qu'on » la fouille. »

Je dois cependant indiquer, d'une manière générale, en quel sens on peut considérer comme sources les parties du droit antérieur.

§. XXXVIII.

Droit romain.

Le droit romain est la principale source du Code civil, comme il en sera toujours le plus sûr interprète pour les matières qui en ont été empruntées. Mais il faut observer, même relativement à ces matières, qu'en les employant, les rédacteurs du Code civil ont presque toujours adopté pour guides, 1.º la jurisprudence des anciennes cours, lorsqu'elle était constante ; 2.º les auteurs les plus estimés sur ces matières : ainsi Dumoulin et Pothier, sur les obligations conventionnelles ; Furgole, sur les testamens ; le même Furgole et Ricard, sur les donations ; Domat, Lebrun, Pothier, sur les successions, les ont habituellement dirigés, &c. ; 3.º enfin, l'équité a dû leur servir de supplément, lorsqu'il s'est agi de tempérer la rigueur des lois romaines, ou même de bannir leurs subtilités.

§. XXXIX.

Droit coutumier.

Le droit coutumier a fourni plusieurs matières au Code civil : 1.º le régime de la communauté entre époux ; 2.º la plupart des dispositions relatives à l'autorisation maritale ; 3.º le principe, *Le mort saisit le vif ;* 4.º celui qui le complète en le limitant, *N'est héritier qui ne veut ;* 5.º *Ne dote qui ne veut*, &c. &c. Mais indépendamment des parties qu'on a matériellement extraites de ce droit, son esprit et même quelques-unes de ses dispositions se retrouvent souvent dans beaucoup d'autres matières. La règle qu'ont suivie les rédacteurs, en faisant usage des lois romaines, les a dirigés lorsqu'ils ont dû se servir du droit coutumier. Ainsi, Dumoulin, Lebrun, et sur-tout Pothier, ont été leurs interprètes pour les différentes parties de ce droit qu'ils ont employées. Les principales coutumes, entre autres celle de Paris pour *les servitudes légales, la mitoyenneté ;* celles de Bourbonnais, de Nivernais, de

Berry, pour le bail à cheptel ; enfin celles de Bretagne , d'Auvergne, de Normandie, &c. &c., ont été aussi pour eux des sources dont ils ont fait jaillir parfois des dispositions excellentes.

§. XL.
Anciennes Ordonnances.

Les anciennes ordonnances leur ont également fourni d'abondantes ressources.

Les ordonnances de nos rois sont les véritables monumens de la législation française. Appelées successivement *capitulaires*, *établissemens*, *édits* ou *ordonnances*, &c., elles ont embrassé toutes les branches du droit public ou privé. Elles servent en quelque sorte à constater , ainsi que je l'ai dit (§. XXXII), les progrès de la jurisprudence française; et dans la lutte qui semblait élevée entre le droit coutumier et le droit romain, on les voit, conciliant la raison écrite avec des usages barbares (1) , consacrer les belles décisions des jurisconsultes romains, et ne retenir des coutumes que ce que réclamaient l'équité et les antiques mœurs de la nation.

Plusieurs de leurs dispositions ont été transportées dans les codes qui nous régissent. L'article 1341 du Code civil, sur la nécessité de constater par écrit toute obligation excédant une certaine somme , reproduit une disposition des

____

(1) Les institutions contractuelles, par exemple (quelques efforts qu'on ait faits pour en trouver des traces dans le droit romain), sont une conception monstrueuse aux yeux des vrais jurisconsultes. Selon Danty, la définition des institutions contractuelles renfermerait des contrariétés évidentes.

articles 54 de l'ordonnance de Moulins, et 2 , tit. XX, de celle de 1667. La plupart des dispositions relatives aux actes de l'état civil sont tirées de l'ordonnance de 1667 et de la déclaration de 1736. (Le principe de la sécularisation appartient à la loi du 20 septembre 1792.) Plusieurs principes sur la mort civile sont tirés de l'ordonnance de Moulins, de celle de 1670, et de la déclaration de 1639. Les ordonnances de 1731 et de 1735 ont fourni les principales bases au titre II , chap. 1, 2, 3, 4, 5, liv. III du Code civil, relatifs aux donations et aux testamens. Les dispositions sur la contrainte par corps sont, en grande partie , tirées de l'ordonnance de Moulins, article 48, et de celle de 1667, titre XXVII et titre XXXIV (1). Enfin la plupart des dispositions nouvelles sur la procédure, les matières commerciales, &c. &c., sont empruntées des ordonnances de 1667, 1673, 1681, &c. &c.

§. XLI.

Jurisprudence des Arrêts.

La jurisprudence des arrêts a dû aussi servir de source. Les arrêts sont l'interprétation régulière et continue de la législation. C'est par eux qu'on est averti de ses vices ou de son insuffisance. Autrefois ils pouvaient s'élever jusqu'au rang de la législation même; et par-là, ils lui servaient, en quelque sorte, de supplément. Ils pouvaient dès-lors consacrer, soit comme arrêts de réglement, soit comme

---

(1) Quelques dispositions sont empruntées de la loi du 15 germinal an 6.

simples arrêts de cours souveraines , des solutions importantes sur toutes les matières du droit. Les rédacteurs des codes ont donc pu leur emprunter diverses décisions ; telles sont celles relatives aux effets de la possession d'état, aux mariages putatifs : la règle posée par l'art. 741, qui détermine les effets de la représentation en ligne ascendante, est fondée sur la jurisprudence du parlement de Paris , &c. (1).

§. XLII.

Droit canonique.

Le droit canonique et le droit féodal n'ont pas été eux-mêmes sans influence dans la rédaction des codes.

Cette proposition, si elle était susceptible de doute , trouverait une preuve suffisante de sa vérité dans le fait seul du passage rapide d'un état où ces droits étaient en vigueur, à celui où ils ont cessé de l'être. Ce n'est pas la suppression brusque de plusieurs branches d'une législation ancienne et qui a long-temps vécu, ce ne sont pas les mouvemens convulsifs d'une révolution , qui peuvent détruire tout-à-coup les effets que cette législation a imprimés dans les mœurs d'une nation, effets qui subsistent, long-temps encore après sa destruction, dans des transactions dont les droits ne sont pas même ouverts. D'ailleurs, si les matières de cette législation cessent d'exister sous quelques rapports , une foule de décisions rendues à leur sujet

______

(1) *Voyez* le plaidoyer de M. le Nain, où se trouvent développés les motifs de ce principe.

peuvent se trouver éminemment justes, et mériter qu'on les érige en préceptes législatifs : elles peuvent, par l'analogie des espèces sur lesquelles elles ont statué, se rattacher essentiellement à des matières de pur droit civil en vigueur (1). N'est-il pas important alors de remonter à leur origine, et d'étudier les bases sur lesquelles elles s'appuient?

« Le christianisme nous a engagés à adopter, dit le pré-
» sident Bouhier (2), même dans les matières temporelles,
» diverses décisions du droit canonique, opposées aux lois
» romaines, comme à l'égard des peines des veuves qui se
» remarient dans l'an de deuil ; des prêts à intérêt ; des
» legs pieux ; des stipulations au profit d'un tiers ; des pac-
» tions nues, &c. &c. De plus nous avons préféré les formes
» judiciaires des canonistes à celles du droit civil. Enfin le
» droit canonique est encore la source de plusieurs de nos
» dispositions coutumières, et nous avons cela de commun
» avec la plupart des peuples de l'Europe. »

Comment supposer, d'après cela, que les rédacteurs des codes n'aient pas jeté un regard sur le droit canonique, lorsqu'ils ont réglé ces matières, ainsi que celles sur la prescription (3), dans les lois nouvelles ?

§. XLIII.

Doctrine des Auteurs.

J'ai dit qu'en employant le droit romain ou le droit coutumier, les rédacteurs du Code civil avaient habituellement

---

(1) *Voyez* §. XXXVII.

(2) *Observat. sur la coutume de Bourgogne,* tom. Ier, pag. 368.

(3) *Voyez* art. 2269, Cod. civ. &c.

pris pour guides les auteurs les plus estimés sur ces divers droits; quelquefois même ils ont consacré leurs doctrines. C'est ainsi que l'article 32, sur les effets de la prescription de la peine, quant aux droits civils, a été emprunté de Richer (1). La distinction entre les nullités absolues et les nullités relatives a été admise en principe d'après l'autorité du chancelier d'Aguesseau, qui la rappelle fréquemment dans ses plaidoyers (2). L'article 536 du Code civil, qui décide que les dettes actives et autres droits dont les titres peuvent être déposés dans une maison, ne font pas partie du legs de cette maison, consacre un principe émis par Domat (3). L'article 1283, relatif à l'effet de la remise de la grosse d'une obligation, admis après de longs débats, consacre une décision de Pothier (4), &c. &c.

§. XLIV.

Droit intermédiaire.

Le droit intermédiaire a fourni plusieurs dispositions au Code civil. Quelques-unes qui se trouvaient contraires soit à la religion catholique professée par l'immense majorité des Français (5), soit aux véritables principes de la monarchie (§. XXXV), soit même aux mœurs de la nation, ont été détruites ou modifiées depuis; mais un grand nombre

---

(1) *Traité sur la mort civile.*

(2) *Procès-verbaux du conseil d'état*, tom. I.er, pag. 208.

(3) *Répertoire de jurispr.* verb. *Biens.*

(4) *Traité des Obligat. — Procès-verbaux du conseil d'état*, tom. III, pag. 230 *et suiv.*

(5) *Voyez* la loi du 8 mai 1816, qui abolit le divorce.

subsistent encore. 1.° Le conseil de famille , conservé au titre *de la Tutelle,* est emprunté des lois des 20 septembre 1792 et 17 septembre 1793. 2.° La prohibition de la recherche de la paternité, établie par la loi du 12 brumaire an 2, se retrouve dans l'article 346 du Code civil. 3.° La plupart des dispositions des lois des 25 octobre et 14 novembre 1792 , relatives à l'abolition des substitutions , et de celles relatives à la suppression du droit d'aînesse , ont passé dans le Code civil. 4.° La représentation en faveur des neveux et des nièces, établie par la loi du 25 brumaire an 2, a été consacrée par l'article 742. 5.° L'égalité de partage des successions collatérales entre les héritiers des deux lignes, est empruntée de la loi du 17 nivôse an 2. (On en a rejeté la fiction de la représentation à l'infini, &c. &c.)

Enfin l'institution des justices de paix, établie par les lois des 16 août, 14 et 18 octobre 1790, se retrouve, avec des attributions nouvelles et plusieurs modifications, dans le Code civil et le Code de procédure, &c. &c. (1).

CHAPITRE V.

PHILOSOPHIE MORALE ET DROIT NATUREL.

§. XLV.

J'arrive à celle des sciences qui doit être la plus familière

(1) Je ne parle pas des autres branches de la législation, mon but n'étant que d'indiquer, comme je l'ai dit (§. XXXVII), d'une manière générale, l'influence et les principaux effets de la législation intermédiaire sur celle qui l'a suivie.

à l'interprète ; car elle est la base et le supplément de toutes les législations positives.

On a pu changer la dénomination de cette science (1) ; elle n'en conservera pas moins la première place dans les études du droit ; et l'instabilité des formes politiques, la diversité des méthodes employées dans l'enseignement des lois, ne diminueront rien de son utilité dans la pratique ; car cette utilité tient à la nature même des choses.

J'ai hésité d'abord à consacrer quelques développemens à ce chapitre. Je voulais me borner à indiquer rapidement les points principaux qui le recommandent aux méditations des hommes voués à l'étude et à l'interprétation des lois ; mais j'ai pensé qu'un aperçu rapide sur la science elle-même donnerait une idée plus juste et de son importance et des nombreuses ressources qu'elle offre à l'interprète.

§. XLVI.

La philosophie a directement pour but la connaissance du *vrai* et du *bien*. La partie qui dispose l'esprit à la connaissance du vrai, s'appelle *logique ;* celle qui tend à le rendre maître de toutes les vérités que le créateur a mises à sa portée, prend le nom de *théorique ;* enfin celle qui conduit l'homme au véritable bien, s'appelle *philosophie pratique.*

Celle-ci se divise en *éthique* ou morale, qui a pour objet

---

(1) Selon les jurisconsultes allemands, le droit naturel est *la méthaphysique du droit ;* d'après eux, il y a un *droit naturel des gens*, un *droit naturel public*, un *droit naturel privé*, &c. &c.

le bien en général ; *droit naturel*, dont l'objet est le *juste*, l'*honnête* et le *beau moral* ; enfin *politique et économie*, qui embrassent tout ce qui est utile.

§. XLVII.

On peut définir l'*éthique* ou la morale : connaissance du souverain bien, et science des moyens propres à nous le procurer.

Mais la recherche et la connaissance du vrai étant plus spécialement l'objet de l'*entendement* (§. XLVI), celle du bien l'objet de la *volonté*, nous dirons que la philosophie morale consiste à diriger constamment la volonté et les actions de l'homme vers le souverain bien.

§. XLVIII.

La morale ayant pour but de nous conduire au souverain bien, et de nous en faire jouir, on conçoit toute la distance qui la sépare du droit naturel, dont l'objet direct est le *juste*, l'*honnête* et le *beau moral* (1). Enfin il sera facile de sentir en quoi la morale s'éloigne de la politique et de l'économie, puisque celles-ci ont proprement pour objet ce qui est *utile* aux hommes (2) : en effet, la politique embrasse tous les rapports, tous les intérêts généraux de la société ; l'économie (ou la police civile), tous les rapports, tous les intérêts privés.

---

(1) Cependant Aristote, in *Ethica*, et Cicéron, in libr. *de Officiis*, les ont à-peu-près confondus.

(2) Le mot *utile* emporte ici tout ce qui s'applique aux actions extérieures de l'homme en société.

§. XLIX.

La division la plus naturelle des matières qui font l'objet de la philosophie morale, pourra être conçue de la manière suivante :

1.° L'homme considéré dans son état d'imperfection morale.

> (Cette imperfection résulte, 1.° de l'insuffisance ou du défaut de culture des facultés qui tiennent à la partie immortelle de son être ; 2.° de ses organes, de sa constitution physique, et des rapports réciproques entre le corps et l'esprit ; 3.° par conséquent, des desirs, des passions et des vices , &c. &c.)

2.° Le souverain bien , tel que Dieu l'a mis à la portée de l'homme.

> (De là les distinctions naturelles entre le bien et le mal, en général ; les qualités constitutives du souverain bien proprement dit ; ses effets naturels, c'est-à-dire, le bonheur de l'homme sur la terre, &c. &c.

3.° Enfin , les moyens qui peuvent l'y conduire.

> (1.° La connaissance de Dieu et de soi-même ; 2.° le desir de se corriger de ses imperfections et de ses vices ; 3.° le courage de les combattre, l'emploi des lumières et des secours puissans que fournit la religion , &c. &c.

§. L.

J'ai dit que le droit naturel avait spécialement pour objet ce qui est *juste* , *honnête* et *moralement beau*.

De là, la nécessité d'apprécier toutes les actions humaines, de reconnaître comme norme de toutes ces actions, et comme un signe de leur bonté, l'accomplissement fidèle de la volonté de Dieu, qui a fondé le droit naturel.

De là, les obligations et les devoirs de l'homme envers Dieu, envers lui-même, envers ses semblables.

De là, les principes généraux, 1.° *que l'homme doit aimer ses semblables comme lui-même ; qu'il ne doit pas faire à autrui ce qu'il ne voudrait pas qu'on lui fît ; qu'il doit lui faire, au contraire, tout le bien qu'il voudrait en recevoir ;*

2.° *Qu'il n'est permis d'offenser personne ; qu'il faut rendre à chacun le sien :* mais ce dernier principe suppose lui-même la notion du droit, l'idée de la propriété.

De là, la science des droits et des obligations, les principes originaires et constitutifs de la propriété parmi les hommes.

§. LI.

En résumé, on peut dire que le droit naturel a pour objet principal l'amour de Dieu, et l'amour de nos semblables comme une suite du premier (1).

Une autre conséquence qui résulte de ce principe, est que nous devons constamment chercher à faire régner une égalité *parfaite* dans tous nos rapports avec nos semblables. Tel est même le vrai sens du mot équité : *Æquitas seu æqualitas,* dit Leibnitz (2), *id est, duorum pluriumve ratio vel proportio, consistit in harmonia seu congruentia.*

Il résulte aussi de là que le droit naturel repousse tout ce qui pourrait blesser l'équité, non-seulement par suite de

---

(1) Cet amour est la source de nos obligations *parfaites* et *imparfaites* envers eux.

(2) *Meth. nov. disc. doc. jurispr.* part. II, §. 75.

la volonté injuste de l'homme, mais encore par suite des rigoureuses décisions du droit; la proportion, l'harmonie, qui doivent régner parmi les hommes, n'étant pas moins rompues par cette dernière injustice que par la première. De là cette foule de lois romaines que l'interprète doit toujours prendre pour guides, lorsqu'il lui est démontré que la loi dont il cherche le sens, serait injuste si on l'appliquait selon la rigueur de ses termes, et que le législateur n'a pas eu la volonté qu'elle fût entendue ni appliquée ainsi.

» Si la loi offre quelque obscurité, et si elle est telle » qu'on puisse l'entendre dans plusieurs sens, il vaut mieux » l'interpréter *civilement*, et conformément au droit com- » mun. » *Si quid obscurum videri possit, et in alium atque alium sensum trahi, potius est ut omnia civiliter accipiantur, et secundùm terminos juris communis* (l. 9, ff. *de servit.*). De là les maximes, qu'il faut entendre les mots pour *les cas possibles* (1); qu'il faut s'attacher principalement *aux qualités et à la nature de l'affaire* (2); que les mots qui ne sont pas très-clairs, doivent *recevoir le sens que leur donnent habituellement les esprits droits et bien faits* (3); qu'il ne faut pas interpréter les mots des hommes simples *selon la subtilité du droit* (4). De là viennent ces locutions si fréquentes dans les lois: *Aliqua contra subtilitatem verborum recepta* (5) ; *multa contra*

---

(1) Accurs. et DD.
(2) L. 6, §. 3, ff. comm. præd.
(3) C. ex litteris, l. de spons. et matrim.
(4) Sim. de Prætis, in tract. ultim. vol. lib. 11.
(5) L. 20 et seq. ff. de reb. cred.

rationem disputandi pro utilitate communi recepta (1); *bonæ fidei non congruit de apicibus juris disputare*, &c. &c. (2).

TITRE III.

MATIÈRES PLACÉES DANS LE DOMAINE DE LA LOI.

CHAPITRE I.er

---

§. LII.

Observations préliminaires.

Après avoir parlé des diverses sciences qui ont pour objet de préparer l'esprit de l'interprète à la découverte du sens des lois, il importe de dire comment il doit appliquer son esprit, ainsi préparé, aux matières. soumises à ses recherches.

§. LIII.

Pour bien entendre toute la pensée du législateur sur une matière, ai-je dit (§. VI), l'interprète doit être aussi instruit que lui sur cette matière. Ainsi, par exemple, pour entendre une loi fondamentale sur les douanes, l'interprète doit avoir présentes à son esprit toutes les notions d'ordre général, d'économie politique, de commerce intérieur ou extérieur, d'agriculture et d'industrie, de relations

---

(1) L. 51 *in fin.* ff. *ad leg. Aquil.*
(2) L. 20, §. 1, ff. *mand.* &c. &c.

diplomatiques, de finances, d'assiette et de recouvrement d'impôts, toutes les difficultés que l'expérience ou la tradition atteste avoir embarrassé jusque-là cette branche de l'administration publique, les données d'amélioration, en un mot tous les motifs généraux ou particuliers qui ont servi de raison déterminante au législateur, lors de l'émission de la loi.

Cette observation est applicable à toutes les parties du droit public ou privé.

§. LIV.

Les élémens éloignés ou prochains qui déterminent le législateur, varient selon les diverses matières législatives; et l'interprétation de la loi est nécessairement fondée sur l'existence reconnue de ces élémens, et sur la manière dont le législateur les a envisagés et combinés (1).

De là la nécessité de varier les règles d'interprétation, selon les diverses matières à interpréter.

Ainsi ces deux principes, que *la bonne foi est l'ame du commerce*, que *la rapidité des transactions commerciales ne permet pas de les soumettre aux formes ordinaires*, fondés l'un et l'autre sur la nature des opérations commerciales, amèneront nécessairement des distinctions, des restrictions, en un mot des règles particulières d'interprétation pour ces matières, &c.

---

(1) Ces élémens ainsi combinés forment,. à proprement parler, le motif de la loi. (*Voyez*, §. XCV ci-après, la définition que je donne des motifs de la loi.)

§. LV.

Le besoin d'admettre ce principe avait suggéré à quelques auteurs allemands l'idée de diviser l'interprétation de doctrine en autant d'espèces d'interprétations qu'il y avait de branches de droit public ou privé. Ainsi on aurait eu l'interprétation politique, administrative, commerciale, civile, criminelle, fiscale, &c. M. Thibaut (1) rejette avec raison toutes ces divisions, qui pourraient être poussées à l'infini sans utilité réelle.

En résumant ce que je viens de dire, il faudra tenir pour constant que certains principes généraux d'interprétation sont applicables à toutes les matières indistinctement ; mais qu'il en est d'autres spécialement déterminés par la nature et l'étendue de chacune d'elles, et qui leur sont exclusivement applicables.

On a abandonné à la sagacité et à l'expérience des hommes préposés à l'exécution des lois relatives à ces diverses matières, le soin d'étudier et de bien saisir leur véritable esprit, afin d'appliquer exactement ces règles.

CHAPITRE II.

§. LVI.

Tableau des Matières placées dans le domaine de la loi.

I. LES PERSONNES, comme objets de droits et d'obli-

---

(1) *Théorie de l'interprétation des lois*, §. 8.

gations indépendans de leur volonté et susceptibles d'être
réglés par la loi.

Ainsi, 1.° *la naissance* donne lieu aux lois sur l'état
politique et civil, sur le domicile, sur les successions, &c.

2.° *La minorité* amène les lois sur la tutelle et l'éman-
cipation; les dispositions relatives à l'intervention du mi-
nistère public dans les affaires qui intéressent les mineurs;
les formes particulières à l'ouverture des successions (art.
819 *et suiv.* Cod. civ. ; 910 *et suiv.* Cod. de procéd.);
aux partages et licitations (art. 466 et 838, Cod. civ. ;
966 *et suiv.* Cod. de procéd.).

3.° Tous les Français doivent concourir à la formation
de l'armée; de là les lois et ordonnances sur le recrute-
ment, &c. &c.

4.° Tout individu est tenu de révéler les complots, &c.
(art. 103 *et suiv.* Cod. pén.); de déclarer la vérité de-
vant la justice, lorsqu'il en est requis (art. 361 *et suiv.*
Cod. pén.), &c. &c.

5.° La démence, la prodigalité, amènent les lois sur
l'interdiction et sur les conseils judiciaires.

6.° Enfin, la mort donne lieu aux lois sur l'état civil
relatives aux décès, à des lois particulières de police, à
celles des successions, &c. &c. (J'omets les lois relatives
au mariage, à l'obligation d'être juré, à l'exercice de cer-
tains droits politiques, &c. &c., parce qu'elles statuent sur
des matières mixtes, ou ne sont pas indépendantes de la
volonté de l'homme.)

II. LES ACTIONS. Toutes les actions de l'homme sont

dans le domaine de la loi (1) ; de là la plupart des lois politiques, criminelles, de police et de droit civil.

III. LA PENSÉE, rendue extérieure par la parole, les écrits, les signes ou emblèmes, &c. &c., exerce une influence sur l'état social ; or, tout ce qui intéresse la société est nécessairement soumis à l'action de la loi. De là les lois sur la presse, sur les réunions publiques dans le but de délibérer, &c. &c.

IV. LES CHOSES. Par le mot *choses*, j'entends tout objet *physique* ou *moral* avec lequel l'homme peut se trouver en rapport comme être social, soit par l'effet de sa volonté, soit involontairement, et qui par suite devient *matière législative*.

Ainsi, 1.º tout avantage, toute prééminence ou distinction, lorsque l'introduction dans le système social en est jugée nécessaire pour le maintien, le bonheur ou la prospérité de l'État, donneront lieu aux rapports résultant de ces avantages ou distinctions, et, par suite, aux lois qui doivent les constituer et les déterminer. Quelques-uns de ces rapports seront conformes aux principes d'une égalité rigoureuse ; d'autres la rompront, dans l'intérêt de tous.

2.º La sûreté, la prospérité de l'État, commandent des sacrifices de la part des sujets. Elles amènent par suite les lois qui ont pour but d'imposer et de régler ces sacrifices,

----

(1) Quoique le législateur ne s'occupe en général que des actions qui intéressent la société, il est le maître de reculer ou d'avancer la limite au-delà de laquelle il abandonne l'action de l'homme à sa propre conscience.

d'en abandonner la distribution et l'emploi à la sagesse du souverain.

3.º Tout objet auquel on pourra appliquer l'idée de la propriété, donnera lieu aux rapports relatifs à la propriété, et par suite aux lois qui en règlent l'usage et l'étendue, &c.

5.º Enfin, tous les élémens d'ordre et de bonheur public ou privé sont dans le domaine de la loi. Ainsi, le temps, les lieux, le choix des moyens, les traditions, l'expérience, les combinaisons diverses, la faculté d'embrasser tous les rapports généraux de la civilisation, ceux d'état à état, &c. &c., sont de son domaine.

Tel est le vaste cercle dans lequel se trouvent répandues les diverses matières législatives. Le tableau que j'en offre n'est qu'un léger aperçu, une simple indication ; des développemens complets sortiraient des bornes de ce traité. Mais j'en ai dit assez pour faire comprendre toute l'importance que doivent avoir aux yeux de l'interprète les sciences positives comprises dans mes divisions. Son instruction dans tous les genres doit être telle, qu'il puisse sentir jusqu'à la plus légère imperfection de la loi.

LIVRE II.

INTERPRÉTATION DE DOCTRINE.

TITRE I.er

MÉTHODES GÉNÉRALES D'INTERPRÉTATION.

§. LVII.

Observations générales.

Les méthodes générales d'interprétation peuvent être considérées comme les procédés les plus naturels et les plus simples pour arriver à la connaissance du sens des lois. Elles sont applicables dans tous les cas, que les mots soient d'accord avec le sens, ou qu'ils ne le soient pas. Leur base fondamentale est la logique ; et quoique le jurisconsulte en fasse un usage plus prompt et plus sûr que le simple logicien, elles n'exigent pas, comme les méthodes spéciales, des notions immédiates et approfondies sur la jurisprudence.

Elles me paraissent commodément et exactement exprimées dans ces deux vers latins :

> *Præmitto, scindo, summo, casumque figuro,*
> *Perlego, do causas, connoto et objicio.*

CHAPITRE I.er

PRÆMITTO, *ou Notions générales et préliminaires.*

§. LVIII.

Les notions générales et préliminaires consistent, 1.º à s'assurer de la nature et de l'étendue de la matière ; 2.º à lui faire subir les divisions dont elle est susceptible ; 3.º à reconnaître l'exactitude des intitulés ; 4.º la justesse du lieu où se trouve placé le texte ; 5.º enfin elles consistent dans la critique de la forme employée par le législateur pour manifester sa pensée.

Forsterus fait l'épreuve de cette méthode sur la loi 12, ff. *de acquir. possess.* « La propriété n'a rien de com-
» mun avec la possession, porte cette loi, §. *nihil ;* c'est
» pourquoi l'interdit possessoire peut être exercé par celui
» qui a déjà intenté l'action en revendication. Celui qui a
» intenté cette action, n'est pas censé avoir renoncé par-là
» à la possession (1).

Avant d'expliquer ce texte, l'interprète devra se faire les questions suivantes : 1.º Pourquoi le titre *de acquir. vel amitt. possessione*, sous lequel se trouve placée cette loi, suit-il immédiatement celui *de acquir. rerum domin.*, lorsque cependant la propriété commence évidemment par la possession naturelle (2) ? 2.º Ce titre est - il également applicable à toutes les lois qui dépendent de lui ? 3.º Pour-quoi ce titre, au Digeste, est-il ainsi conçu, *de acquirenda vel amittenda possessione ;* tandis que celui du Code porte, *de acquirenda et retinenda possessione ?* 4.º Qu'est-ce que la propriété, et en quoi diffère-t-elle du *dominium ?* quels sont les élémens [ou causes] qui la constituent ? 5.º Qu'est-ce que la possession, et combien y en a-t-il d'es-

---

(1) *Nihil commune habet proprietas cum possessione : et ideò non denegatur ei interdictum uti possidetis, qui cœpit rem vindicare. Non enim videtur possessioni renuntiasse, qui rem vindicavit.*

(2) L. 1, §. 1 ; l. 20, ff. *de acquir. rer. dom.*

pièces? 6.º Comment s'acquiert, se retient et se perd la possession? 7.º Qu'est-ce que l'interdit possessoire, *uti possidetis* ? 8.º Qu'est-ce que la revendication, qui peut l'exercer, et contre qui peut-elle l'être? de quelle preuve chacune de ces choses est-elle susceptible? 9.º Qu'est-ce que la renonciation? 10.º Comment est-on censé avoir renoncé? &c. Il serait facile de continuer ainsi une longue série de questions.

On voit que les notions préliminaires sur un sujet consistent à analyser toutes les parties de ce sujet, et à s'en rendre exactement compte. Cependant il faut prendre garde de tomber dans des divisions ou des subdivisions trop subtiles. Loin d'arriver à la clarté, on finirait alors par obscurcir les notions même les plus simples. *Confusum est quicquid in pulverem sectum est.*

CHAPITRE II.

Scindo, *ou Divisions du Sujet.*

§. LIX.

Je viens de parler des divisions du sujet; je vais en parler encore, mais dans un but différent. Dans le chapitre précédent, elles ont été un moyen d'analyse pour arriver à l'éclaircissement et à la définition de toutes les parties du sujet : ici il s'agit de divisions logiques de ses parties principales. Cette méthode a pour but de donner la certitude que la loi a été bien conçue, que ses principaux objets ont été bien divisés, bien classés, et que l'interprétation qui résulte de cette manière générale d'envisager la loi, est aussi le sens réel qu'elle exprime (1). Ainsi, prenant toujours pour exemple la loi 12, ff. *de acquir. possess.*, on pourra diviser tout l'objet de la loi en trois parties principales : 1.º la propriété n'a rien de commun avec la possession ; 2.º la conséquence qui résulte de ce principe est que celui qui a intenté l'action en revendication, peut aussi intenter l'action possessoire; 3.º la loi répond à une objection, et décide qu'on n'est pas censé renoncer à la possession, lorsqu'on exerce l'action en revendication. Les auteurs recommandent sur-tout, en employant cette méthode, de ne pas se méprendre sur les parties à diviser. *Voyez* Gribald. l. 1, c. 14.

CHAPITRE III.

Summo, *ou Résumés généraux.*

***

ſ. LX.

Une autre méthode générale d'interprétation consiste à présenter, dans un résumé général clair et précis, soit une matière entière, soit une loi, soit même une partie de loi. Cette méthode sert à lever souvent des doutes particels, des incertitudes ou des équivoques résultant des mots ou de la construction grammaticale, et qui n'ont aucun fondement réel. Par exemple la loi 12, ff. *de acquir. possess.* déjà citée, est susceptible du résumé suivant : « Celui qui a intenté

***

(1) Cette méthode a des rapports prochains avec celle du paragraphe suivant.

» l'action pétitoire peut intenter encore l'interdit posses-
» soire. » Cette manière d'entendre la loi est la seule qui
convienne au texte ; c'est là le principe qu'il a voulu expri-
mer. Qu'importent les explications diverses que l'on vou-
drait donner aux mots, *nihil commune habet proprietas
cum possessione*, et les doutes qui pourraient en résulter
pour l'ensemble de la loi ? Tout esprit droit et versé dans
les matières dont le texte s'occupe, s'apercevra facilement
que la volonté de la loi a été d'émettre le principe énoncé
dans le résumé.

Cette méthode a, comme je l'ai dit, des rapports avec la
précédente ; cependant il est facile de remarquer qu'elles
n'ont pas le même but. La méthode par les résumés tend
à nous dévoiler d'un trait toute la pensée du législateur,
sa volonté intime ; celle par les divisions principales est
plutôt une méthode critique, dont l'objet sert à établir ou
même à vérifier l'exacte application de la première.

§. LXI.

Je considérerai encore comme résumés de cette espèce,
les principes généraux qui dominent toute une matière ;
ce sont eux qui donnent souvent la meilleure explication
des dispositions partielles de la loi. Par exemple, au titre
de *l'Absence* (Code civil), le principe *que l'absent n'est
ni mort ni vivant, &c.*, doit servir à résoudre une foule
de difficultés qui résultent de la simple lecture du texte,
ou de l'ensemble de quelques articles. Le principe énoncé
dans l'article 1314 (Code civil), qui répute *faits en majo-
rité ou avant l'interdiction, les actes passés avec des*

6

mineurs ou des interdits , lorsque les formalités prescrites à l'égard de ces derniers ont été observées, doit servir à interpréter les diverses matières dans lesquelles des mineurs ou des interdits se trouvent intéressés.

La fiction d'après laquelle , en matière de partage , *chaque cohéritier est censé avoir succédé seul et immédiatement à tous les effets compris dans son lot* (article 883 , Code civil), doit donner la solution d'une foule de difficultés, qui peuvent s'élever dans l'application des différentes dispositions sur les partages.

J'en dis autant des principes suivans tirés du droit coutumier, et qui s'appliquent aux successions (Code civil) : *Le mort saisit le vif, &c. ; n'est héritier qui ne veut.* Ils nous apprennent la volonté générale du législateur sur toute la matière, &c.

§. LXII.

Enfin je considère comme résumé général et comme moyen d'interprétation, la méthode par laquelle on classe dans un ordre didactique les principales dispositions d'une loi.

Par exemple, les nullités de mariage (Code civil) me paraissent susceptibles de la classification suivante :

1.° Nullités principales ou majeures ;

2.° Nullités moins importantes et qui peuvent se couvrir (1). Les premières sont prévues par l'article 190 et

---

(1) On remarque que je n'emploie pas la dénomination de *nullités absolues* et *nullités relatives,* parce qu'elle n'est pas applicable dans ce cas. Les nullités de la seconde espèce, quoique intéressant l'ordre public, peuvent être couvertes (art. 193, Cod. civ.).

les articles qu'il relate; les secondes, par les articles 193 (et 165 qu'il relate), 191 , 192 , &c., et autres concernant le défaut de célébration.

Les *exceptions* en matière de procédure me paraissent classées d'une manière convenable et commode dans l'ordre suivant :

1.° *Exceptions déclinatoires* ou renvois (article 169 , Cod. de proc.): on les appelle aussi *fins de non-procéder;* elles sont fondées sur l'incompétence, la connexité, la litispendance ;

2.° *Exceptions de nullité* ou exceptions péremptoires de forme : elles sont fondées sur des nullités absolues ou sur des nullités relatives. Les premières intéressent l'ordre public, et ne peuvent pas se couvrir; les secondes n'intéressent que les particuliers, et peuvent se couvrir;

3.° *L'exception judicatum solvi* (166, Cod. de pr.), dont l'objet est de garantir le paiement des frais du procès, et des dommages et intérêts qui en résultent (art. 16 , Cod. civ.];

4.° *Les exceptions dilatoires,* qui ont pour objet de différer l'exercice de l'action. Par exemple, les demandes en garantie, celles tendant à communication de pièces , à obtenir terme et délai , &c. &c. Quelques - unes de ces exceptions sont aussi péremptoires du fond, lorsqu'elles écartent entièrement l'action; par exemple, l'exception de discussion, si le débiteur contre lequel on la dirige est solvable ; l'action en déclaration d'hypothèques, &c. ;

5.° Enfin *les exceptions péremptoires du fond* (appelées proprement *fins de non-recevoir*), dont l'objet est d'écarter entièrement l'action , soit parce qu'elle n'existe pas, soit parce que celui qui la dirige est sans qualité ou sans intérêt ; par exemple, lorsqu'il y a prescription, autorité de la chose jugée, acquiescement, serment prêté, désistement, transaction , &c. &c.

§. LXIII.

On remarque que, dans l'ordre d'après lequel je viens de classer les exceptions, je n'ai pas consulté leur nature ; car le déclinatoire, l'exception de caution *judicatum solvi* , celle de garantie , sont également des exceptions dilatoires ; mais je me suis déterminé par un motif d'utilité générale en matière de procédure. L'objet de la procédure est d'amener une affaire, par les voies les plus régulières et les plus promptes, vers son terme , qui est le jugement. Rien de plus naturel que de s'assurer d'abord de la juridiction qui doit connaître de l'affaire. Ce premier point établi, on examine si l'action est régulièrement introduite ; ce second point constant, le procès commence. Il importe alors de s'assurer que le demandeur, dans l'hypothèse prévue par l'article 16 du Code civil , peut répondre des frais et dommages et intérêts, en cas qu'il succombe. Ces précautions prises, on procède selon l'ordre analytique des idées. On s'assure donc, avant d'examiner l'action en elle-même , et en supposant qu'elle existe, s'il n'y aurait pas injustice pour le défendeur à le reconnaître immédiatement soumis à l'action dirigée contre lui , et à l'obliger à y répondre sur-le-champ. Enfin , si le véritable moment de l'intenter est celui choisi par le demandeur, et fait partie de ses droits, s'il est bien constant que le défendeur est réellement celui auquel s'adresse l'action, on examine si elle est fondée; et c'est alors que le juge s'occupe des exceptions péremptoires du fond.

Ces classifications ont pour objet, comme on le voit, de déterminer, aux yeux du jurisconsulte, le rang et par suite l'importance de plusieurs dispositions législatives, qui, ne formant qu'un ensemble, concourent toutes vers un même but. Ce but étant le vœu principal de la loi, l'interprétation particulière de chaque disposition devra être constamment subordonnée à ce vœu principal.

CHAPITRE IV.

Casum figuro. — *Cas ou espèce servant de fondement à la Loi.*

§. LXIV.

La règle, *ex facto jus oritur* (1), citée par les docteurs comme autorisant les espèces sur lesquelles la loi est censée statuer, a besoin d'être expliquée. Cette maxime est bien plutôt une règle de jurisprudence et d'application de loi, qu'une norme pour le législateur. Des faits arrivent, se combinent et deviennent la source de droits et d'obligations; les décisions du droit leur sont appliquées, et la

____

(1) L. 52, §. 2, ff. *ad leg. Aquil.* et l. 1, §. divers. ff. *ad leg. Cornel. de sicar.*

justice est d'autant mieux rendue, que ces décisions sont plus exactement conformes à la nature et à la vérité des faits. De là la règle, *ex facto jus oritur*. Mais ces faits peuvent varier et se combiner diversement : alors le droit change ; car la moindre variété dans les faits change aussi le droit : *Quælibet minima facti varietas jus reformat* (l. 13, Cod. *de transact.*) De là encore la grande difficulté d'appliquer la loi ; car le moindre changement dans les faits ajoute aux difficultés de leur appliquer la loi. *Facti interpretatio plerùmque prudentissimos fallit*, dit Neratius, l. 2, ff. *de jur. et fact. ignor.*

Telle n'est pas la règle du législateur. Il doit élever ses regards sur tous les besoins, tous les faits, tous les actes qui ont lieu dans la société ; remarquer ceux qui se reproduisent le plus souvent, et établir son précepte d'après ces faits constans ou réputés tels à ses yeux. De là la maxime fondamentale, *Jura constitui oportet ex his quæ plurimùm accidunt, non quæ ex inopinato.* L. 3, ff. *de legib.* (1). On s'aperçoit dès-lors que la base du législateur, une fois adoptée, est immuable, puisque c'est sur elle que s'est exercée sa volonté, et que ce n'est qu'à cette volonté, ainsi manifestée, que les sujets sont tenus d'obéir.

§. LXV.

Cependant on conçoit que le législateur a dû statuer sur une espèce. Cette espèce peut être une fiction, en ce sens

---

(1) *Voyez* les lois 4, 5 et 6, *ibid.*, qui servent à développer et à confirmer ce principe.

qu'elle ne retrace pas toujours des faits réellement arrivés, dans l'ordre de la loi; mais elle est nécessairement l'expression d'une vérité positive, puisque tous ses élémens sont pris dans l'ensemble des faits qui se renouvellent constamment parmi les hommes.

Ces observations s'appliquent au droit romain autrement qu'au droit français.

J'ai déjà eu occasion de dire que les textes dont se composent les Pandectes, par exemple, étaient des décisions rendues par les jurisconsultes sur des faits pour la plupart réellement arrivés. Il est clair que plus on se rapprochera de la position de ces faits, plus aussi on se rapprochera du véritable sens des décisions. Les commentateurs du droit romain nous fournissent deux moyens pour arriver à ce but :

1.° L'étude des intitulés [ou rubriques] de la loi, afin de savoir quel est le livre d'où elle a été extraite, et quel est l'auteur de la décision.

Par-là on connaîtra à-la-fois la secte à laquelle appartenait le jurisconsulte, les opinions qu'il affectait, le livre ou la collection d'où est extraite la décision, qui recevra souvent, en lui rendant sa place primitive, un sens qu'elle a perdu, lorsqu'on l'a fait passer dans les Pandectes (1).

Par-là encore disparaîtront une foule d'antinomies apparentes. Car Justinien, en déclarant que la collection qu'il publiait devait être réputée son ouvrage, et ne serait plus

----

(1) Russard. *in præfation. ante Corp. jur. edit. ab ipso.* Mercer. *in Conciliator.*, &c. &c. L'ouvrage du savant Labitte, intitulé *Indices juris*, est d'un merveilleux secours pour ce genre de travail.

considérée comme appartenant aux livres d'où elle était
extraite, a seulement déclaré que c'était de lui que les déci-
sions qu'elle renferme recevaient leur sanction, et que
toutes seraient désormais revêtues d'une égale autorité ;
mais il n'a pas voulu par-là interdire la recherche du sens
réel de chacune d'elles : or, le plus sûr moyen d'arriver à
la connaissance de ce sens, est, sans contredit, l'étude de
ces décisions dans le lieu même où, se trouvant liées à
d'autres, et ne formant, pour ainsi dire, qu'un tout avec
elles, elles en reçoivent l'interprétation la plus naturelle.
Cette observation ne cesse d'être applicable que lorsqu'il
est évident que Justinien a eu l'intention de changer la
décision (1).

2.º *Le cas* ou *l'espèce* de la loi résultera encore du sens
que présente la juste acception des mots qui l'énoncent,
appliqué à des faits douteux et qui donnent lieu à une
solution juridique ; car la solution ayant été rendue sur
des faits exposés, il est vraisemblable que les plus naturels
et ceux qui s'adaptent le mieux à la solution, auront été les
faits véritablement soumis.

CHAPITRE V.

PERLEGO', *ou Lecture du Texte.*

§. LXVI.

Il faut appliquer ici la plupart des réflexions que j'ai
faites au §. XI. On doit avant tout s'assurer de la correction

----

(1) *Voyez* plusieurs exemples à l'appui de ces réflexions, dans
Forster. *Interpr.* lib. II, cap. I, §. 4.

et de la pureté du texte : or, c'est une lecture attentive et réfléchie qui peut seule donner cette certitude. C'est en rapprochant ses diverses parties, en donnant aux mots l'acception qu'y a attachée son auteur, en se pénétrant de la nature de la matière et des circonstances au milieu desquelles a paru la loi, ou des faits généraux sur lesquels elle a statué ; enfin, c'est en conférant les manuscrits les plus authentiques et les plus estimés, lorsqu'il s'agit d'une législation ancienne, que l'on peut espérer d'interpréter avec justesse et avec fruit un texte de loi. Mais il convient de s'imposer des bornes, même dans cette recherche.

A combien de conjectures et d'hypothèses ne se sont pas livrés la plupart des interprètes du droit romain, pour rétablir ce qu'ils appelaient la vraie leçon des textes ?

Haloander a tellement multiplié les corrections dans ses Pandectes, qu'on ne peut pas affirmer, dit Ménage (1), s'il n'a pas été plus nuisible qu'utile à la jurisprudence. Une foule de corrections ou de leçons adoptées par Cujas, ont été rejetées depuis lui. Rien de plus téméraire, en général, que les corrections de Noodt et du président Faber. Enfin les Godefroi, deux des plus judicieux génies qui aient éclairé la jurisprudence, ont laissé échapper peu de textes de droit romain sans offrir des conjectures nouvelles. D. Godefroi veut lire le commencement de la loi 12 , §. *nihil, de acquirend. possess.*, autrement que ne le portent tous les textes. Au lieu de *nihil commune habet proprietas cum possessione*, ce qui offre un sens clair et

____

(1) *Jur. civ. amœnit.* 1677, p. 47.

parfaitement adapté au reste de la loi, il propose de lire avec la glose, *nonnihil &c.*, d'où résulterait un nouveau sens. Les interprètes ont généralement repoussé cette leçon, celle du texte n'étant combattue par aucune objection solide.

La conclusion que je tire de là, est qu'il faut sans doute exercer une critique judicieuse et sévère sur le texte à interpréter ; mais qu'il est très-dangereux de s'abandonner sans guide et sans frein au délire des conjectures.

CHAPITRE VI.

Do causas, *ou Raisons de la Loi.*

§. LXVII.

Une des meilleures méthodes générales d'interprétation consiste à rechercher les raisons [ou motifs] de la loi. Les lois 20 et 21, ff. *de legib.*, sainement entendues, sont loin de s'opposer à l'emploi de cette méthode. *Non omnium quæ à majoribus constituta sunt, ratio reddi potest,* porte la première de ces lois, « On ne peut pas donner la » raison de toutes les lois établies par nos ancêtres. » Ce texte ne veut pas dire qu'il y ait des lois sans motifs, mais qu'il n'est pas toujours possible de connaître ces motifs. « Ce » n'est pas la loi qui est en défaut, disent Coraz, Connan, » Duaren, &c. &c., c'est notre intelligence. »—«C'est de nous » que parle la loi 20, ff. *de legib.*, dit Alberic Gentilis, lect. 2, cap. 2, et non des lois. » Quant à la loi 21, qui défend de rechercher les raisons de la loi ; parmi cette foule d'interprétations que lui donnent les docteurs, j'adopterai celle de Doneau, que j'ai rapportée plus bas *(Restriction de la loi résultant de l'équité).*

§. LXVIII.

La nécessité de rechercher les raisons de la loi étant reconnue, il faut admettre comme l'un des moyens les plus propres à vérifier et à faire connaître celles sur lesquelles elle se fonde réellement, les raisons de douter ; c'est par la comparaison de celles-ci avec les raisons de décider, qu'on est assuré d'obtenir une interprétation exacte.

Les auteurs nous donnent quelques principes propres à nous diriger à cet égard.

1.° Dans l'incertitude entre les raisons de douter et les raisons de décider, il faut se prononcer pour les cas qui offrent le plus de doutes : car sans examiner, avec une foule de docteurs, s'il est de l'essence de la loi de statuer nécessairement sur des cas douteux, on peut tenir du moins pour constant ce qu'aucun d'eux ne conteste, que de plusieurs sens qu'offre une loi, celui qui résout le plus de doutes doit être préféré (1).

2.° La raison de douter et la raison de décider ont cela de commun, que l'une et l'autre sont générales, qu'elles sont également fondées sur des principes, des lois ou des règles de droit; mais elles diffèrent en ce que la raison de douter, quoique vraie en elle-même, est faussement appliquée, tandis que la raison de décider, vraie aussi,

---

(1) Abbas. *C. cùm in jure perit.* Forster. *Interpr.* lib. II. cap. I, §. 6.

reçoit une juste application. Voici un exemple tiré du *Traité des obligations* de Pothier, n.° 656 (article 1048, Cod. civ.), qui vient à l'appui de cette vérité : « On de-» mande si le temps de la prescription qui a couru avant » l'ouverture de la substitution contre l'héritier, pour une » créance de la succession qui fait partie des biens compris » en la substitution, peut, après l'ouverture de la substitu-» tion, être imputé à ce substitué? La raison de douter » est que ce substitué ne tient pas son droit aux biens » substitués, de celui qui était grevé de substitution à son » profit, et contre lequel le temps de la prescription a » couru. Néanmoins il faut décider que la prescription » commencée ou accomplie contre le grevé, a pareille-» ment effet contre lui ; car, quoique le substitué ne » tienne pas son droit du grevé, mais du testateur, cette » créance passe de la personne du grevé en celle du subs-» titué telle qu'elle se trouve, et par conséquent prescrite » en partie ou entièrement. Le grevé ayant été le vrai créan-» cier jusqu'à l'ouverture de la substitution, c'est contre lui » qu'a dû courir et qu'a couru véritablement le temps de la » prescription , &c. &c. »

L'objection était fondée en droit ; mais la raison de dé-cider démontre qu'elle n'était pas applicable.

CHAPITRE VII.

CONNOTO, *Principes ou Axiomes remarquables.*

---

§. LXIX.

Une loi peut exprimer des principes généraux ou des

axiomes de législation dont l'analogie doit influer sur l'intelligence d'autres lois.

Ces axiomes résultent, ou des termes mêmes et de l'économie de la loi, ou de son esprit.

Par exemple, les termes de la loi 14, Cod. *de ss. eccles.*, expriment cette vérité fondamentale, qui doit s'appliquer à toute la législation, que « ce qui se fait contre » les lois doit être considéré comme non existant ; » *Quæ contrà leges fiunt, pro infectis habenda sunt.* On trouve encore dans la loi 34, Cod. *de transact.*, la maxime qu'il n'y a pas de dol toutes les fois que celui contre lequel il s'exerce l'approuve : *Volenti dolus non infertur.*

L'axiome ou la règle peut résulter aussi de l'esprit de la loi. Par exemple, on fait résulter de la loi 12, *de acquir. possess.*, que la propriété et la possession sont complètement différentes ; que celui qui a intenté l'action possessoire peut encore intenter l'action pétitoire ; que celui qui a commencé par le pétitoire, n'a pas renoncé pour cela à *sa possession*, &c. &c.

CHAPITRE VIII.

OBJICIO, *ou Méthode par les objections.*

§. LXX.

Une des méthodes les plus généralement employées pour arriver à l'exacte connaissance du sens des lois, consiste à résoudre toutes les difficultés, à réfuter toutes les objections qui peuvent s'opposer au sens que l'on donne à la loi.

La première question que se fait l'interprète est celle-ci : Qu'a voulu le législateur ? Après s'être assuré de cette volonté, qui est le sens de la loi, il doit se faire cette seconde question : Quelles objections raisonnables peut-on faire à l'admission de ce sens ?

Les contraires s'éclaircissent mutuellement, disent les auteurs (1) : le premier devoir de l'interprète sera donc de rapprocher des termes de la loi et du sens qu'il en fera résulter, tout ce qui pourra leur être opposé comme directement contraire, ou même comme tendant à en combattre le sens d'une manière indirecte ; car l'interprétation des lois est la recherche d'une vérité positive, et la sagesse de l'interprète consiste à lever tous les doutes directs et indirects qui s'opposent à la découverte de cette vérité.

Prenons pour exemple la loi 12, ff. *de acquir. possess.* déjà citée. Elle commence par énoncer la proposition que *celui qui a l'usufruit paraît posséder naturellement ; naturaliter videtur possidere is, qui usumfructum habet.* Cette loi, qui est tirée du livre 70 sur l'Édit, et qui a pour auteur Ulpien, est d'accord, quant à ce principe, avec la fin de la loi *uti possidetis* ff. du même auteur (même livre) (2). Elle est aussi conforme à une loi de Papinien, 49 in principio ff. *de acquir. possess* (3). Mais Ulpien

---

(1) Aristot. 4 *Rhet.* Everhard. *in Topic. legal.* 1979.

(2) *In summa*, dit Ulpien, *puto dicendum, et inter fructuarios hoc interdictum reddendum, etsi alter usumfructum, alter possessionem sibi defendat.... Idem erit probandum etsi ususfructis defendat quis sibi possessionem, &c.*

(3) *Possessio quoque, per servum, cujus ususfructus meus est, ex re*

énonce un principe contraire en la loi 15, §. 1, ff. *qui sa-
tisdare cogunt* (1); savoir, que le simple usufruitier n'est
pas possesseur; *cum verò qui tantùm usumfructum habet,
possessorem non esse.* Le même Ulpien dit encore dans
la loi 5, §. 1, ff. *ad exhibendum :* « Julien décide que ce-
» lui qui possède pour conserver les objets (de l'hérédité)
» ou les legs, est tenu de l'action *ad exhibendum*, ainsi
» que celui qui possède à titre d'usufruit, *QUOIQUE*
» *CERTAINEMENT CELUI-CI NE POSSÈDE PAS.* »
Julianus autem ità scribit : ad exhibendum *actione te-
neri eum qui rerum vel legatorum servandorum causâ
in possessione sit, sed et eum qui ususfructûs nomine
rem teneat, quamvis nec is utique possideat.* Gaïus, l. 10,
§. fin. ff. *de acquir. rer. domin.*, dit aussi que l'usufruitier
ne peut pas acquérir un esclave par usucapion, *attendu
qu'il ne possède pas, &c.* » *Ususfructuarius verò usu-
capere servum non potest, quia non possidet, &c. &c.*

Plusieurs autres textes expriment le même principe, qui
est évidemment contraire à celui des premières lois rap-
portées, et notamment de la loi 12, ff. *de acquir. possess.*
De là la grande question de savoir si en effet l'usufruitier
possède ou non.

Plusieurs auteurs ont fait des distinctions : les uns sont
convenus qu'il avait la possession naturelle ; mais ils ont

----

*mea et operis servi adquiritur mihi, cùm et naturaliter à fructuario
teneatur.*

(1) Déjà Ulpien avait posé en principe (liv. 69) que celui-là seul qui
possédait pouvait être poursuivi en vertu de l'édit possessoire (l. 3,
§. *creditores*, 8, ff. *uti possidetis.*

nié qu'il eût la possession civile (1). D'autres ont dit qu'il possédait réellement, mais non par lui-même (2).

Ceux qui lui refusent toute espèce de possession (3), soutiennent que le mot *paraît [videtur]* de la loi 12, ci-dessus cité, n'est employé que pour désigner une manière quelconque de détenir une chose, et non la possession elle-même ; que l'usufruitier est plutôt dans la possession de la chose dont il a l'usufruit, qu'il ne la possède réellement ; qu'ici le mot *paraît* indique une espèce d'impropriété, comme il l'indique dans les lois 3 et seq. ff. *quib. caus. in possess. cat.* &c. &c.

Mais la plupart des jurisconsultes ont embrassé l'opinion contraire, qu'ils établissent sur les raisons suivantes :

Celui qui est dans la simple possession d'une chose sans la posséder réellement, ne peut pas intenter l'interdit possessoire (l. 3, §. 8, ff. *uti possidetis*); or, l'usufruitier peut intenter cet interdit (l. fin. ff. *uti possidet.*). Il peut intenter encore l'interdit *quod legatorum* (l. 1, §. 8, ff. *quod legat.*), et l'interdit *unde vi* (l. 3, §. 16 et seqq.), &c. &c. Il résulte d'ailleurs des termes de la loi 21, ff. *quemadm. servit. amitt.*, que l'usufruitier possède en son propre nom. *Usufructuarius licèt nomine suo possideat, &c. &c.*, dit Paul, auteur de cette loi.

Donc l'usufruitier possède réellement, et en son propre nom, la chose dont il a l'usufruit.

---

(1) Forster. *Interpr.* lib. ii, cap. i, §. 8.

(2) Cont. 1, disput. 9.

(3) Donell. lib. 5 *Comment.* cap. vi. — Cujas, lib. 9 *Observat.* cap. 33, &c.

Il est vrai que quelques docteurs ont prétendu que l'usufruitier ne possédait pas naturellement, parce qu'il ne possédait pas *animo domini;* mais on peut leur répondre que, quoiqu'il ne possède pas la chose même *animo domini*, il possède son droit propre *animo domini*, et par suite qu'il le possède civilement (l. 4, ff. *de usufruct.*). On sait d'ailleurs que l'usufruitier est considéré par la loi 10, au Code, *de usufructu,* sous deux rapports: 1.º sous celui du droit; 2.º sous celui de la chose (1). Partant de cette division, Lanfranc et Herm. Vulteius décident que la quasi-possession du droit de l'usufruitier est naturelle et civile; mais qu'il n'en est pas de même de la chose: tandis que d'autres, au rapport de Forster (*loc. cit.*), font résulter de cette loi, et spécialement des lois 21 et suiv. ff. *quemadm. servit. amitt.*, que l'usufruitier possède, en son propre nom, la chose elle-même.

Au milieu de cette variété d'opinions, en nous attachant à la distinction établie par la loi 10, au Code, *de usufruct.* et aux lois 21 et suiv. ff. *quemadm. servit. amitt.*, nous dirons que l'usufruitier possède naturellement et civilement son droit d'usufruit; qu'il possède aussi réellement, naturellement et en son propre nom, la chose dont il a l'usufruit.

Mais à la différence du propriétaire, qui possède *animo domini*, à titre de maître, l'usufruitier possède la chose en vue et par suite de son droit, *intuitu juris sui* (2).

____

(1) Voici le texte de cette loi : *Nemo ambigit possessionis duplicem esse rationem; aliam quæ jure consistit, aliam quæ corpore.*

(2) L. 22, §. 1, ff. *de noxal. action.*

En effet, considérée en elle-même, la possession du droit d'usufruit, de la part de l'usufruitier, ne diffère en rien de celle du propriétaire. Tous les textes et tous les auteurs attachent les mêmes effets à l'une et à l'autre. On n'aperçoit de différence que lorsqu'il s'agit de la possession *de la chose*. D'après les principes du droit, la chose n'étant pas celle de l'usufruitier, il est impossible de reconnaître dans le droit de l'usufruitier des effets aussi étendus que ceux du propriétaire ; la possession de la chose entre ses mains devra donc être mesurée en quelque sorte par le droit même dont elle émane. Voilà pourquoi elle sera réelle, naturelle, au propre nom de l'usufruitier ; mais non rigoureusement *civile*, puisqu'elle n'emporte pas avec elle l'idée de la propriété de la chose.

Au reste, cette solution servira à interpréter le passage même où Ulpien dit « que le simple usufruitier n'est » pas possesseur ; » *cum qui tantùm usumfructum habet, possessorem non esse.* Quelle est l'hypothèse dans laquelle il donne son assertion ? Il s'agit de savoir si l'usufruitier peut être contraint à fournir caution ; et le jurisconsulte répond que l'usufruitier n'est pas un possesseur de chose immobilière, tel qu'il ne puisse pas être contraint à fournir caution, attendu qu'il peut facilement arriver que son usufruit soit cédé, ou finisse de toute autre manière : mais le jurisconsulte n'exclut pas, d'une manière générale et absolue, la qualité de possesseur dans la personne de l'usufruitier. Par la même raison et dans le même sens, on pourrait dire que le créancier possesseur d'un gage n'a pas la vraie possession de ce gage, car elle peut lui échapper de plusieurs manières : cependant on ne niera pas que généralement il n'ait la véritable possession du gage ; cette vérité est établie par plusieurs textes (1).

Ainsi, il faut reconnaitre qu'en principe l'usufruitier est un véritable possesseur , bien que sa possession ne soit pas, sous tous les rapports, la même que celle du propriétaire (2).

Enfin, on objecte la loi 1, §. 8 , ff. *quod legator.* , qui porte que l'on ne possède ni l'usufruit ni l'usage , mais plutôt qu'on le tient; *nec ipse quidem ususfructus, nec usus possidetur, sed magis tenetur.* Il est bien facile de prouver que ce texte n'est pas en opposition avec le principe posé. On ne possède pas l'usufruit ni l'usage, dit ce texte , parce qu'aux termes des lois , les droits incorporels ne sont pas susceptibles de la possession proprement dite (3) ; leur existence est plutôt dans l'intelligence que dans la réalité des choses (4). On conçoit, par suite, une quasi-possession de ces droits, à l'imitation de la possession réelle, et qui en a les mêmes effets (5). Quant aux mots , *sed magis tenetur ,* ils ne sont qu'une explication plus ou moins satisfaisante de la nature de la possession dont il s'agit. Il est évident pour moi qu'elle est incomplète ;

______

(1) L. 9, §. 2, l. 35, ff. *de pignor. action.*

(2) Je sais que M. de Savigny , jurisconsulte allemand, a émis des idées nouvelles sur la possession en droit romain; mais elles ne sont pas contraires à celles que j'expose ici relativement à l'usufruitier.

(3) L. 4, §. 27, ff. *de usucap.*

(4) *Cùm jura potiùs intelligantur quàm quid sint. (Cicero, in Topic.*

(5) L. 1 , §. 1 , ff. *de public. in rem action.*

mais du moins elle ne détruit pas la définition précédente, puisqu'elle ne paraît pas même la soupçonner ; et par la précédente, l'usufruitier est incontestablement possesseur.

Telle est la manière de résoudre des objections sérieuses proposées dans la vue de renverser l'interprétation donnée à une loi. Il est évident que plus elles auront de force réelle, et plus celui qui les aura résolues aura donné de solidité aux preuves par lesquelles il prétend établir son interprétation.

TITRE II.

MÉTHODES SPÉCIALES D'INTERPRÉTATION.

Principes généraux, Divisions.

§. LXXI.

Celui qui pense juste et qui s'exprime bien, dit précisément ce qu'il a voulu dire et ce qu'il a dû dire. Ainsi, dans une loi bien faite, ce que le législateur a dû dire, d'après les motifs qui servent de base à son précepte, doit être conforme à ce qu'il a dit en effet; comme aussi ce qu'il a dit (c'est-à-dire, les idées qu'expriment, aux yeux de la plus grande partie du peuple, les termes dont il s'est servi), doit être conforme à ce qu'il a réellement eu l'intention de dire.

Il peut arriver cependant que les termes qu'il a employés ne retracent pas exactement sa pensée.

1.° Soit parce qu'il n'a pas régulièrement déduit son précepte des motifs sur lesquels il repose;

2.° Soit parce qu'il a choisi, par erreur, des termes impropres pour exprimer ses idées;

3.° Soit parce que les termes dont il s'est servi retracent moins d'idées qu'il n'a voulu en exprimer;

4.° Soit parce qu'ils en retracent plus;

5.° Soit parce que son précepte est énoncé d'une manière équivoque ou ambiguë.

De cette différence entre l'expression et la pensée du législateur, résulte la différence des interprétations.

Celle qui aura pour objet le sens même des mots, s'appellera interprétation *grammaticale*.

Celle qui nous retracera la pensée du législateur, prendra le nom d'interprétation *logique;* elle se subdivisera en interprétation *d'après le but du législateur*, et interprétation *d'après le motif de la loi* (1).

L'interprétation qui nous fera connaître plus d'idées que les mots n'en expriment, s'appellera *extensive;* celle qui nous en fera connaître moins, *restrictive;* enfin la *déclative* sera celle qui aura pour but d'éclaircir la pensée du législateur.

§. LXXII.

L'interprétation grammaticale et l'interprétation logique étant admises, quelle est celle des deux qui, dans le doute, doit l'emporter?

______

(1) Thibaut, *Théorie de l'interprétation logique des lois*, §. 3.

Lorsqu'elles concourent pour nous retracer les mêmes objets, la solution est facile : le sens naturel des mots étant aussi la pensée de la loi, il suffit à l'esprit d'en obtenir la certitude (1). Mais lorsqu'elles ne concourent pas, quelle est celle des deux qui est obligatoire pour le juge ? Il est évident que les mots ne font pas le droit ; c'est la volonté du législateur ; les mots ne servent qu'à la manifester : *Non enim lex est quod scriptum est, sed quod legislator voluit, quod judicio suo probavit et recepit. L. de quibus ff. de legibus.* Toutes les fois donc qu'il y aura une différence entre le sens des mots et la pensée du législateur, il faudra abandonner les mots, puisque ce n'est pas là qu'est le droit. De là l'obligation pour le juge de rechercher le vrai sens de la loi.

TITRE III.

INTERPRÉTATION LOGIQUE.

***

CHAPITRE I.ᵉʳ

Interprétation d'après le but du Législateur.

***

§. LXXIII.

J'ai dit (§. LXXI) que le législateur pouvait (soit par erreur, soit volontairement) ne pas déduire avec exactitude son précepte des motifs sur lesquels il repose, ou employer des termes impropres pour exprimer ses idées.

---

(1) *Voyez* plus bas, *Interprétation déclarative.*

Je dois, à cet égard, poser deux principes :

Le premier, que le législateur n'est pas présumé s'être écarté des procédés ordinaires et réguliers du raisonnement, ni de la propriété reconnue des termes. S'il en est autrement, cette exception doit être évidente et résulter de la loi elle-même;

Le second, que si cette exception n'est pas démontrée, il faut admettre comme constant que la volonté du législateur a consacré la conséquence régulièrement déduite par tous les interprètes. Dans le cas contraire, il a consacré une conséquence fausse, qui sera néanmoins la loi, puisque c'est à elle que le législateur a attaché sa volonté.

§. LXXIV.

Je viens de dire que l'intention particulière du législateur devait résulter de la loi elle-même. Mon opinion est en cela conforme à celle de M. Thibaut (1). Ainsi l'on fera facilement résulter de l'ensemble de la loi dernière, au Code, *de legib.*, que Justinien n'a pas voulu interdire l'interprétation de doctrine; et de la fin de la loi 3, ff. *de confirm. tutor.*, que les tuteurs dont parle cette loi ne sont assimilés aux tuteurs testamentaires que sous le rapport de *la satisdation*. On fera pareillement résulter l'intention particulière du législateur, d'une loi postérieure qui, par son énoncé, expliquera implicitement une loi antérieure (2).

______

(1) *Théorie de l'interprétation logique*, §. 12.

(2) C'est l'interprétation par le parallélisme. Selon Eckard, il faut distinguer l'interprétation *par le parallélisme*, de l'interprétation par

Mais M. Thibaut enseigne (1) que, dans certains cas, elle peut aussi résulter des maximes générales de la législation. Sans blâmer cette proposition au fond, je ne puis approuver la forme sous laquelle elle est énoncée. Je ne saurais concevoir que l'intention particulière du législateur soit manifestée par les maximes générales de la législation. Ces maximes sont la règle présumée de sa volonté. Or, toutes les fois qu'elles servent à l'interpréter, que ce soit par induction ou autrement, elles consacrent nécessairement un motif d'ordre général ou de bien public, qui est la volonté principale du législateur; l'autre partie de sa volonté, explicite ou non, ne peut être considérée que comme accessoire.

CHAPITRE II.

Interprétation d'après les motifs de la Loi.

Observations préliminaires, Divisions.

§. LXXV.

Supposons maintenant ce que j'admets comme règle générale, que le législateur a raisonné juste, qu'il a choisi

---

analogie: la première a lieu lorsqu'on explique une loi ou une disposition de loi par les termes d'une autre loi; peu importe la différence des lieux où elles se trouvent, pourvu que la volonté du législateur soit la même. (Eckard, *Hermen. jur.* §. xv; Grotius, *de Jure bell. et pac.* lib. ii, cap. 16, §. 7.) L'interprétation par analogie, au contraire, consiste à expliquer les lois d'après l'analogie des motifs, des doctrines ou de certains principes généraux qui les unissent. (Eckard. *ibid.* §. 39.)

(1) *Théorie de l'interprétation logique,* §. 12.

des termes propres pour exprimer ses idées, mais que ces termes étant insuffisans pour les rendre toutes (car, disent les lois, il y a plus de choses que de mots) (1); il y a lieu à rechercher la partie de sa pensée qui excède les termes, puisqu'elle n'est pas moins la loi (2) que celle qui se trouve exactement rendue par eux. Ce sera l'objet de l'interprétation *extensive* (§. LXXI).

Ire PARTIE.

De l'Interprétation extensive.

---

§. LXXVI.

J'exposerai d'abord à quels signes on reconnaît qu'il y a lieu à étendre les mots; j'examinerai ensuite quelles matières sont susceptibles de cette extension.

Ire SECTION.

Caractère de l'interprétation extensive.

---

§. LXXVII.

Avant tout il importe d'assigner un caractère à l'interprétatation extensive. Elle est du droit des gens, selon Barthol. Cœpolla (3); mais ses espèces sont du droit civil.

---

(1) L. *natura*, ff. *de prescrip. verb.* —L. *ratum*, ff. *de solut.*

(2) L. *de quibus*, ff. *de legib.*; l. *non dubium est*, cod. tit. C. —Hug. Donell. *Comm. jur. civ.* cap. xiv.

(3) *Tractat. de interpr. jur. extens.* cap. 5.

Cette pensée, juste au fond, a besoin d'une courte explication. L'interprétation extensive est autorisée par le droit des gens, parce que tous les législateurs de la terre ont besoin d'employer les mots pour exprimer leurs idées, et que les mots étant insuffisans, on est toujours obligé de rechercher la volonté obligatoire du législateur dans le sens qu'emportent virtuellement les mots, et par conséquent dans leur extension. Mais elle est de droit civil, en ce sens que l'extension aura toujours lieu conformément à la législation positive de chaque pays.

Signes auxquels on reconnaît qu'il y a lieu à étendre les mots.

§. LXXVIII.

L'interprétation extensive résulte ou de la *simple logique*, ou des *motifs mêmes* de la loi.

I.re SUBDIVISION.

Extension logique.

§. LXXIX.

1.° Une chose est virtuellement comprise dans une autre, et par suite l'extension a lieu, lorsqu'elle entre essentiellement dans sa définition; car la définition est l'image abrégée d'une chose avec toutes ses propriétés (1). Ainsi,

______

(1) Bald. l. 1, in principio, ff. *de just et jur.*

lorsque nous énonçons que la stipulation (en droit romain) a eu lieu, nous comprenons à l'instant que toutes les conditions requises pour sa perfection (la demande, la réponse, le consentement formel) ont été remplies; ainsi, dans le droit français, lorsque nous énonçons qu'un testament a donné ouverture à des droits, nous entendons sur-le-champ un testament tel qu'il est autorisé par les lois françaises, authentique, mystique ou olographe, &c. (1).

§. LXXX.

2.° Une chose est virtuellement comprise dans une autre, et par suite l'extension a lieu, lorsqu'elle fait partie de cette même chose. Car la loi qui statue sur le tout, statue nécessairement sur la partie. Ainsi, la loi romaine qui permettait aux Romains de faire un testament, leur permettait, par conséquent, d'instituer un héritier, d'exhéréder, de conférer des tuteurs, de faire des legs, &c. Le droit de propriété emporte le droit d'usufruit, d'usage, celui de vendre la chose, de la louer, de l'engager. La disposition de l'article 545 du Code civil, qui statue dans des vues d'intérêt public sur la propriété particulière, statue nécessairement aussi sur toutes les parties de la propriété telles que nous venons de les déduire, &c. &c.

Il convient d'établir ici quelques distinctions.

On peut envisager les parties d'un même tout de quatre manières différentes :

______

(1) Je parle des testamens faits d'après les règles du droit civil ordinaire.

1.º Il peut être divisé en espèces. Ainsi la tutelle se divise en *légitime, testamentaire, dative*, &c. &c.

2.º Il peut être divisé en parties substantielles. Dans ce cas, l'absence de l'une de ces parties ôte son existence au tout. Par exemple, les parties substantielles d'une maison sont les fondemens, les murs, le toit, &c. &c.; celles d'un fonds de terre sont le droit de propriété, l'usufruit; celles de la vente, le consentement, la chose, le prix. Supprimez l'une de ces parties, et le tout cesse d'exister.

3.º Il peut être divisé en parties aliquotes. Dans ce cas, l'absence de l'une des parties ne détruit pas le tout. Il subsiste encore, mais dans une moins grande quantité. L. *locus*, ff. *de verbor. signif.* Article 1010, Cod. civ.

4.º Il peut être divisé en parties principales et parties accessoires : par exemple, lorsqu'une maison est divisée en parties principales, *les murs, le toit*, &c. &c., et en parties accessoires, le chemin pour y arriver, les cours, le jardin, les parquets, &c. &c.

§. LXXXI.

3.º Une chose est virtuellement comprise dans une autre, et par suite l'extension a lieu, lorsqu'elle est de la nature même de cette chose ; car toutes les choses qui peuvent être considérées comme étant de la nature d'une autre, sont nécessairement comprises dans la dénomination même de cette chose. Ainsi, celui qui s'est engagé à vendre une propriété, s'est engagé à garantir l'acquéreur des évictions de droit ; car cette espèce de garantie est de la nature du contrat de vente (1). Celui qui allègue la prescription par dix et vingt ans, est censé dire aussitôt qu'il a un titre, se fonder sur la bonne foi, &c. &c. (2), et il ne serait pas admis à se prévaloir plus tard de ces conditions (3) pour appuyer sa demande, &c.

§. LXXXII.

4.° Une chose est virtuellement comprise dans une autre, et par suite l'extension a lieu, lorsque son existence est présumée par la loi ou la coutume. Ainsi la fameuse clause, *si preces veritate nitantur*, était toujours censée écrite dans les rescrits; et ils n'étaient accordés par les empereurs et par les papes, que sous cette condition. La disposition des rescrits s'étendait donc à cette condition. Ainsi lorsque les tribunaux statuent sur une contestation, c'est sur la présomption légale que tous les élémens de la contestation sont réguliers; sans quoi, il y a ouverture à requête civile, et leur décision reste sans effet.

§. LXXXIII.

5.° Une chose est virtuellement comprise dans une autre, et par suite l'extension a lieu, lorsqu'elle est une émanation naturelle et non fictive de cette chose (4); car

---

(1) Cependant, comme elle n'est que de la *nature* et non de l'*essence* du contrat de vente, elle pourrait, par l'effet d'une stipulation particulière, ne pas faire partie du contrat, sans que le contrat cessât d'exister. Pothier, *Traité des obligat.* n.° 7; et art. 1627, Cod. civ.

(2) Art. 2265 du Code civil.

(3) Leur non-existence une fois constatée.

(4) Steph. de Feder, *de Leg. interpr.* part. 1, n.° 37.

la loi statuant sur une chose comme principe ou origine, statue nécessairement sur tout ce qui dérive de cette chose.

Ainsi, la loi qui reconnaît le droit de propriété d'un arbre, reconnaît virtuellement le droit de propriété des petits arbres qui se renouvellent de lui (1).

Les femmes n'étant pas admises autrefois à succéder aux biens d'une certaine nature (par exemple, les fiefs mâles), leurs enfans en étaient également exclus.

L'enfant naturel légalement reconnu, n'étant appelé à recueillir, dans la succession de son père, en cas de concours avec les enfans légitimes, que le tiers de la portion qu'il aurait eue s'il eût été légitime (art. 757, Cod. civ.), son fils légitime ne pourra pas prétendre plus de droits que lui dans cette succession.

L'indigne étant privé de la succession de son père (art. 727, Cod. civ.), est privé par conséquent, et par suite de l'extension de la loi, du droit d'attaquer le testament de son père, et de se prévaloir des actions qui en découlent.

Une loi qui déroge au droit commun ne peut pas être interprétée conformément au droit commun; car le droit commun étant corrigé dans son principal (la disposition), est aussi corrigé dans sa conséquence (l'interprétation).

Mais j'ai dit que, pour que l'extension eût lieu, il fallait que la chose à laquelle on l'applique découlât de l'autre naturellement et non fictivement. Ainsi les condamnations intervenues contre un contumax n'ont pas le même effet

---

(1) L. *obligationum ferè*, §. *placet*, ff. *de action. et oblig.*

que les condamnations contradictoires, parce que le con-
tumax n'est que fictivement coupable ; et tandis que celles-
ci sont définitives et amènent directement à la condamna-
tion ou à l'absolution, les autres n'ont pour résultat que
de remettre le prévenu sous la main de la justice, avec
tous les élemens du procès (art. 29, Cod. civ.).

§. LXXXIV.

6.ᵉ Une chose est virtuellement comprise dans une
autre, et par suite l'extension a lieu, lorsque cette chose
est le moyen direct ou détourné qui conduit à l'autre.

Ainsi la loi qui prohibe un fait quelconque, prohibe en
même temps les moyens qui conduisent à l'accomplisse-
ment de ce fait (1). D'où il suit que, quelque détournés,
quelque frauduleux que soient ces moyens, ils n'en sont
pas moins compris dans sa disposition (2).

Ainsi la loi qui déclare révocables les donations entre
époux pendant le mariage (art. 1096 du Cod. civ.), doit
s'entendre non-seulement des donations, mais encore des
ventes, échanges, transactions et autres actes qui ten-
draient au même but.

Relativement à ces moyens de fraude et de circonven-
tion, on peut faire les distinctions suivantes :

Ils résultent, 1.º des choses.

---

(1) L. *non dubium*, Cod. *de legib.* — *Jur. pontif.* C. *cùm quid una de
reg. jur.*

(2) La fraude et la circonvention consistent en ce que, tout en respec-
tant les termes de la loi, on viole son esprit ; ce qui est violer la loi elle-
même. Donell., cap. 14, §. 5, *Comm. jur. civ.*

« On demande si le sénatusconsulte macédonien doit
» s'entendre seulement *de l'argent prêté en espèces?* Si
» l'on a usé de fraude envers la loi, dit le jurisconsulte, si
» l'on a prêté du blé, du vin, de l'huile, &c., pour que
» le fils de famille vendît ces denrées et en retirât de l'ar-
» gent, il y a lieu à appliquer la loi (l. 7, ff. *de senat.*
» *macedon.*) (1). »

2.° Des personnes.

Par exemple lorsque, par le moyen de personnes inter-
posées, on dispose au profit de personnes incapables de
recevoir (art. 911, Cod. civ.).

3.° Des actes.

Par exemple, lorsqu'on déguise une donation sous la
forme de vente, échange, &c., ou réciproquement (2).

4.° Du changement de nom ou de qualité.

Comme lorsqu'on se donne un nom ou des qualités
qu'on n'a pas, ou lorsqu'on les donne à autrui, dans des
vues de fraude.

5.° Du changement de quantité.

Par exemple, une loi décide que les prêteurs ne pour-
ront pas stipuler de clause pénale en cas de retard de
paiement. Un emprunteur qui aura reçu 60 francs pour
une année, se reconnaîtra débiteur de 100, à condition
que, s'il a payé les 60 francs dans l'année, il sera quitte

---

(1) *Voyez* d'autres exemples dans les lois 3, §. 3, ff. *de senatuscons.*
maced. et 1, ff. *de calumniator.*

(2) *Voyez* les not. de Bart. in l. *quod servus*, ff. *de stipul. servor.*

du surplus. Il est évident que ce surplus est la peine imposée par le préteur (1).

6.° Du mode.

La loi 61 ff. décide qu'une stipulation conçue en ces termes, « *Si vous ne m'instituez pas votre héritier,* » *promettez de me donner une somme de...* », est nulle comme contraire aux bonnes mœurs. Quelque forme que l'on donne à cette stipulation, qu'elle soit sous condition, sous une peine, pour un temps, &c. &c., elle sera nulle dans tous les cas.

Les docteurs apportent pour exceptions à cette règle,

1.° Le cas où la loi serait injuste ou déraisonnable (2);

2.° Le cas où l'on ne chercherait pas à éluder la loi, mais où, se proposant un but permis, l'inexécution de la loi aurait incidemment lieu. Par exemple, la loi municipale défend, sous une certaine peine, à qui que ce soit, d'acheter plus de blé qu'il ne lui en faut pour son usage ; un habitant en achète pour sa consommation présumée pendant un an ; bientôt dés événemens imprévus le forcent de quitter la ville : on demande s'il a encouru la peine ? Il faut répondre que non, parce qu'il n'a pas eu en vue d'éluder la loi, et que ce n'est qu'incidemment qu'elle n'a pas été exécutée. *Nemo enim dicitur in fraudem facere, qui beneficio legis uti vult.*

---

(1) Ces variations sur la quantité sont le vaste champ sur lequel s'exercent les nombreuses combinaisons de l'usure. *Voyez* Bald. *in* l. 1 C. *de his qui pœnæ nom.*

(2) L. 1, C. *de caduc. tollend.* — Steph. de Feder. *de Interpr. leg.* part. 1, n.° 47.

§. LXXXV.

7.° Une chose est virtuellement comprise dans une autre, et par suite l'extension a lieu,

1.° Lorsque, dans la disposition de la loi, elle est l'antécédent nécessaire et immédiat de l'autre. Ainsi la loi qui me défend d'usurper le champ de mon voisin, suppose comme accessoire nécessaire le droit qu'il a de m'en empêcher; la loi qui annulle un fait ou un acte, déclare évidemment par-là qu'elle le prohibe.

2.° Lorsque cette chose est considérée comme antécédent préparatoire, direct et nécessaire d'une autre. Ainsi l'aliénation d'un fonds suppose l'aliénation du chemin qui y conduit; le mariage suppose le consentement, la célébration, &c. &c.; la propriété suppose les titres qui l'établissent, &c.; la loi qui me permet de me défendre, me permet d'employer les armes nécessaires à cette fin, &c. Tous ces antécédens, n'ayant aucune force par eux-mêmes, n'existent que comme accessoires d'un objet principal : or, la loi statuant sur le principal, statue nécessairement sur l'accessoire. Ainsi la loi qui interdit à un homme la preuve d'un fait, lui refuse par conséquent tous les avantages qui pouvaient résulter de cette preuve; la loi qui prohibe le mariage à un certain degré ou entre certaines personnes, prohibe nécessairement les publications et autres actes préparatoires et essentiels à la célébration du mariage, &c. &c.; la loi qui défend aux mineurs d'aliéner, leur défend par-là tous les actes qui amènent à l'aliénation, &c. &c.

3.° Lorsqu'elle est la conséquence immédiate et nécessaire de cette chose, et que celle-ci ne peut subsister sans l'autre. Ainsi, le pouvoir de conclure un traité entraine, comme conséquence nécessaire, celui de stipuler une peine pour le cas d'inobservation ; la loi qui m'accorde un droit, m'accorde nécessairement l'action qui en découle ; celui qui n'a pas la capacité de contracter, n'a pas celle de ratifier ou de faire valoir le contrat par des aveux (1).

§. LXXXVI.

8.° En général, une chose est virtuellement comprise dans une autre, et par suite l'extension a lieu, lorsque cette chose peut être considérée comme l'accessoire de l'autre; car l'accessoire ne pouvant pas subsister sans le principal, il est évident que les dispositions de la loi s'étendront aussi à l'accessoire. C'est le cas de la maxime : *Accessorium sequitur causam naturæ rei principalis.*

Mais une chose est l'accessoire d'une autre de différentes manières :

1.° Comme émanation de celle qui lui sert de principe ou de source (n.° 5) ;

2.° Comme antécédent préparatoire (n.° 7) ;

3.° Comme accessoire de parties substantielles (n.° 2) ;

4.° Comme chose ajoutée à une autre dans le même but que la première. Ainsi les intérêts sont les accessoires de la somme principale, &c. &c. ;

5.° Comme incident dans une question principale. Par

____

(1) L. *cùm quis*, Cod. *de decu.* lib. II.

S..

exemple, un individu réclame la succession de son père ; son adversaire prétend qu'il n'est pas le fils de celui dont il réclame la succession : question *préjudicielle* sur la qualité du demandeur, *incidente* et *accessoire* à la question principale. La demande en garantie est incidente et accessoire à la demande principale. De là la nécessité de la faire juger par le tribunal saisi de la demande principale (art. 181 du Cod. de proc.).

La connexité qui existe entre deux demandes, rend souvent l'une accessoire de l'autre ; et c'est aussi au tribunal devant lequel est pendante la demande principale, que doit être jugée la demande accessoire (art. 171 du Cod. de proc.) ;

6.° Comme suite ou dépendance d'une précédente. Ainsi l'acceptation de la succession entraîne, comme conséquence, l'obligation de payer les créanciers, les legs, &c. Les biens sont un accessoire de la personne ; la caution est accessoire du principal obligé ; l'hypothèque, de l'obligation, &c. &c. &c.

7.° Enfin une chose est accessoire d'une autre comme tacitement renfermée dans celle-ci. La substitution vulgaire, dans le droit romain, était tacitement comprise, comme accessoire, dans la substitution pupillaire. La donation faite aux enfans à naître du mariage, est, aux termes du Code civil (art. 1082), tacitement comprise, comme accessoire, dans celle faite à leurs père et mère.

§. LXXXVII.

9.° Une chose est virtuellement comprise dans une

autre, et par suite l'extension a lieu, lorsqu'elle est su-, brogée à la première.

Une chose est dite subrogée à une autre de plusieurs manières :

1.º Par forme de *supplément.* Ainsi, dans le droit romain, l'action utile avait lieu dans plusieurs cas où l'action directe n'était pas admise, et suppléait celle-ci.

2.º Par forme de *remplacement.* Par exemple, celui qui, dans l'un des cas prévus par l'article 1251 du Code civil, paie la dette d'un autre, est subrogé de plein droit aux lieu et place du créancier.

3.º Par forme de *cumul.* Par exemple, il résulte du principe de la solidarité, que le créancier d'une obligation contractée à ce titre, peut s'adresser à celui des débiteurs qu'il veut choisir (art. 1203 du Cod. civ.) (1). Il en est de même d'une lettre de change protestée, ou d'un billet à ordre causé pour opération de commerce, change, &c. et protesté : le porteur a son recours vis-à-vis du tireur ou des endosseurs, à son gré (art. 140, 164 et 187 du Cod. de comm.). Enfin, aux termes de l'article 1681 du Code civil, l'acquéreur a deux manières (qui peuvent être considérées comme subrogées l'une à l'autre) d'exécuter

______

(1) On remarquera que je cite indistinctement les lois romaines ou le Code civil à l'appui de mes principes. Cependant je dois avertir que lorsque je cite le Code civil ou d'autres lois en vigueur, il ne résulte pas toujours de là que les lois romaines renferment les mêmes décisions. Lorsqu'au contraire je cite les lois romaines, leurs dispositions sont habituellement consacrées par les codes; seulement elles s'y trouvent moins développées.

le jugement ou l'arrêt qui prononce la rescision de la vente.

4.° Par forme de *prorogation* ou de *renouvellement*. Lorsqu'à l'expiration d'un bail écrit, par exemple, le preneur reste et est laissé en possession, le bail est renouvelé (art. 1738 du Cod. civ.) : c'est la tacite réconduction.

5.° Par forme de *translation*. Lorsqu'une chose est convertie en une autre; ou lorsque ce qui subsiste sous une forme est reproduit sous une autre. Dans le premier cas, la maxime, *subrogatum sapit naturam subrogati*, a lieu en ce sens, que la chose subrogée remplace entièrement la première, quant à l'effet seulement (1). Dans le second cas, la même maxime s'applique en ce sens, que la subrogation est entière, quant à la nature même des choses, mais non quant à leurs qualités accidentelles. Ainsi, en matière d'obligation, il n'y aura pas de subrogation quant aux clauses pénales, aux intérêts, aux cautions (2), &c.

§. LXXXVIII.

10.° Une chose est virtuellement comprise dans une autre, et par conséquent l'extension a lieu, lorsqu'elle est attachée à cette chose et la suit comme sa dépendance. Ainsi, dans le droit romain, les modifications apportées au droit de disposer par testament, soit qu'on accordât ce

______

(1) L. 1, §. *hæc actio*, ff. *si quis liber*, &c.

(2) L. *emptione* et l. *novat*. ff. *de novation*.

droit à plus de personnes, soit qu'on l'accordât à moins,
s'appliquaient également à celui de déférer la tutelle,
puisque ce droit était comme une annexe du premier (1).
Quoiqu'un frère, dans le droit romain, ne pût être con-
traint à déposer contre son frère; lorsqu'il déposait en
sa faveur, on pouvait l'obliger à déposer contre (2). L'in-
divisibilité de l'aveu, en matière civile, tient à cette règle.
Si vous recueillez mon aveu dans la partie qui tend à
m'obliger, vous devez le recueillir dans la partie qui tend à
me libérer. Celui qui promet une chose purement et sim-
plement, est censé avoir stipulé en sa faveur le temps
nécessaire et le lieu propre à l'exécution de l'engagement;
car ce sont des dépendances naturelles de l'obligation (3).

§. LXXXIX.

11.° Une chose est virtuellement comprise dans une
autre, et par suite l'extension a lieu, lorsqu'elle s'adapte
ou s'unit à l'autre, de manière à ne faire qu'une seule et
même chose avec elle; car deux choses ainsi unies ne
peuvent pas être régies par des droits différens.

Ainsi l'accroissement par alluvion formant un seul tout
avec la chose principale, sera compris dans les dispositions
de la loi relatives à cette chose (1). Une pierre précieuse
formant, par le droit d'accession, un seul tout avec l'objet

----

(1) Bartol. *in* leg. 3, principio, ff. *de leg. tut.*

(2) Gloss. et Doctor. in C. *cùm nuncius* et in C. *fraternitatis*, *de
testibus*, Cod.

(3) L. *si mihi et tibi*, ff. *de legat.* 1.

(4) L. *si ergo*, ff. *de public.* &c.

principal auquel elle est unie, est régie par les mêmes droits que cet objet (1).

§. XC.

12.° Une chose est virtuellement comprise dans une autre, et par suite l'extension a lieu, toutes les fois que l'une se mesure sur l'autre, soit dans des proportions égales, soit dans des proportions inégales, et que ce qui se trouve statué à l'égard de l'une l'est nécessairement à l'égard de l'autre (2). Ainsi, dans le droit romain, la loi qui changeait l'époque à laquelle les Romains pouvaient tester, changeait implicitement celle à laquelle ils pouvaient faire des codicilles. La loi qui étend ou restreint les démarcations territoriales d'une juridiction, étend ou restreint nécessairement la juridiction elle-même (3). On décide, dans le droit canonique, que si la loi nouvelle considère comme première église une église qui ne l'était pas, celle qui l'était déjà devient la seconde, la seconde devient la troisième, et ainsi de suite (4).

Cependant les docteurs apportent quelques conditions à l'application de cette règle.

La première est que les deux choses s'adaptent entre elles, par leur propre nature et d'une manière convenable. Ainsi l'adoption faite par une femme, dans le droit romain, ne lui aurait pas conféré la puissance paternelle, parce qu'elle n'était pas capable de ce droit (5).

---

(1) L. *gemma*, ff. *ad exhibendum.*
(2) L. 1, ff. *de legat.* 1.
(3) L. *fin.* ff. *de jurisd.*
(4) Everhard. *Loc. argum. leg.* 79, n.° 31.
(5) L. 1, §. *lex*, ff. *ad leg. Falcid.*, et Bartol. ad hanc. leg.

La seconde, que la loi nouvelle ne dise pas expressément que sa disposition ne s'étend pas à la chose comprise dans celle sur laquelle elle statue (1).

La troisième, que la loi nouvelle soit une loi de droit commun, et non une loi particulière, exceptionnelle et exorbitante du droit commun. Par exemple, la loi attache la peine d'infamie à certains crimes : quoique le contumax prévenu de ces crimes soit réputé coupable, la peine d'infamie ne l'atteindra pas (2).

La quatrième, qu'il n'y ait pas d'absurdité à étendre la disposition de la loi à la chose qui est censée comprise dans la première. Ainsi, la loi qui répute père de famille le fils de famille exerçant des fonctions publiques, ne pourrait pas être entendue en ce sens, qu'il fût entièrement assimilé au véritable père de famille ; car il serait à-la-fois *sui juris* (pour les affaires publiques), et *alieni juris* (pour les affaires privées), ce qui serait absurde (3). De plus, le fils de famille, dans ce cas, est bien père de famille quant *au droit* déterminé par la loi ; mais il serait absurde de dire qu'il est père de famille *quant au fait* d'où résulte véritablement cette qualité.

§. XCXI.

13.° Une chose est virtuellement comprise dans une autre, et par suite l'extension a lieu, lorsqu'elle est sa cor-

---

(1) L. *ædiles*, §. *loquuntur*, et l. *doli clausula*, ff. *de verb. oblig.* &c.

(2) L. *infamem*, ff. *de public. judic.*

(3) l. *quæritur*, ff. *de statu homin.*

(4) L. *bello*, §. *facti*, ff. *de capt. et postlim. rever.*

relative. Ainsi, la loi qui défend de vendre une chose, défend par-là de l'acheter (1) ; celle qui défend de la louer, défend en même temps de la prendre à loyer ; celle qui défend d'enseigner la magie, défend aussi de l'apprendre. Cependant cette règle n'a lieu que lorsqu'elle s'applique aux actes ou aux choses ; il en serait autrement si elle s'appliquait aux personnes (2).

§. XCXII.

14.° Une chose est virtuellement comprise dans une autre, et l'extension a lieu, lorsqu'elle est la contraire de cette chose d'une manière absolue ou avec réciprocité (3). La loi qui ordonne de tenir ses engagemens, défend de les violer ; celui qui affirme que le jour existe, affirme en même temps que la nuit n'existe pas. La proposition réciproque ou contraire sera vraie, parce qu'il n'y a pas d'intermédiaire entre la première et la seconde ; mais cette règle n'aurait pas lieu dans le cas où l'on ne pourrait pas établir la proposition réciproque. Par exemple, si l'on affirme qu'une chose est noire, on affirme par-là qu'elle n'est pas blanche : mais la réciproque ne serait pas vraie, parce que les deux propositions admettent des intermédiaires ; car de ce qu'elle n'est pas blanche, il ne s'ensuit pas qu'elle

---

(1) L. 1, C. *de cupress.* lib. ii. — et Bartol. *in* Leg. final. ff. *de accept.*

(2) Gloss. *in* leg. 1, C. *de serv. comm.*

(3) Un contraire, dit Aristote, 5. *Etich. ad Nicom.*, nous fait connaître, même malgré nous, l'autre contraire. — Les contraires, selon Cicéron, lib. 2 et 5 *Tuscul.*, sont la conséquence nécessaire l'un de l'autre.

soit noire , &c. Il suit de là que la concession de l'usage entraîne la défense de l'abus (1) , la concession de l'administration des biens entraîne la défense de la dissipation (2). Pareillement, si la loi accorde à une personne identiquement la même chose qu'elle avait déjà accordée à une autre , elle l'enlève nécessairement à cette dernière (3).

§. XCIII.

15.° Une chose est virtuellement comprise dans une autre, et par suite l'extension a lieu, lorsqu'elle est censée répétée ou sous-entendue dans une autre.

A cet égard on distingue : ou il s'agit d'une loi qui a plusieurs chapitres, ou il s'agit de plusieurs lois séparées.

Dans le premier cas, on distingue encore : s'il s'agit de l'exposé du fait, ces derniers chapitres, présentés dans des divisions différentes, ne sont pas censés répétés dans les suivans. *L. prætor. §. eritque*, ff. *vi bonor. rapt.* S'ils sont présentés dans une seule division, ils sont censés répétés. *L.* 1, in principio.

Ou il s'agit du point de droit, et alors ils sont censés répétés dans les suivans (4).

Cette dernière règle admet néanmoins deux exceptions :

___

(1) L. *qui sine*, ff. *de negot. gest.* &c.

(2) L. *si cùm dotem*, §. *si non*, ff. *solut. matrim.*

(3) L. *quod in rerum*, *de legat.* 1. L. *fin.* C. *de verb. sign.*

(4) L. *quemadmodum*, in fin. ff. *ad leg. Aquil.*

La première, dans le cas où les antécédens se trouvent contraires au droit commun (1) ;

La seconde, lorsque ces chapitres sont séparés par d'autres, et ne sont pas censés répétés.

Dans le second cas, lorsqu'il s'agit de plusieurs lois séparées, la répétition n'est pas censée avoir lieu, à moins, 1.° qu'il n'y eût injustice à l'exclure; 2.° que la première loi n'exprimât la règle, la seconde un cas singulier; 3.° que l'une ne servit à interpréter l'autre.

Quant au principe que nous avons posé, savoir, que les termes d'une loi sont susceptibles de plusieurs sortes d'extensions, il faut excepter le cas où la loi serait formellement contraire à la raison : par exemple, celle qui encouragerait au crime.

§. XCIV.

16.° Enfin on peut faire résulter l'extension d'une ou de plusieurs parties de la loi à de certaines personnes ou à de certaines choses non exprimées; par exemple, lorsque la loi pose une définition générale, qui précède ou suit une espèce donnée uniquement comme exemple. Dans ce cas, il faut considérer toutes les parties de la loi pour appliquer son dispositif, qui est la définition, aux choses sous-entendues. De là la règle de droit : *Incivile est, nisi totâ lege perspectâ, unâ aliquâ particulâ ejus propositâ judicare, vel respondere.* (L. 24, ff. *de legib.*)

-----

(1) *Argum. leg. uxor. de legat.* 3.°

II.ᵉ SUBDIVISION.

Extension résultant des Motifs de la loi.

§. XCV.

M. Thibaut examine la question de savoir si l'on peut faire usage de l'histoire pour découvrir le motif de la loi (1). Après avoir rapporté plusieurs auteurs qui ont raisonné pour et contre, et s'être mis lui-même du nombre, il finit par s'en tenir à ce principe, que l'histoire ne saurait être consultée que dans deux cas : le premier, *lorsque le législateur a fait un devoir au jurisconsulte d'y recourir;* le second, *lorsqu'il résulte du contenu même de la loi, que l'interprète doit consulter l'histoire pour saisir et développer toutes les dispositions de la loi;* et il cite à l'appui de son principe les lois 20 et 21, ff. *de legib.* Il ajoute cependant que *toute l'interprétation grammaticale repose uniquement sur l'histoire de la loi.*

M. Thibaut me paraît avoir posé ici le véritable principe, savoir, que l'interprète ne doit recourir à l'histoire *que lorsque cela résulte de la loi elle-même.* Ce sera donc dans ce sens que j'admettrai celui d'Eckard (2), qui reconnaît aussi l'histoire comme source légale.

Cet auteur admet comme sources directes de la loi, et par conséquent comme motifs nécessaires, 1.° les occasions qui lui ont donné naissance, 2.° la constitution politique

____

(1) *Théorie de l'interprétation des lois,* §. 9.
(2) Eckard. *Hermeneut. jur.* lib. 1, c. 1.°, §. 31.

de l'état, 3.° les mœurs du peuple, 4.° l'importance des circonstances au milieu desquelles elle a été rendue. Or, qui peut faire connaître tous ces élémens générateurs de la loi, si ce n'est l'histoire ?

Après avoir admis ce principe, examinons comment le dispositif de la loi sera susceptible d'extension d'après son motif. Nulle part, dit Thibaut, on ne rencontre plus de contradictions entre la pratique et la théorie ; et la cause de ces contradictions vient, selon lui, du défaut de détermination précise *du motif de la loi*, opposé *au motif légal de décision*. Il peut arriver, en effet, qu'un souverain érige en lois des préceptes ou des principes qui jusque-là *n'avaient pas reçu force de loi ;* comme il peut arriver que ces préceptes ou principes soient déjà des lois, et qu'ils se trouvent énonciativement rappelés dans la loi nouvelle. Dans le premier cas, les simples préceptes, convertis en lois par le législateur, sont proprement les motifs de la loi. Dans le second, les lois antérieures, rappelées par la loi nouvelle, sont sa *raison de décider.*

Les conséquences que l'on peut tirer de ce qu'on appelle proprement *motifs de la loi*, font l'objet de l'interprétation logique ; et lorsqu'il s'agit de les admettre, elles reçoivent beaucoup de modifications, parce qu'en les consacrant, *ce qui n'est pas loi en soi, le devient.* Mais lorsque le souverain rend une loi, accompagnée des motifs législatifs sur lesquels elle repose, et que le juge doit tirer des conséquences de ces motifs, dont la connaissance lui parvient d'une manière énonciative, ces conséquences ne peuvent pas être considérées comme résultant des nou-

velles dispositions législatives; elles sont la juste application
de la loi antérieure.

§. XCVI.

On peut faire sortir de là d'importantes vérités. La
première est que les diverses modifications que reçoivent
les conséquences tirées des simples motifs de la loi, cessent
lorsqu'il s'agit d'appliquer un *motif légal de décision*.
Ainsi, les règles suivantes, propres à l'interprétation lo-
gique, savoir, que les lois dérogatoires ne *doivent* pas
être interprétées d'une manière contraire au droit ancien,
qu'elles n'ont pas *dû* changer, que les droits particuliers
ne sont pas en général susceptibles d'extension, que le
prétexte unique de la cessation du motif d'une loi ne
suffit pas pour lui refuser son application, disparaissent
entièrement lorsqu'il s'agit d'appliquer un motif *légal de
décision*. Dans ce cas, le juge ne fait pas proprement exten-
sion de la loi nouvelle à des cas différens de ceux qu'elle a
prévus ; il fait uniquement rentrer, à l'aide du raisonne-
ment, sous l'empire de cette loi, un cas qui n'était pas
prévu par elle, mais qui se trouvait déjà déterminé par la
loi antérieure.

Deux exemples suffiront pour donner à cette doctrine
toute la clarté dont elle a besoin.

Le droit canonique décide, dans deux cas seulement,
que le serment peut rendre valable un contrat nul aux
termes du droit civil (1); on a cependant toujours consi-
déré ces deux décisions comme règles applicables à toutes

____

(1) Cap. 28, x, *de jurejurando*, cap. 2, *de pact.* in 6.

sortes de cas. Si c'était là un résultat de l'interprétation logique , il faudrait nécessairement soutenir que cette extension donnée au droit canonique (extension contraire au droit romain) doit être formellement rejetée , d'après les principes sur l'interprétation des lois dérogatoires. Cependant la pratique a raison au fond , quoiqu'elle se serve mal-à-propos du mot d'extension ; car , les papes rapportent, dans les textes où se trouvent les deux cas *décidés,* comme motifs de leurs décisions, *la loi* qui à cette époque gouvernait la matière du serment d'après les principes de la religion catholique, et qui même fut reconnue par les empereurs (1). Ces deux textes ne sont donc que l'application d'une loi générale, rappelée d'une manière énonciative à deux cas proposés, et ils abandonnent, pour tous les autres cas, l'application de cette même loi , à la décision du juge.

La loi 63 , ff. *pro socio,* nous offre un cas semblable. Ulpien, dans cette loi , décide que le bénéfice de compétence est dû au co-sociétaire ; il se fonde sur la raison que *la société établit une espèce de fraternité entre ses membres ; Hoc enim summam rationem habet , quum societas jus quodammodo fraternitatis in se habeat.* De là la question de savoir si les frères peuvent jouir du même bénéfice. La difficulté résulte de ce que le bénéfice de compétence est un droit particulier , et que les droits particuliers ne sont pas susceptibles d'extension : mais si l'on veut s'attacher à la distinction rapportée

---

(1) Auth. *sacram. pub.* Cod. *si advers. vend.*

plus haut entre *le motif de la loi* et *le motif légal de décision*, on reconnaîtra que les frères sont fondés à jouir de ce bénéfice. Ulpien, en décidant que le bénéfice de compétence appartenait aux sociétaires, a évidemment fait l'application d'une loi : or, cette loi se trouvait dans le principe que les frères ont le bénéfice de compétence ; et ce principe est rapporté par lui, d'une manière énonciative, comme motif de décision relativement aux sociétaires, dans la loi 63 citée. Il n'a donc donné aucune extension à la loi ; il n'a fait qu'appliquer une disposition législative énonciativement rappelée.

§. XCXVII.

Après avoir établi la différence qui existe entre *le motif de la loi* et *le motif légal de décision*, examinons dans quels cas a lieu l'extension résultant des motifs de la loi. Je commencerai par quelques distinctions.

1.° Il ne faut pas confondre le motif de la loi avec la circonstance ou l'occasion qui lui a donné naissance ; celle-ci éveille, en quelque sorte, l'idée de la loi dans l'esprit du législateur ; elle dépend de l'événement, et peut n'être pas très-importante.

2.° On distingue entre le motif ou la raison de la loi [*ratio legis*], et le sens, la volonté ou le dispositif de la loi [*mens legis*].

Le motif de la loi est l'ensemble de toutes les causes éloignées ou prochaines qui lui ont donné naissance. Le sens de la loi est la volonté du législateur, manifestée par des mots régulièrement entendus.

9

La volonté de la loi est tellement liée à son motif, que les auteurs l'identifient sans cesse avec lui, et les prennent indistinctement l'un pour l'autre (1); et en effet la première sert en quelque sorte de mesure au second. Cependant, je les distinguerai toujours, afin de conserver à l'enseignement de cette matière toute la clarté dont elle a besoin.

Cicéron expose, dans ses Topiques, un principe simple, d'où sortent naturellement les meilleures distinctions à faire sur ce sujet. « *Il y a équité*, selon lui, *à étendre à des cas semblables des droits semblables*. Donneau commente ainsi ce principe : Il y a équité, parce que la volonté de la loi existe indépendamment des mots qui ne suffisent pas pour l'exprimer; or, il y aurait iniquité à ne pas reconnaître sa volonté, par la raison seule que les mots n'ont pas pu l'exprimer, lorsqu'elle est d'ailleurs évidente. Mais d'où résultera cette évidence? Du motif même de la loi. Ainsi du motif de la loi résultera sa volonté, et de cette volonté, l'équité dont parle Cicéron. D'où nous tirerons ces conclusions importantes, que la volonté de la loi est la véritable cause de l'extension ; que cette extension peut néanmoins être attribuée à l'équité, en ce sens que l'extension indiquée par le motif de la loi est commandée par l'équité.

§. XCXVIII.

Ces définitions et ces principes posés, examinons com-

---

(1) Donell. *Comment. jur. civ.* cap. 13, n.º 9 et seq. — Everhard. *Loc. argum. leg.* 79, n.º 19. Or, la volonté de la loi est la loi elle-même. Donell. *ibid.* cap. 14, n.º 6. L. 5, Cod. *de legib.* et l. 32, ff. eod.

ment doit être entendue la fameuse règle sur laquelle on fonde ordinairement toute la doctrine de l'extension d'après les motifs de la loi : *Ubi eadem ratio , ibi idem jus statuendum* (1).

On remarquera d'abord que la similitude peut porter sur les motifs de la loi , ou sur les cas auxquels on veut étendre sa disposition. De la confusion qu'on a faite souvent des motifs avec les cas de la loi, est née, en grande partie , l'extrême divergence des auteurs sur les effets de la similitude.

Commençons par définir ce qu'on entend par *similitude*. Il y en a de trois espèces , selon Stephan de Federicis (2) : 1.° celle qui est prise pour *l'identité*. Tel est le cas de la loi 8 , ff. in principio *de vulgar. et pupill. substitut.* « Celui qui substitue à ses enfans impubères, porte » cette loi, substitue ou purement et simplement ou sous » condition. Dans le premier cas, il substitue de cette ma- » nière : *Si mon fils meurt dans l'âge de puberté, Seïus* » *sera mon héritier.* Que Seïus, ajoute la loi, soit institué » et substitué à l'impubère, ou qu'il lui soit simplement » substitué , peu importe ; il le sera sans condition. » Et les cas seront identiques.

Une autre espèce d'identité résulte de la loi 23 , ff. *de usurpat. et usucap.* « Celui qui a acheté ma maison, dit » Javolenus dans cette loi, ne possède, selon moi, autre » chose que la maison même. En effet, si l'on veut admettre

----

(1) L. 32 , ff. *ad leg. Aquil.*

(2) *De Leg. interp.* part. 4, n.º 8 et seq.

» qu'il possède chacune des parties qui la composent, il ne
» possédera plus la maison; car, si vous séparez ces parties,
» la maison même, considérée comme être individuel,
» n'existe plus. Ajoutez à cela que si l'on pouvait concevoir
» la possession séparée des parties, la conséquence serait
» qu'il faudrait appliquer à la possession de la surface, le
» temps relatif à la prescription des meubles, et à celle du
» sol, celui relatif à la prescription des immeubles; or, il
» serait absurde et contraire au droit civil, qu'une même
» chose pût se prescrire par des temps différens, &c. &c. »

On voit par-là que le jurisconsulte considère comme
deux choses identiques la maison et toutes les parties qui
la composent. D'ailleurs deux choses sont dites les mêmes,
quoiqu'elles puissent différer sous le rapport de la quantité
et de la qualité (1).

2.º La similitude, qui est prise pour *la parité* ou *l'éga-
lité*. Il n'est pas nécessaire alors que les deux cas soient de
même nature, ni qu'ils soient renfermés l'un dans l'autre
ou présentés sous la même forme; il suffit qu'ils tendent
au même but et obtiennent le même résultat. Par exemple,
d'après la loi *Velleia* (cap. 1), les petits-fils nés après la
mort de leur père, mais du vivant de leur aïeul, devaient
être institués ou exhérédés ; sinon ils rompaient le testa-
ment (2). Le même droit était réservé aux petits-fils qui,
nés avant le testament de leur aïeul, devenaient héritiers
siens à la mort de leur père (3). On demandait ce qu'il

---

(1) L. 14, §. 1, ff. *de except. rei judic.*
(2) L. 29, §. 12, ff. *de liber. et posthum. hered. instit.* &c.
(3) L. *Velleia*, cap. 2.

fallait décider dans le cas où le fils était mort civilement ou émancipé ; car la loi *Velleia* n'en parlait pas. Le jurisconsulte répond qu'il en sera de même , parce que les cas sont semblables , attendu qu'ici l'effet de la mort civile ou de l'émancipation du fils est le même que celui de la mort naturelle «...*Ex sententiâ legis Velleiæ, et hæc omnia* » *admittenda sunt, ut ad similitudinem mortis , cæteri* » *casus admittendi sint* (1). »

3.° Enfin la similitude proprement dite existe, lorsque deux ou plusieurs cas comparés entre eux offrent des ressemblances dans un certain ordre : ainsi , l'esclave est au maître dans un rapport semblable à celui du fils au père, de l'affranchi au patron (2) ; le rapport du soldat spirituel à la milice céleste, est semblable à celui du soldat de terre à la milice terrestre (3). Cependant il importe de ne pas voir de similitudes là où elles n'existent pas.

M. Thibaut cite plusieurs auteurs modernes qui admettent l'extension de la loi sur une simple similitude de motifs (4) ; mais ce jurisconsulte combat très-bien cette fausse doctrine.

« Il est de la nature de la similitude, dit-il, que les » objets semblables ne se ressemblent pas sous quelques » rapports, et qu'ils n'aient rien de parfaitement identique » dans leur partie principale. Jusqu'à quel point devra

---

(1) L. 29, §. 5, ff. *de liber. et posthum. hered. instit.* &c.

(2) *Instit. de legitim. patron. tutel.*

(3) L. 1 , Cod. *de jur. et fact. ignor.*

(4) *Théorie de l'interprétation des lois*, §. 17.

» exister la similitude, pour qu'on puisse appliquer l'inter-
» prétation extensive ? Quel est le jurisconsulte qui nous
» donnera une règle certaine sur l'application du principe
» de la similitude ? &c. &c. »

Ainsi donc, en me résumant, pour que l'extension soit
autorisée, il faudra toujours qu'il y ait *identité* dans les
motifs, et *similitude* dans les cas, c'est-à-dire, identité
dans leur partie principale. C'est là le sens de la règle *ubi
eadem ratio , ibi idem jus statuendum.*

§. XCXIX.

Ces derniers principes sont néanmoins susceptibles de
quelques restrictions.

S'il y a identité de motifs, l'extension aura lieu, pourvu
néanmoins que le motif de la loi à étendre soit fondé sur la
raison naturelle et l'utilité commune. Ainsi, la loi 24, ff.
solut. matrim. dos quemad. petat., décide que pendant
le mariage, la femme pourra réclamer sa dot de son mari,
propter inopiam mariti, la dot se trouvant en péril. La
Glose et Den. Godefroi étendent avec raison cette loi au
cas où la dot serait entre les mains du beau-père, attendu
que le motif est le même. Il est contre l'équité naturelle
qu'une personne soit dépouillée de son bien sans son propre
fait. *Id , quod nostrum est, sine facto nostro ad alium
transferri non potest* (1).

Pareillement, selon la loi première, au Code, *de his qui
ante apert. tabul.*, la succession testamentaire passe aux

---

(1) L. 11, ff. *de divers. reg. juris.*

héritiers institués, même avant l'ouverture du testament, par conséquent avant *l'adition d'hérédité.* Tous les docteurs prononcent l'extension de cette loi au cas de la succession *ab intestat*, et décident que la succession est transférée à l'héritier légitime avant *l'adition*, en vertu de son simple droit d'héritier: *Quia talibus hereditas* (1), *jure quasi etiam naturali, debetur* (2).

Mais si le motif de la loi est contraire à l'équité, quoique *identique* avec un autre, la loi ne recevra pas d'extension. *Mala restringenda sunt, non amplianda et multiplicanda. (Cap. odio. extra. de reg. jur.).*

Ainsi, la loi qui permettrait de se venger, ne recevrait pas d'extension en ce sens, que l'on pût rassembler ses amis pour accomplir sa vengeance, ni même confier le soin de cet acte à un autre, attendu que la vengeance est contraire à la loi divine et à l'équité naturelle (3).

Si le motif de la loi est en partie conforme au droit naturel et y déroge en partie (4), les auteurs admettent généralement l'extension, car les lois de cette nature sont, à proprement parler, les lois civiles.

§. C.

J'ai dit aux §§. III et XCVII que le motif de la loi était en quelque sorte la loi elle-même; il me reste à examiner quatre choses.

---

(1) Gloss. *ad leg. de his qui ante, supra,* &c.

(2) On peut voir des cas semblables dans la loi fin. Cod. *de codicill.,* l. 1, Cod. *de interd.* &c. &c.

(3) L. *non est singul.* ff. *de reg. jur.*

(4) L. 6, ff. *de instit. et jur.*; l. fin. Cod. *ad leg. Falcid.*

1.º Comment connaîtra-t-on le motif de la loi ?

2.º Ce motif connu, quels effets auront les changemens qu'on lui fera subir sur le dispositif de la loi ?

3.º D'après quelles règles devra-t-on appliquer le dispositif de la loi aux cas non prévus ?

4.º L'extension de la loi aura-t-elle toujours lieu, lorsque le motif du cas auquel on veut l'étendre est plus fort que celui de la loi ?

§. CI.

Comment connaîtra-t-on le motif de la loi ?

Ce motif devra être présenté par la loi elle-même; cependant il n'est pas nécessaire qu'il soit présenté en termes formels; il suffit qu'il résulte clairement de la loi, et qu'il soit le seul qu'on puisse lui assigner (2). Si la loi est fondée sur plusieurs motifs en même temps, l'extension n'aura lieu qu'autant que tous ces motifs se réuniront simultanément dans le cas non prévu, ou qu'il sera démontré que la loi qui repose sur différens motifs aurait été déterminée, même par les seuls motifs existans dans le cas non prévu.

§. CII.

Quels seront les effets des changemens apportés aux motifs de la loi ?

La maxime de droit, *correctâ ratione legis, censetur*

---

(2) Everhard. *Loc. arg. leg.* 79, n.º 21. — Thibaut, *Théorie de l'interprétation des lois*, §. 18. *Voyez* plus bas (§. CV).

correcta lex ipsa (1), répond à cette question. Mais cette maxime a besoin d'être expliquée.

Pour arriver à ce but, Éverhard fait une distinction. Si la correction porte sur le motif *éloigné*, la loi n'est pas changée, et son sens reste le même. Il en est autrement lorsqu'elle porte sur le motif prochain ou *déterminant* (2) : alors la maxime que je viens de citer a lieu ; mais la correction peut avoir pour effet, ou de supprimer entièrement le motif de la loi, ou simplement de le modifier. Dans le premier cas, la loi est supprimée avec son motif, s'il n'est pas remplacé par un autre. C'est le cas de la maxime, *cessante ratione legis, cessat lex ipsa*. Mais si le motif supprimé est remplacé par un autre (3), ou si la modification qu'il

______

(1) Everhard. *Loc. argum. leg.* 8, n.º 3.

(2) *Loc. argum. legal.* 79, n.º 6. Selon cet auteur, le motif est simplement *éloigné*, lorsque le dispositif de la loi est plus général et plus étendu que lui. Il est *déterminant*, lorsqu'il est moins étendu. Il cite à l'appui de sa distinction la loi 1, ff. *de postulando*, §. 5. Cette loi consacre la disposition de l'édit qui défendait aux femmes de postuler pour autrui. Ulpien donne pour origine et pour cause de cette disposition, la hardiesse et l'effronterie d'une certaine Carfanie, qui se vouait aux affaires judiciaires. Mais ce n'est-là, ainsi que le remarquent tous les commentateurs, que la raison *éloignée* (ce que M. Thibaut appelle l'occasion de la loi, *Théorie de l'interpr.* §. 16). La raison *déterminante* est celle donnée au commencement même de la loi, *ne contra pudicitiam sexui congruentem, alienis causis se immisceant ; ne virilibus officiis fungantur mulieres* ; « afin qu'elles [les femmes] n'aillent pas, contre les » convenances de leur sexe, s'immiscer dans les affaires d'autrui, ni » qu'elles ne remplissent pas des fonctions qui sont proprement celles » des hommes. »

(3) On remarquera que le motif de la loi peut être supprimé, et la loi néanmoins subsister (Thibaut. *Théorie de l'interprétation des lois,*

éprouve en augmente ou en diminue la gravité, alors, comme je l'ai dit plus haut, la loi subsiste, et elle reçoit l'extension ou la restriction qui résulte de son nouveau motif ou de ses modifications, attendu qu'il devient la nouvelle mesure de sa disposition.

Par exemple, selon l'ancien droit romain, le père était obligé d'instituer ou d'exhéréder nommément le fils de son fils émancipé. Mais la différence entre les héritiers siens et les émancipés, fondement de l'obligation de l'aïeul, ayant été supprimée par l'authentique *de hered. ab intest.* §. *nullam &c. &c.*, cette disposition obligatoire se trouva aussi supprimée.

Pareillement, selon cet ancien droit, les cognats n'é- taient pas appelés à la tutelle, parce qu'ils ne pouvaient pas succéder. Mais la différence entre l'agnation et la cognation ayant été supprimée par le droit postérieur (1), les cognats purent être appelés à la succession, et par suite à la tutelle. On voit que, dans ces cas, la suppression entière du motif entraîne la suppression entière de la loi.

Mais si le motif, au lieu d'être supprimé, devient plus étendu, plus grave, alors il donnera plus d'étendue ou de gravité au dispositif de la loi, et de là son extension.

---

§. 22); ce ne sera pas alors le cas d'appliquer la maxime, *cessante ratione legis, cessat lex ipsa.* Si la loi subsiste, elle n'est pas sans motifs; il n'y a pas de loi sans motifs (Everhard, *ibid.* n.º 22, et les docteurs par lui cités); seulement le motif primitif a été remplacé par un autre. Ainsi, la maxime rapportée doit s'entendre du cas où la loi n'aurait absolument aucun motif; alors elle cesse évidemment d'exister.

(1) L. 1, ff. *de conjung. cum emancip. liber. §. ex his autem.*

§. CIII.

*D'après quelles règles devra-t-on appliquer le dispo-
sitif de la loi aux cas non prévus ?*

1.° Les cas non prévus ne doivent présenter aucune
circonstance particulière qui puisse empêcher l'application
extérieure du motif de la loi. Par exemple, on demande si
le prêteur à usage peut, pour cause d'événement imprévu,
contraindre l'emprunteur à restituer avant le temps la
chose empruntée? Ceux qui soutiennent l'affirmative citent
une loi qui parle du locataire ; mais il est évident que
cette loi, fondée d'ailleurs sur l'équité, ne saurait s'étendre
au commodataire , attendu que leur position n'est pas la
même : le locataire reçoit une sorte de dédommagement ,
en ce qu'il est libéré de l'obligation de payer le prix de son
loyer ; le commodataire n'en reçoit aucun.

2.° L'interprétation extensive doit amener à un résultat
certain , applicable au cas dont il s'agit , et qui découle
uniquement du motif de la loi ; de plus, l'objet sur lequel
l'application a lieu doit être clairement indiqué ; car un
raisonnement arbitraire n'est pas un raisonnement puisé
dans la loi ; et là où aucun objet ne se trouve indiqué, on
ne saurait concevoir une extension de la loi. Par exemple,
on demande si la disposition de la loi Rhodia *de jactu*, qui
détermine un mode de répartition pour former l'indemnité
accordée à ceux qui ont éprouvé des pertes dans le cas
qu'elle a prévu , peut être appliquée par extension au cas
d'un incendie? On décide que non, par la raison que l'avan-
tage qui résulte de la démolition dans le cas de l'incendie,

est plus considérable pour le voisin plus rapproché de la maison incendiée, que pour celui qui l'est moins, &c. D'où il suit que le mode de répartition admis par la loi Rhodia, est inapplicable ici. Or, le juge, dans le cas proposé, ne peut *déterminer* l'objet dont il s'occupe (ce serait proprement la mission du législateur); il suit de là que la loi ne saurait recevoir d'extension (1).

3.° Enfin, on doit rejeter indistinctement toute interprétation extensive, lorsqu'elle est interdite par le législateur lui-même, soit expressément, soit tacitement.

§. CIV.

J'ai examiné, §. CII, le cas où la loi nouvelle modifiait le motif de la loi antérieure et les effets qui en résultaient. Je vais m'occuper de celui où le motif de l'espèce à laquelle on veut étendre la loi, est plus fort que celui de la loi elle-même.

On distingue : ou ce motif est plus fort que celui de la loi, par suite de la règle, *non debet cui plus licet, quod minus est, non licere* (2); ou il est plus fort pour toute autre cause.

Dans le premier cas, l'extension est permise. Ainsi la loi nouvelle qui permettait au mari de tuer indistinctement l'adultère (par dérogation à la loi *nec in ea*, in fin. ff. ad leg. Jul. *de adulter.*), s'étendait naturellement au

----

(1) Thibaut, *Théorie de l'interprétation des lois*, §. 18. — Voët, *Comment.* lib. 14, tit. 2, §. 18.

(2) L. 21, ff. *de divers. reg. jur.*

cas de la simple blessure (1). Ainsi les dispositions de l'article 762 du Code civil, qui accordent des alimens aux enfans adultérins et incestueux, s'appliquent par extension et à plus forte raison aux enfans naturels légalement reconnus; car ils sont plus favorables aux yeux de la loi que les adultérins et les incestueux.

Cependant cette règle reçoit quelques exceptions.

La première a lieu lorsqu'il s'agit de lois rendues d'après une exposition de faits. On ne pourrait pas étendre la disposition de ces lois à des cas dont les motifs paraîtraient plus forts que ceux de ces lois, en vertu de la règle, *cui licet quod plus est &c. &c.*; car puisque des faits exposés ont précédé et amené ces lois, il est évident qu'elles sont plutôt des jugemens ou décisions ayant caractère de lois, que des lois proprement dites, et qu'elles ne sont pas susceptibles d'extension (2).

2.° Les lois exceptionnelles qui prononcent des dispenses ou des priviléges ne sont pas susceptibles de l'extension résultant de cette règle (3).

3.° Cette règle souffre encore exception, lorsque le motif qui lui sert de fondement ne se rencontre pas dans le cas auquel on veut étendre la loi; car quelquefois ce qui paraît être moindre sous quelques rapports, est dans la vérité plus fort ou différent (4).

---

(1) Les docteurs appellent cette extension *passive*, attendu qu'elle a lieu par la seule force de la loi, tandis que l'extension *active* résulte d'un procédé de l'entendement, par conséquent du fait de l'homme.

(2) L. *si pupillor.* §. *si pater*, ff. *de rebus eorum &c.*, et DD.

(3) Federic. *de Senis consil.* 14.

(4) L. *fin.* C. *de translat. prælat.*

§. CV.

Mais si le motif du cas auquel on veut étendre la loi
est plus fort que celui de la loi, pour toute autre cause
que la règle, *non debet cui plus licet, quod minus
est; &c. &c.*, l'extension n'a pas lieu (1), à moins cependant qu'il ne résulte évidemment de la loi que le législateur a voulu déroger au droit antérieur (2).

Ainsi, par exemple, une loi décide que s'il existe un
oncle paternel du défunt, sa mère ne lui succédera pas
ab intestat; supposez maintenant qu'au lieu de l'oncle paternel ce soit un frère, *quid juris?* Le motif ici paraît
plus fort, car le frère est plus rapproché du défunt que
l'oncle; mais l'extension n'aura pas lieu, d'après les docteurs, attendu qu'il s'agit de déroger à une loi (Authent.
defuncto); ce qui ne peut se faire, dans ce cas, par
extension.

1.re EXCEPTION. J'ai dit cependant (*suprà* et §. CI)
que l'extension aurait lieu si le motif était positivement
exprimé dans la loi, ou résultait évidemment de ses
termes, comme, par exemple, lorsqu'il est tiré de la loi
divine, naturelle, &c. &c.; car il s'offre plus facilement

---

(1) Les docteurs fondent cette décision sur une foule de textes, mais
entre autres sur ce principe, tiré de la loi unique au Cod. *de inoffic. dot.*,
que *jura sunt juribus concordanda;* or, la dérogation dans ce cas détruirait l'unité dont parle la loi.

(2) Everhard, *Loc. argum. leg.* 79, n.º 16. — Jo. de Imol. in l. *si verò,*
§. *de viro,* ff. in 5 et 6 col.

que celui tiré de la loi positive (1); mais alors il faut qu'on ne puisse en assigner qu'un.

Everhard néanmoins donne plusieurs restrictions même à cette exception. La première, que la loi soit simplement dérogatoire; si elle était *pénale* en même temps, quoique son motif soit exprimé et qu'on ne puisse en assigner qu'un, l'extension n'aura pas lieu.

La seconde, que la loi dérogatoire ne s'exprime pas d'une manière *taxative* ou *limitative;* comme, par exemple, si elle prononçait qu'elle sera exécutée *seulement* dans un cas, ou *spécialement* pour de certains objets, ou *jusqu'à une certaine époque,* &c.; dans tous ces cas, elle ne recevra pas d'extension.

La troisième, que le motif de la loi dérogatoire soit *déterminant;* s'il n'est qu'*éloigné*, la loi ne pourra recevoir d'extension (2).

La quatrième, qu'il n'existe pas dans la loi un autre motif non exprimé qui s'oppose directement ou indirectement à l'extension.

La cinquième, enfin, que le cas auquel on veut étendre la loi, soit aussi favorable que la loi:

2.e EXCEPTION. La seconde exception à cette règle a lieu toutes les fois que deux cas se trouvent exactement conformes, et en vertu du droit ancien, et d'après la ma-

---

(1) Everhard, *ibid.* n.º 22. — Dans ce cas, l'extension n'a pas lieu par le fait de l'homme, mais bien par le fait de la loi; elle est censée parler par son motif.

(2) *Voyez* la note de la page 137, où j'explique ces termes.

tière qu'ils ont l'un et l'autre pour objet. Par exemple, la loi 2, ff. *de legat.* 1.º, décide que celui qui ne peut pas tester, ne peut pas faire de codicilles : supposez maintenant qu'une loi nouvelle décide que les mineurs de vingt ans ne pourront tester, et déroge par-là au droit ancien, qui leur permettait de tester à quatorze. Certainement la disposition de cette loi s'étendra aux codicilles ; cependant on limite en général cette exception au cas où l'extension aurait lieu entre les mêmes personnes (1).

3.ᵉ EXCEPTION. Cette règle souffre encore exception, lorsque la loi nouvelle qui déroge à la précédente, a pour effet de ramener au droit anciennement observé ; car, comme toute chose tend à rentrer dans son état naturel (2), la matière est favorable.

4.ᵉ EXCEPTION. Une quatrième exception a lieu dans le cas où il y aurait absurdité à ne pas donner extension à la loi : par exemple, le droit canonique exigeait la représentat on des lettres du légat du pape pour de certains bénéfices ; il eût été absurde de dire que les lettres du pape lui-même n'eussent pas pu remplacer celles du légat ; de là l'extension (3).

5.ᵉ EXCEPTION. Une cinquième exception a lieu lorsqu'il s'agit du salut de l'âme ; car la matière est favorable,

---

(1) Everhard, *Loc. arg. leg.* 79, n.º 27. — Jo. de Imol. &c. Outre la raison que donnent ici les docteurs, il y a celle tirée de la règle, *non debet cui plus licet &c.*

(2) L. *si unus,* §. *pactus ne peteret,* ff. *de pactis.* Everhard, *ibid.*

(3) Gloss. *in clement. fin. de rescript.*

et la loi reçoit extension, bien que cette extension soit préjudiciable aux choses (1). Ainsi, par exemple, si les féries qui avaient lieu aux fêtes des Apôtres s'étendaient à la fête de la Ste Vierge (2), à plus forte raison lorsqu'il s'agira du salut de l'ame, l'extension aura lieu (3).

6.e EXCEPTION. Une autre exception a encore lieu lorsque les termes de la loi nouvelle, pris dans leur acception la plus étendue, comprennent un cas qui présente un motif plus fort que celui de la loi. Par exemple, la loi nouvelle exclut la fille de la succession paternelle, tant qu'elle a des frères; il est évident que cette exclusion s'étendra à la petite-fille, qui est comprise dans la dénomination de fille (4).

7.e EXCEPTION. Une septième exception a lieu lorsque le cas auquel on veut étendre la loi est renfermé dans celui de la loi, selon l'usage commun du langage (5).

8.e EXCEPTION. Une huitième exception a lieu lorsque la loi nouvelle déclare que ce qu'elle dit est donné comme exemple : alors il y a lieu à extension; car les exemples ne restreignent ni la règle, ni la disposition (6).

9.° Enfin on excepte le cas où la loi resterait sans effet si elle ne recevait pas d'extension (7).

---

(1) Bartol. et DD. in leg. 4, §. *Cato*, col. 6, ff. *de verb. oblig.*
(2) Gloss. in leg. *omnes 2*, Cod. *de feriis.*
(3) Gloss. in l. *sciant cuncti*, Cod. *de judic. crim.*
(4) L. *filii appellatione*, ff. *de verbor. signif.*
(5) Jo. de Imol. et Everhard, *ibid.* l. 79, n.° 37.
(6) L. 1, §. *quod vulgò*, ff. *de vi et vi armat.*
(7) C. *si civitas* 17 *de sentent. excomm.*

SECTION II.

Quelles sont les Lois susceptibles de l'interprétation extensive.

§. CVI.

Ici s'offre l'une des matières les plus abstraites et les plus difficiles du droit. La plupart des jurisconsultes sont partagés sur les principes propres à diriger l'esprit au milieu des doutes et des subtilités dont elle est hérissée.

Cependant ils s'accordent généralement à diviser les matières dans lesquelles l'interprétation extensive peut avoir lieu, en trois classes :

1.° Les lois dérogatoires (parmi lesquelles il faut placer les lois particulières, ou droits singuliers et exorbitans du droit commun) ;

2.° Les lois pénales ;

3.° Les lois communes , ou qui n'appartiennent à aucune des classes ci-dessus.

Ire SUBDIVISION.

Lois dérogatoires.

§. CVII.

Les anciens docteurs Constant Roger, Matthæ. Matthesselanus, Éverhard , &c. &c. établissent comme règle générale que les lois dérogatoires ne sont pas susceptibles d'extension ; mais ils donnent à cette règle tant d'exceptions et de restrictions , qu'on est tenté de la rejeter.

Coraz, Balde, Paul de Castro, et plusieurs autres, l'ont en effet rejetée ; ils ont admis comme règle l'exception, savoir, qu'en principe l'extension des lois dérogatoires était permise ; mais ils ont, à leur tour, chargé cette règle d'une telle foule d'exceptions, qu'on est forcé de la méconnaître comme l'autre. Forsterus, qui donne l'analyse de leurs opinions, remarque que ce qui a servi à fonder la règle des uns, est précisément la série des exceptions des autres.

M. Thibaut a posé un principe qu'il croit propre à nous expliquer ces contradictions (1). Son principe est bon sans doute, et j'en ferai usage ; mais il est loin de remplir le but qu'il s'est proposé.

Il distingue deux cas :

Ou le motif de la loi dérogatoire s'applique à des cas prévus par les dispositions de l'ancien droit qu'elle laisse subsister ; ou il s'applique à des cas non prévus par lui.

Dans la première hypothèse, l'extension n'a pas lieu ; car bien que les motifs de la loi dérogatoire conviennent aux cas du droit antérieur, cependant, comme ce droit régit les cas qui lui sont soumis, il est évident que la loi nouvelle n'aura pas pour effet de faire entrer sous son empire des cas déjà placés sous celui du droit antérieur, puisque ce serait y déroger, et nous supposons le contraire.

Dans la seconde hypothèse, les cas dont il s'agit n'étant pas prévus par le droit antérieur, que la loi nouvelle laisse subsister, rien ne s'oppose à ce que celle-ci étende jusqu'à eux sa disposition.

Cette doctrine est fondée sur le raisonnement suivant : « L'expérience ne met pas le législateur à portée de voir tous les cas ; lors donc que des cas *non prévus par le législa-*

____

(1) *Théorie de l'interprétation des lois*, §. 20.

teur, et qu'il n'a pu prévoir, se présentent à la décision et dans le cercle des attributions du juge, il est du devoir de ce dernier de suppléer par l'extension à l'imprévoyance de la loi. Or, ce raisonnement ne saurait s'appliquer aux lois dérogatoires qui laissent subsister quelques-unes des dispositions de l'ancien droit ; car le législateur qui connaît ou est présumé connaître toutes les lois existantes, et qui cependant n'en abroge que quelques-unes, laisse subsister *sciemment* celles qu'il n'abroge pas. »

Mais ce principe ne réfute pas la doctrine de ceux qui prétendent que les lois dérogatoires sont susceptibles d'extension, même aux cas prévus par le droit antérieur (1) ; et c'est-là le véritable siége de la difficulté.

Quand la langue d'une matière est bien faite, cette matière est à-peu-près éclaircie. Si l'on eût demandé aux savans docteurs qui ont traité de l'interprétation extensive, ce qu'ils entendaient par *lois dérogatoires,* certainement ils n'auraient pas été d'accord sur la définition. C'est donc au moment même du départ qu'il faut s'entendre.

Toute loi qui change le droit antérieur est nécessairement abrogatoire ou dérogatoire. Si elle le change en totalité, elle l'abroge ; si elle ne le change pas en totalité, elle y déroge seulement ; mais elle peut y déroger plus ou

______

(1) Forster. *Interpr.* lib. 2, cap. 2, §. 2, n.ᵒˢ 8, 9, 10, &c., et DD. ibi allegat.

Voici leur principal argument : Si une coutume particulière reçoit extension *contre le droit commun,* par identité de motifs à des cas semblables (l. 32, ff. *de legib.*) ; à plus forte raison devons-nous étendre une loi postérieure, *contraire au droit ancien,* aux cas semblables. (Coraz, in l. 10, §. fin. *de pactis.*)

moins. Si la dérogation est telle, que la partie de l'ancien droit qu'elle laisse subsister ne soit plus qu'une exception, la loi nouvelle sera loi générale, et néanmoins dérogatoire; dans le cas inverse, la loi nouvelle sera exceptionnelle, mais toujours dérogatoire. Au reste, la dérogation emporte nécessairement abrogation de toute la partie du droit antérieur qu'elle a pour objet (1).

Ces notions préliminaires suffiront pour l'intelligence de la doctrine suivante.

Les lois exceptionnelles dérogatoires sont-elles susceptibles d'extension? Je pose en principe que non.

Une loi exceptionnelle suppose une loi générale ou le droit commun de la matière. Or, plusieurs lois romaines défendent formellement l'extension de toute disposition contraire au droit commun. *Quod contra rationem juris receptum est, non est producendum ad consequentias.* L. 14, ff. *de legib.* — *Quæ propter necessitatem recepta sunt, non debent in argumentum trahi.* L. 152, ff. *de reg. jur.* — *Jus singulare,* dit la loi 16, ff. *de legib.,* est *quod contra tenorem rationis, propter aliquam utilitatem, auctoritate constituentium introductum est,* &c. &c.

Ici l'on doit remarquer deux choses: la première que les

___

(1) L'abrogation de la loi est ou formelle, ou tacite : elle est formelle, lorsque la loi nouvelle prononce d'une manière générale l'abrogation des lois précédentes relatives à la matière dont elle s'occupe, ou nommément telle et telle loi; elle est tacite, 1.º lorsque les dispositions qu'elle renferme sont évidemment contraires à celles des lois antérieures; 2.º lorsque l'ordre de choses pour lequel la loi antérieure avait été établie a cessé d'exister. C'est le cas d'appliquer la maxime, *cessante ratione legis, cessat lex ipsa*

jurisconsultes romains emploient les mots *ratio juris* pour désigner le droit commun, la loi générale ; car les motifs des lois sont, à leurs yeux (ainsi que je l'ai démontré plus haut, §. XCXVII), les lois elles-mêmes : la seconde est la manière dont la dernière loi caractérise le droit commun, *tenor rationis*. Ce mot, comme l'explique fort bien Doneau (1), nous donne l'idée de la constance, de la perpétuité d'une chose, de telle sorte que tous les élémens qui la constituent, soient étroitement liés entre eux, et paraissent ne faire qu'un tout homogène et continu. C'est dans ce sens qu'il faut entendre le *tenor jurisdictionis* de la loi 5, au Code, *quod metûs causâ ;* ce qui veut dire la manière uniforme et constante dont le droit est rendu sur une matière. De même Cicéron a dit (2) *tenor dicendi ,* pour signifier la manière constante et égale de parler sur un sujet. Ceci posé, les mots *ratio juris* des jurisconsultes romains signifiant le droit constant et habituel, le droit commun, nous regarderons comme une conséquence naturelle et nécessaire que les dispositions de ce droit commun s'étendent généralement aux cas semblables. D'où nous tirerons la conséquence ultérieure que tout ce qui n'est pas ce droit commun sera droit exceptionnel, dont les dispositions ne sont pas susceptibles d'extension ; car, puisque le législateur, maître de changer le droit, ne déroge à l'ancien que quant aux exceptions qu'il introduit, il laisse évidemment subsister l'ancien avec toutes ses qualités, par conséquent, comme droit commun susceptible

---

(1) *Commentar. jur. civ.* cap. XIV, n.° 9.
(2) *In Orator. ad Brutum.*

seul d'extension. Voilà pourquoi la loi 14, ff. *de legib.*, dit : *Quod contra rationem juris* (c'est-à-dire le droit commun) *receptum est, non est producendum ad consequentias.*

§. CVIII.

Avant de citer des exemples à l'appui de ma doctrine, je classerai les lois dérogatoires.

Au premier rang des lois exceptionnelles dérogatoires, je mettrai les priviléges proprement dits ; personne ne les a jamais considérés comme susceptibles d'extension.

2.° Les lois exceptionnelles dérogatoires à un principe rigoureux de droit naturel ou de droit positif *[jus singulare* ou *jus exorbitans].* C'est à cette espèce de lois que s'appliquent directement les maximes du droit romain que je viens de rapporter, et elles ne sont pas davantage susceptibles d'extension (1).

3.° Les lois exceptionnelles dérogatoires au droit commun, *rationi juris* ou *tenori rationis derogantes.* C'est au sujet de ces lois qu'est née la grande controverse des docteurs.

Je mets en tête des lois dérogatoires de cette espèce, en droit romain, les restitutions en entier, les sénatusconsultes Velléïen, Macédonien, &c. &c. Quel était le droit commun relativement aux engagemens ? que chaque contractant observât religieusement les clauses du contrat.

____

(1) Un petit nombre de jurisconsultes, à la vérité, au nombre desquels est Conrad, appuyés sur quelques textes de droit, se sont écartés de ce principe. Mais M. Thibaut (*Théorie de l'interprétation des lois,* §. 19) démontre la fausseté de cette opinion. Forster, Jean d'Imola, et une foule d'anciens docteurs, l'avaient démontrée avant lui.

Mais le législateur, par des considérations d'ordre public et
d'équité générale, tirées de la déception, de la faiblesse de
l'âge, du sexe, &c. &c, a jugé à propos d'introduire des
exceptions, et de déroger ainsi au droit commun. De là
la restitution en entier qui rédime les majeurs d'engage-
mens onéreux dont l'équité avait à souffrir; le sénatuscon-
sulte Velléïen, qui défend aux femmes de s'obliger pour
autrui; le sénatusconsulte Macédonien, qui annulle tous les
engagemens souscrits par les enfans de famille au profit
des prêteurs, &c. &c. Mais ces lois exceptionnelles déro-
gatoires seront-elles susceptibles d'extension? non sans
doute. *Quod contra rationem juris receptum est, non
est producendum ad consequentias. Quæ propter né-
cessitatem recepta sunt, non debent in argumentum
trahi.* D'ailleurs, *in his quæ contra rationem juris cons-
tituta sunt, NON POSSUMUS SEQUI REGULAM JURIS.*
(L. 15, ff. *de legib.*) Ces derniers mots sont remarquables.
Dans les lois exceptionnelles au droit commun, dit cette
loi, *nous ne pouvons pas suivre la règle du droit com-
mun;* c'est-à-dire, comme l'explique très-bien Doneau,
nous ne pouvons pas donner extension à ces lois comme on
la donnerait au droit commun : *Regulam juris hîc acci-
piemus, non regulam quidem juris communis, sed
regulam de interpretatione juris et legum, quâ placet,
jus constitutum porrigi ad eas causas, in quibus sit
eadem ratio* (1).

Mais sur quoi se fondent les jurisconsultes qui défendent

____

(1) *Commentar. jur. civ.* cap. 14, n.º 10.

l'opinion contraire ? principalement sur la loi 12 , ff. *de
legibus.* « Tous les cas, porte cette loi, ne peuvent pas être
» exactement prévus par les lois et les sénatusconsultes ;
» mais lorsqu'il s'en offre quelqu'un auquel leur sens con-
» vient d'une manière évidente, il est du devoir du magis-
» trat d'étendre à ce cas leurs dispositions, et de rendre le
» droit en conséquence (1). »

Ce texte, excellent lorsqu'il est bien entendu, a besoin
d'être appliqué avec discernement. Sans doute la loi ne peut
pas tout prévoir ; elle s'exprime d'une manière générale ,
et abandonne ensuite aux hommes chargés de l'appliquer
le soin d'interpréter toute sa pensée ; mais c'est toujours
d'une manière conforme aux règles du droit, et selon les
matières à interpréter : car, si la loi permet que, dans cer-
tains cas, on aille au-delà des termes dont elle se sert, ce
n'est pas pour autoriser la violation des principes généraux.

Quant aux exemples tirés des lois du Code (2), ils sont
sans force dans la question actuelle. Les empereurs qui les
ont rendues n'interprétaient pas en jurisconsultes, comme
le remarque très-bien M. Thibaut (3), mais en législateurs,
maîtres de changer la législation à leur gré, et par consé-
quent de donner extension aux droits exceptionnels. On

____

(1) *Non possunt omnes articuli sigillatim, aut legibus, aut senatus-
consultis, comprehendi : sed cùm in aliqua causa sententia eorum ma-
nifesta est, is, qui jurisdictioni præest, ad similia procedere, atque
ita jus dicere debet.*

(2) L. 5, Cod. *de bonis quæ liber.* L. fin. Cod. *de indict. vid. toll.*
L. fin. Cod. *ad leg. Falcid.* &c.

(3) *Théorie de l'interprétation logique*, §. 20.

cite la loi 23, ff. *de legibus*, pour appuyer l'opinion des docteurs ; mais cette loi, qui accorde à l'usage la faculté d'abroger la loi (in fine), est formellement contraire à la loi 2, au Code, *quæ sit longa consuetudo.* Les nombreuses controverses auxquelles cette antinomie a donné lieu, prouvent au moins que la loi 32, ff. *de legib.*, doit être appliquée avec discernement ; et les interprètes aujourd'hui ne l'entendent pas dans le sens de Forsterus, savoir, qu'une coutume spéciale puisse recevoir extension de manière à abroger le droit antérieur. (*Voyez* plus bas, liv. III, *Interprétation d'usage ou de jurisprudence.*)

Au reste, si l'on apercevait dans le Digeste quelques textes d'où l'on pût induire que les jurisconsultes romains ont donné extension aux lois exceptionnelles dérogatoires, on pourrait regarder cette espèce d'interprétation comme une *innovation législative* qu'auraient amenée le temps, les circonstances et les besoins de la civilisation, et non comme un procédé légitime de l'interprétation. La preuve de mon opinion à cet égard se tire du raisonnement que fait Forsterus lui-même, l'un des défenseurs les plus zélés de la doctrine que je combats. « Ainsi, dit ce juriscon-» sulte, lorsque le changement des lois est demandé par » les mœurs de l'état, les circonstances, &c. &c., les lois » dérogatoires sont favorables ; en conséquence, elles SONT » SUSCEPTIBLES D'EXTENSION, autant que le réclame cette » utilité (1). »

§. CIX.

Mais je viens de raisonner pour le cas où la loi déroga-

----

(1) Forster. *Interpr.* lib. 2, cap. 2, §. 2, n.º 10.

toire est exceptionnelle, et laisse par conséquent subsister le droit commun antérieur; le cas contraire peut arriver; et la loi dérogatoire peut abroger une partie si considérable du droit antérieur, que celle qui reste ne soit plus que l'exception, et la loi nouvelle le droit commun; car, disent les auteurs, le droit commun est ce qui reste après le droit particulier ou l'exception. *Jus commune accipere debemus id, quod post istud singulare adhuc manet.* Il importe peu, d'ailleurs, que l'exception résulte du droit ancien ou du droit nouveau. Selon une ingénieuse fiction de Doneau (1), toutes les branches de la législation peuvent être considérées comme les parties séparées d'un même tout, qui agissent réciproquement les unes sur les autres, et auxquelles on peut appliquer les principes propres à une loi composée de plusieurs clauses ou paragraphes (2).

Dans l'hypothèse que j'examine, il est évident que le droit nouveau devenant droit commun, et le droit antérieur droit exceptionnel, les règles que j'ai tracées plus haut pour l'extension de la loi aux cas semblables, resteront les mêmes; c'est-à-dire que l'extension sera permise pour les dispositions du nouveau droit commun qui le

---

(1) *Hoc saltem efficere omnes intelligeremus, ut priores cum posterioribus, posteriores cum prioribus conjungantur ità, ut, his conjunctis, una lex efficiatur ex duabus, eòque res deducatur, quasi una sit pars alterius. . . . . Nempè hoc valet, ut quod juris esset in una lege pluribus clausulis constante, id servandum sit in legibus prioribus et posterioribus inter se conjunctis.* (Comment. jur. civ. cap. 13.)

(2) *Voyez* plus bas, *Interprétation restrictive*, les effets qui résultent des rapports que les lois ont entre elles.

comporteront; mais elle sera interdite pour les dispositions du droit antérieur devenu exceptionnel. Deux exemples tirés du droit français éclairciront ce principe.

Avant le Code civil, le régime dotal était *droit commun* dans les pays *de droit écrit;* les stipulations de communauté, de société d'acquêts, &c. &c., étaient l'exception. Aujourd'hui c'est le régime de la communauté légale qui forme le droit commun (art. 1393, Cod. civ.); le régime dotal n'est plus que l'exception (art. 1392 et 1393, Cod. civ.).

Supposons maintenant un contrat de mariage qui n'admette pas le régime dotal, mais bien des conventions particulières obscures et susceptibles d'être interprétées par extension de l'un des droits en vigueur: ce serait assurément procéder d'une manière contraire aux vrais principes du droit et aux saines méthodes d'interprétation, que de donner extension aux dispositions du régime dotal, régime exceptionnel, pour interpréter des clauses qui, ne recevant pas de leurs termes mêmes, ou de l'ensemble du traité auquel elles appartiennent, un sens suffisant, sont par-là nécessairement abandonnées aux règles d'interprétation du droit commun, supplément naturel de toutes les conventions incomplètes, inexactes ou obscures qui ne se trouvent pas placées dans l'une des catégories des droits exceptionnels.

Mon second exemple est tiré du droit relatif aux successions. Autrefois la succession testamentaire formait la règle ou le droit commun; la succession légitime était l'exception. Aujourd'hui, c'est la succession légitime qui forme la règle ou le droit commun; la succession testamentaire n'est plus que l'exception. On doit appliquer encore ici le principe que je viens de poser.

Au reste, il est une espèce d'extension que j'appellerai intérieure, et qui a pour but d'assurer l'exécution de chaque droit exceptionnel ; celle-là est permise, et ce n'est pas d'elle que je m'occupe en ce moment (1).

Pour terminer ce que j'ai à dire sur le droit commun, j'ajouterai que j'appelle de ce nom le droit commun propre à chaque matière de législation. Ainsi, le droit commun sur les engagemens civils, l'état des personnes, les choses, en un mot sur les différentes parties du droit public ou privé, sera le droit commun propre à chacune de ces matières, qui pourront elle-mêmes subir quelquefois de nouvelles divisions.

Quant aux cas particuliers où les lois dérogatoires exceptionnelles admettent l'extension, *voyez* ci-dessus §. **CV.** Il faut y ajouter encore celui où le législateur aurait expressément déclaré que le droit exceptionnel recevrait extension.

§. CX.

Mais quels sont les principes d'après lesquels on doit décider qu'une loi déroge à une autre, ou même l'abroge ?

______

(1) Par exemple, lorsque les époux ont déclaré se marier sous le régime dotal, ou sous tout autre régime formant exception au droit commun, les obscurités qui résultent de leurs conventions matrimoniales doivent être interprétées par les règles spéciales au régime exceptionnel qu'ils ont adopté, et par conséquent, aussi par extension des dispositions particulières de ce régime.

Je fais remarquer d'abord que les lois peuvent paraître contraires, sans l'être au fond (1).

En effet, il peut arriver, 1.º que la loi nouvelle ne fasse qu'expliquer la loi antérieure qui était obscure, ou sur le sens de laquelle les interprètes étaient partagés (2) ; 2.º que la loi nouvelle établisse simplement des distinctions sur la loi antérieure (3), ou même la supplée (4) ; 3.º ou enfin qu'elle y déroge et la limite (5). D'ailleurs, on ne doit pas présumer que la loi nouvelle innove ou déroge à la loi ancienne. *Lex nova, nonnisi evidentissimâ æquitate, constituenda est, quia novitates solent scandala parturire.* (L. 2, *de constitut.* princip.)

§. CXI.

Pour s'assurer de la dérogation et bien l'apprécier, il importe de comparer exactement les lois.

Entre deux lois contraires, l'une est préférable à l'autre pour trois causes principales.

La première de ces causes résulte du *sujet* même de la loi, ou de la matière qu'elle traite ; la seconde, du *mode* ou de la forme de la loi ; la troisième, de sa *qualité.*

Lorsque la contrariété des lois doit être résolue par la supériorité de la matière qu'elles traitent l'une et l'autre, il faut suivre les règles suivantes :

1.º La loi qui dispose sur la religion ou sur les matières

---

(1) 1 Constit. §. *quibus.*

(2) L. *apud antiquos,* C. *de fur.* ; l. fin. C. *de serv. et aq.*

(3) Instit. *de rer. divis.* §. *cùm ex aliena.*

(4) L. *prætor.* §. *hæc differentia,* ff. *vi bonor. raptor.*

(5) L. fin. C. *quib. caus. in integr. restit. non est necess.*

religieuses , déroge à celle qui ne dispose que sur les ma-
tières profanes, et doit lui être préférée ; car la loi qui
dispose sur les matières religieuses ou sacrées, a pour but
le bien public par excellence (1). Or, de deux causes qui
concourent, celle d'un ordre supérieur doit l'emporter sur
l'autre (2.

  2.° La loi qui dispose des biens de l'ame, déroge à celle
qui ne dispose que des biens du corps, et doit lui être pré-
férée (3) ; car l'ame est la partie la plus précieuse de notre
être, et nous devons endurer mille tourmens plutôt que
de la souiller (4). La loi qui dispose des biens du corps,
déroge à celle qui ne dispose que des choses extérieures ,
attendu que la première est dite *de droit naturel* (5) , et
que la moindre des peines corporelles est réputée plus
grave que la plus grande des peines pécuniaires (6).

Il suit de là que la loi qui consacre un principe de droit
naturel , doit être préférée à celle qui ne consacre qu'un
principe d'équité simple. Par exemple , quoiqu'il soit
noble , conforme à la religion et à l'équité, que le fils
nourrisse le père dans le besoin , néanmoins le père est
tenu de nourrir son fils par tous ces motifs, et en outre
par celui tiré de la loi naturelle, qui l'oblige de nourrir
l'enfant auquel il a donné le jour. De là les docteurs

---

(1) L. *sunt personæ*, ff. *de relig. et sumpt. fun.*; l. *locum*, ff. *de
usufruct.* ; l. 1 , §. *hujus studii*, ff. *de justit. et jur.*, &c.

(2) Cap. *si à sede*, et cap. *quamquàm de præb.* lib. 6.

(3) L. *sancimus*, C. *de ss. eccles.*

(4) L. *isti quidem*, ff. *quod metûs causâ.*

(5) L. *ut vim*, ff. *de just. et jure.*

(6) L. *in servorum*, ff. *de pœnis*, et ibi Gloss.

décident que si un individu pauvre a un père et un fils également riches, il doit demander des alimens plutôt à son père qu'à son fils.

La loi qui me dit de défendre ma propriété, déroge à celle qui m'ordonne de défendre celle d'autrui ; car la charité bien ordonnée commence par soi-même (1).

3.° La loi qui statue sur le bien public, déroge à celle qui ne statue que sur le bien particulier (2).

4.° La loi qui renferme un précepte d'équité, déroge à celle qui statue d'après la rigueur du droit (3) ; car l'équité n'est autre chose que l'acte d'un jugement sain, conforme à l'équité naturelle (4).

5.° La loi disposant pour un cas de nécessité, déroge à celle qui ne statue pas sur un cas pareil (5).

6.° La loi qui consacre un droit volontaire, doit être préférée à celle qui établit un droit contraire à la volonté des hommes (6).

7.° La loi qui renferme un droit ordinaire, déroge à celle qui ne renferme qu'un droit extraordinaire ou subsidiaire (7).

---

(1) L. *præses*, C. *de servit. et aqua*, et l. 1, §. *officio*, ff. *de tut. et rat. distrah.*

(2) L. *veluti*, ff. *de just. et jur.*, et l. *minimè*, ff. *de relig. et sumpt. fun.*

(3) L. *placuit*, C. *de judic.*; l. 1, C. *de legib.*

(4) L. 1, §. *quod quis*, ff. *si quis test. lib. esse juss.*

(5) L. fin. C. *qui testam. facere poss.*, et l. 2, C. *ad leg. Rhod. de jact.*

(6) Argum. leg. *admonendi*, l. *ex duobus*, ff. *de jurejur.*, et l. 1, §. 1, *de oper. nov. nunc.*

(7) L. *in causæ*, ff. *de minorib.*

8.° Le droit que l'on a directement pour soi est plus fort que celui que l'on tient d'autrui (1) ;

9.° Enfin la loi contenant une disposition favorable, déroge, toutes choses égales d'ailleurs, à celle qui renferme une disposition odieuse (2).

§. CXII.

Lorsque la dérogation entre deux lois contraires doit être déterminée par le *mode* ou la forme même de la loi, il faut dire, 1.° que la loi qui ordonne ou *défend,* déroge à celle qui permet ou tolère (3) : par exemple, dans le droit romain, la règle qui permettait à tout individu d'accuser comme suspect (ou infidèle) un tuteur, était limitée par cette autre règle, qu'un affranchi ne peut pas accuser son patron ; dans le droit français, l'article 967 du Code civil porte que *toute personne pourra disposer par testament, &c. &c.* ; mais l'article 901 dit que, *pour faire une donation entre vifs ou un testament, il faut être sain d'esprit.* D'où il suit que celui qui n'est pas sain d'esprit, ne peut pas faire de testament. La disposition de l'art. 967 étant simplement permissive ou déclarative d'un droit, et celle de l'article 504 prohibitive ou limitative, celle-ci dérogera nécessairement à la première. Ajoutez que , selon

______

(1) L. *si augustæ,* ff. *de legat.* 2; l. *in libello,* ff. *de captiv. et postl. revers.*

(2) Arg. cap. *odia de reg. jur. in 6,* et l. fin. §. *si Titius,* ff. *de vulgar. et pupill. substit.*

(3) *Hac consultissima,* C. *qui testament. facere poss.* l. 1, ff. ad *leg. Falcid.,* et l. *tutor.* ff. *de susp. tutor.*

Bartole , lorsqu'une chose peut être considérée comme accessoire en même temps à la disposition qui permet et à la disposition qui prohibe, elle doit être censée prohibée (1) ;

2.° Il faut tenir comme règle que la loi qui ordonne, défend ou permet, déroge à celle qui invite ou conseille (2) ; car il est plus conforme à la nature de la loi de commander que de conseiller, &c. &c. (3) ;

3.° La loi qui dispose principalement et directement sur une chose , déroge à celle qui ne dispose que sur des accessoires ou indirectement sur cette même chose (4) ;

4.° Enfin , la loi dont l'exécution a pour fondement essentiel la vérité , déroge à celle qui procède d'après de simples présomptions (5).

§. CXIII.

Lorsque la dérogation doit être déterminée par la *qualité* même de la loi , il faut dire,

1.° Que les lois du for extérieur dérogent à celles du for intérieur devant les tribunaux (6) ;

2.° Que la loi constamment observée déroge à celle qui ne l'est pas ou qui l'est moins (7) ;

---

(1) Bartol. in leg. *ambitiosa* circa fin. vers. *quinta regula*, ff. *de decret. ab ord. fact.*

(2) L. *is quibus*, *de rei vindic.* ; l. *pacto*, ff. *de transact.*

(3) Argum. leg. *cùm quid*, ff. *si certum petat.*

(4) Bartol. in leg. *ambitiosa*, ff. *de decret. ab ordin. fact.*

(5) L. fin. ff. *de probat.* ; l. *contin.* §. *illud*, ff. *de verbor. oblig.*

(6) C. *tua*, Extrav. *de sponsal.* C. *inquisitio*, *de sent. excom.*

(7) L. *minimè* ; l. *de quibus* in fin., et l. *si de interpret.* ff. *de legib.*

3.° Que la loi nouvelle déroge à la loi antérieure (1) ;

4.° Que lorsque deux lois contraires sont promulguées en même temps, la plus récente déroge néanmoins à la précédente, d'après leur ordre (2) ;

5.° Que la loi spéciale déroge à la loi générale, en vertu de la règle : *In toto jure , generi per speciem derogatur* (3);

6.° Que la loi qui renferme une clause dérogatoire, par exemple, *que la présente loi soit observée nonobstant toute disposition contraire ; que tout ce qui sera fait contre la présente loi , sera considéré comme nul et non avenu , &c. &c.,* déroge à la loi contraire , même postérieure (4) ;

7.° Que la loi fondée sur une cause plus utile, plus privilégiée ou plus favorable, est préférable à la loi fondée sur une cause moins utile , moins privilégiée ou moins favorable (5).

II.ᵉ SUBDIVISION.

Lois pénales.

------

§. CXIV.

La question de savoir si les lois pénales sont suscep-

------

(1) L. *non est novum,* cum leg. seq. ff. *de legib.*

(2) L. *sed et posterior,* ff. *de leg.*

(3) L. 80, ff. *de reg. jur.*

(4) L. *sed et posterior,* ff. *de legib.*

(5) L. *quoties, de reg. jur.; l. 1, C. de privileg.,* et l. *verùm, §. seq.* ff. *de minorib.*

tibles d'extension, n'a pas moins partagé les auteurs que celle relative aux lois dérogatoires.

M. Thibaut reconnaît l'extension de ces lois; voici le résumé de sa doctrine.

Les auteurs qui refusent toute extension aux lois pénales, s'appuient, les uns sur les lois 42 ff. *de pœnis* (1), et 155, §. 2, ff. *de reg. jur.* (2); les autres, principalement sur la raison qu'un droit particulier ne saurait recevoir d'extension : or, disent-ils, chaque loi pénale, comme l'ouvrage propre du droit civil, renferme toujours un droit particulier; d'ailleurs, comment affirmer d'une manière positive que les motifs d'une loi pénale, applicables dans un cas, se rencontrent parfaitement dans un autre?

Mais d'abord les deux lois citées à l'appui de cette opinion, répond M. Thibaut, n'ont pas trait à la matière (l'extension des lois pénales); elles ne s'occupent que du cas où la loi présente *plusieurs sens,* et elles décident que, dans le doute, on doit préférer le sens le moins rigoureux : mais on ne saurait faire résulter de cette décision que le motif d'une loi pénale ne s'applique pas aux cas non prévus (3).

Quant à la raison tirée de la nature des lois pénales, il est vrai que la philosophie moderne voit un droit particulier dans chaque loi pénale; mais les jurisconsultes romains n'avaient pas admis ce principe; et ils ne ba-

____

(1) *Interpretatione legum pœnæ molliendæ sunt potiùs, quàm asperandæ.*

(2) *In pœnalibus causis benigniùs interpretandum est.*

(3) *Théorie de l'interprétation des lois,* §. 21.

lancent pas à donner extension aux lois pénales, toutes les fois que les motifs de ces lois peuvent s'appliquer aux cas non prévus. Ainsi, aucune raison plausible ne saurait nous déterminer à considérer les lois pénales comme exclues de la règle posée par les lois 10—14, ff. *de legib.* (1).

Quelque imposante que soit l'opinion de M. Thibaut, je ne puis la partager. Forsterus lui-même, l'un des premiers qui a embrassé cette opinion, ne l'admet qu'avec une sage restriction. Selon lui, l'extension des lois pénales a lieu toutes les fois qu'il s'agit d'empêcher qu'un crime ne reste impuni (2). Il se fonde principalement sur la loi 7, au Code, *de pœnis* (3) ; c'est dans ce sens qu'il explique les maximes suivantes : « Lorsqu'il s'agit de » punir un crime, la loi pénale doit être prise dans un » sens large ; » *Interpretatio lata sumi debet, cùm agitur de delicto puniendo.* Menoch. *de Arbitr.* q. 60, n.° 24. « Lorsque les paroles énoncent un délit, d'une ma- » nière quelconque, elles doivent être interprétées plutôt » en mauvaise part ; » *Quando verba sonant aliqualiter in delictum, tunc potiùs interpretanda sunt in malam*

----

(1) *Neque leges , neque senatusconsulta, ità scribi possunt, ut omnes casus qui quandoque inciderint, comprehendantur : sed sufficit et ea quæ plerùmque accidunt, contineri.* (L. 10, ff. *de legib.*) &c. &c.

(2) Il cite la loi 108, ff. *de reg. jur. Ferè in omnibus pœnalibus judiciis et ætati et imprudentiæ succurritur,* porte cette loi ; il ajoute ensuite, *non quidem quoad impunitatem , nam id relat lex* 7, C. *de pœnis,* &c.

(3) *Impunitas delicti propter ætatem non datur, si modo in ea quis sit, in quam crimen, quod intenditur, cadere potest.*

quàm in bonam partem. Prosper Farinac. *Consil.* 25, n.° 13.

C'est aussi dans ce sens qu'il faut entendre l'aphorisme suivant de Bacon (le 13.ᵉ) : *Durum est torquere leges,* » *ad hoc ut torqueant homines. Non placet igitur* » *extendi leges pœnales, multò minùs capitales, ad* » *delicta nova. Quòd si crimen vetus fuerit, et legibus* » *notum, sed prosecutio ejus indicat in casum novum* » *à legibus non provisum, omninò recedatur à placitis* » *juris, potiùs quàm delicta maneant impunita.* »

Mais lorsqu'il s'agit d'appliquer la peine, la loi doit être prise dans son sens étroit, selon Forsterus ; et ici s'appliquent les diverses lois romaines et les décisions des auteurs qui prescrivent la modération des peines (1).

§. CXV.

Cette doctrine , meilleure sans doute que celle de M. Thibaut, ne me paraît pas satisfaisante. Je préfère en tout celle d'Éverhard, que je vais retracer rapidement, après lui avoir fait subir quelques modifications.

Cet auteur pose en principe que les lois pénales ne sont pas susceptibles d'extension (2). Il se fonde principalement sur la similitude qu'il aperçoit entre les lois pénales et les lois dérogatoires. La maxime *odia restrin-*

---

(1) L. 37, ff. *de minorib.* Philip. Decius in l. *imperium* 3, ff. *de jurisd.* *Voyez* Forster. *Interpr.* lib. 2, cap. 2, §. 4, n.° 9.

(2) *Loc. argum. leg.* 70, n.° 63. Const. Roger, Matthæ. Mattessell. et autres adoptent le même principe. (*Voyez* Forster, *ibid.*)

genda , favorabilia amplianda (l. 19. ff. *de lib. et posth.*), et quelques textes du droit romain, paraissent aussi autoriser son opinion ; mais il donne plusieurs exceptions à cette règle.

1.° L'extension de la loi pénale a lieu, lorsqu'on l'applique à un cas semblable en tous points à celui qu'elle a prévu, et dans lequel se trouvent mêmes motifs ou motifs plus forts que celui de la loi, pourvu que ce soit entre les mêmes personnes (1). Par exemple, la loi 7, §. 2, ff. *de jurisdictione*, porte que *si quelqu'un altère frauduleusement ce qui est écrit comme disposition permanente de loi, soit sur l'album, soit sur du papier, soit sur toute autre matière exposée aux regards du peuple,* il sera condamné à payer cinq cents pièces d'or (2). On demande si la peine sera encourue par celui qui aura altéré la loi, soit avant l'exposition de l'album ou autre objet sur lequel elle est écrite, soit pendant qu'on l'expose ? Pomponius décide qu'il y a lieu à étendre la loi à ce cas , et que la peine sera encourue. *Quod, si dum proponitur, vel ante propositionem, quis corruperit, edicti quidem verba cessabunt, Pomponius autem ait sententiam edicti porrigendam esse ad hæc.* Il y a ici évidemment identité de motifs, et entre les même personnes. Pareillement , dans le droit français, l'article 145 du Code pénal porte : « Tout fonc-

---

(1) *Vid. Gloss. in Clement.* **2**, in verbo *Bonum*, &c. &c.

(2) *Si quis id, quod jurisdictionis perpetuæ causâ, non quod prout res incidit, in albo, vel in charta, vel in alia materia propositum erit, dolo malo corruperit ; datur in eum quingentorum aureorum judicium, quod populare est.*

» tionnaire ou officier public qui, *dans l'exercice de ses*
» *fonctions*, aura commis un faux,

» Soit par fausses signatures,

» Soit par altération des actes, écritures ou signatures,

» Soit par supposition de personnes,

» Soit par des écritures faites ou intercalées sur des re-
» gistres ou d'autres actes publics, depuis leur confection
» ou clôture,

» Sera puni des travaux forcés à perpétuité. »

On demande si la disposition de cet article s'étendrait
au cas où l'officier public, à la veille d'entrer en fonctions,
aurait commis un faux, dans la qualité qu'il va prendre,
avec une date appartenant à l'époque où il serait en fonc-
tions ? La loi n'en parle pas; elle prévoit seulement le cas
où l'officier public commettrait le faux *dans l'exercice de
ses fonctions*. Or, il n'exerçait pas ses fonctions lorsqu'il
l'a commis. Mais qui est-ce qui s'aviserait de donner cette
interprétation à la loi ? N'est-il pas évidemment dans son
esprit comme dans sa volonté, que sa disposition s'étende
au cas proposé ? et ne serait-ce pas tromper son vœu que
de se refuser à l'extension ?

2.° La règle cesse et l'extension a lieu lorsqu'il s'agit
d'empêcher que la loi ne soit illusoire. Par exemple, la
Clémentine 1.re prononçait des peines contre ceux qui
ensevelissaient les usuriers dans des cimetières ; on éten-
dait avec raison cette disposition à ceux qui les ensevelis-
saient dans les églises, car il y avait motif plus fort. Si l'on
n'eût pas donné extension à la loi dans ce cas, elle deve-
nait illusoire.

L'article 301 du Code pénal définit ainsi l'empoisonnement : « Est qualifié empoisonnement tout attentat à la » vie d'une personne, par l'effet de substances qui peuvent » donner la mort plus ou moins promptement, de quelque » manière que ces substances aient été employées ou » administrées, et quelles qu'en aient été les suites. » Certainement cette loi doit s'étendre au cas où le coupable aurait employé, pour consommer le crime, du verre pilé, de petites épingles répandues dans des mets, &c. &c. ; car, quoiqu'on ne puisse pas rigoureusement comprendre ces objets sous la dénomination de *substances*, ce serait donner une interprétation judaïque à la loi, que de borner au sens propre le mot qu'elle a employé, lorsque son esprit en réclame évidemment l'extension. *Non enim sermoni res, sed rei sermo subjectus est.* (Quintil. lib. 8 *Instit. orat. c. 1.*)—*Leges magis rebus, quàm verbis, videntur impositæ.* (L. *omne commun. de leg.*) ; et *In legem committit, qui verba legis amplexus, contra legis nititur voluntatem.* (L. 5, Cod. *de legib.*)

3.° L'extension a lieu entre deux matières égales aux yeux de la loi, ou assimilées par elle. Par exemple, la loi 12, ff. *ad leg. Juliam de adulteris*, décide que ces termes de la loi pénale, *ne quis posthac stuprum, adulterium facito sciens dolo malo*, s'étendent à celui qui a conseillé le crime ; *ad eum qui suasit* (1), et *ad eum qui stuprum*

____

(1) La loi 1, ff. §. 12, *de vi et de vi armata*, pose le même principe. *Dejecisse autem etiam is videtur, qui mandavit vel jussit ut aliquis dejiceretur : parvi enim referre visum est, suis manibus quis dejiciat,*

vel adulterium intulit, pertinent : car, aux yeux de la loi, la matière est la même dans les deux cas.

L'article 381 du Code pénal porte : « Seront punis de la peine de mort les individus coupables de vols commis avec la réunion des cinq circonstances suivantes :

1.º Si le vol a été commis la nuit ;

2.º S'il a été commis par deux ou plusieurs personnes ;

3.º Si les coupables ou l'un d'eux étaient porteurs d'armes apparentes ou cachées ;

4.º S'ils ont commis le crime, soit à l'aide d'effraction extérieure ou d'escalade ou de fausses clefs, dans une maison, appartement, chambre ou logement habités ou servant à l'habitation, ou leurs dépendances, &c. &c. &c. ;

5.º S'ils ont commis le crime avec violence ou menace de faire usage de leurs armes. »

On demande s'il y aura lieu à appliquer l'article dans le cas où, au lieu de consommer directement et matériellement un vol, le coupable aurait, avec toutes les circonstances prévues, contraint un individu à lui souscrire des billets ou des quittances tendant à le libérer ? Il faut décider que la loi s'étend aussi à ce cas. En se faisant souscrire des billets ou des quittances, avec les circonstances prévues, le coupable a consommé le même crime que s'il eût volé réellement le montant de ces billets ou de ces quittances ; car, *qui actionem habet, rem ipsam habere*

---

an verò per alium. Quare et si familia mea ex voluntate mea dejecerit, ego videor dejecisse. Voyez l'article 60, Code pénal.

videtur : il n'est pas permis d'ailleurs d'examiner si le sous-cripteur des billets était solvable ou non.

4.° L'extension a lieu, lorsqu'une loi interprétative ou déclarative d'une loi antérieure, ne s'exprime que pour un cas qu'elle donne comme exemple; elle doit s'entendre également de tous ceux qu'elle n'a pas exprimés, et qui se trouvent compris dans la disposition de la loi précédente. Tel serait le cas où elle déclarerait que sa disposition pénale ne doit pas s'entendre du meurtre commis par un fou (1); il est évident que cette exception s'étendrait au cas de blessures ou d'injures de la part du fou, quoique la loi ne s'en fût pas expliquée.

5.° L'extension a lieu, lorsque la loi pénale emploie, dans de certains cas, le singulier, et qu'il est dans son esprit qu'elle s'entende au pluriel, et réciproquement. Par exemple, l'article 364 du Code pénal porte : « Le faux » témoin, en matière correctionnelle, de police ou civile, » qui aura reçu de l'argent, une récompense quelconque » ou des promesses, sera puni des travaux forcés à temps.

» Dans tous les cas, ce que le faux témoin aura reçu » sera confisqué. »

On doit entendre cet article du cas où il y aurait plu-sieurs faux témoins, comme de celui où il n'y en a qu'un seul.

Réciproquement, l'article 365 suivant porte : « Le cou-» pable de subornation de témoins sera condamné à la » peine des travaux forcés à temps, &c. &c. » Il est évident

---

(1) L. 13, ff. §. 1, *de offic. præsid.* — Code pén. art. 61.

que cette disposition s'étendra au cas où un seul témoin
aurait été suborné.

6.° Enfin l'extension des lois pénales sera généralement
autorisée, lorsqu'elles auront été rendues, soit pour la
conservation et le repos de la société (1), soit pour répri-
mer les crimes et délits contraires à l'équité naturelle,
comme le vol, l'adultère, l'homicide (2), &c. &c., pourvu
qu'il y ait identité de motifs, ou motifs plus forts, quoique
entre personnes différentes (3).

Je sais que l'article 4 du Code pénal porte que « nulle
» contravention, nul délit, nul crime, ne peuvent être
» punis de peines qui n'étaient pas prononcées par la loi
» avant qu'ils fussent commis (4). »

Cet article, bien entendu, signifie qu'on ne peut pas
appliquer le Code pénal à des cas non prévus par lui ; dis-
position fondée sur ce principe, que la loi permet ce qu'elle
ne défend pas. Mais il ne résulte pas de là qu'on ne puisse
pas donner extension à la loi pénale, en ce sens que tout
ce qui est autorisé par le raisonnement, par la légitime
interprétation des mots, enfin par la volonté même de la
loi, explicitement ou implicitement renfermée dans son
énoncé, ne doive être exactement observé. C'est dans

---

(1) L. 13. ff. de offic. præsid. Everhard, *Loc. arg. leg.* 79, n.° 71.

(2) L. *ut vim*, ff. *de just. et jur.*; l. 1, T. *de furtis* &c. Steph. de
Federic. 1 part. n.° 90.

(3) Everhard, *ibid.*

(4) Cet article répète les dispositions de l'article 8 de la constitution
de 1791, et des articles 2 et 3 du Code des délits et des peines.

ce même sens que je crois fondées les diverses espèces d'extensions que je viens d'établir.

III.ᵉ SUBDIVISION.

Lois de Droit commun (ou qui n'appartiennent à aucune des Classes ci-dessus).

§. CXVI.

Relativement aux lois de droit commun, les interprètes décident unanimement qu'elles reçoivent extension aux cas semblables, lorsqu'il y a identité de motifs, ou motifs plus forts. Ils se fondent particulièrement sur les lois 10 et suivantes, ff. *de legib.* (1) ; car le motif de la loi étend ou restreint le dispositif de la loi, ainsi que je l'ai dit §. CII (2),

---

(1) Forster. *Interpr.* lib. 2, cap. 2, §. 5. — Everhard, *Loc. argum. leg.* 79, n.° 74.

(2) La loi 27 ff. *de acquir. possess.*, par exemple, décide que le furieux ne peut pas perdre l'intention de posséder, par extension du principe d'après lequel il ne peut pas avoir l'intention de posséder. *Si is qui animo possessionem saltûs retineret, furere cœpisset, non potest, dum fureret, ejus saltûs possessionem amittere,* QUIA FURIOSUS NON POTEST DESINERE ANIMO POSSIDERE. D'un autre côté, la loi 6, §. 2, ff. *de jure patronatûs,* décide que, quoique la loi qui défend au patron de contraindre par serment son affranchi à ne pas se marier, sous peine de perdre ses droits de patron, soit générale et ne fasse aucune distinction, il faut l'entendre néanmoins en ce sens, qu'elle s'applique aux affranchis qui peuvent avoir des enfans, et non aux autres. *Quamvis nulla persona lege excipiatur, tamen intelligendum est de his legem sentire, qui liberos tollere possunt.* (*Voyez* un autre exemple dans la loi 11, §. 1, ff. *de munerib. et honorib.*) C'est ainsi que le motif de la loi en restreint le dispositif.

et la généralité du motif rend générale la disposition de la loi (1).

Cette règle a lieu, 1.° lorsque le motif se trouve exprimé dans la loi ; car alors c'est moins une *extension*, selon l'acception propre du mot, qu'une compréhension (2), et le motif exprimé dans la loi est réputé loi générale (3), comme le cas semblable dont il s'agit est censé exprimé dans la loi, dès qu'il se trouve compris dans son motif (4).

2.° Lorsque le motif ne se trouvant pas exprimé dans la loi, on ne peut cependant lui en assigner qu'un (5).

3.° Enfin dans tous les autres cas où a lieu l'extension des lois dérogatoires. (*Voyez* ci-dessus §. CV).

§. CXVII.

Cependant cette règle reçoit quelques exceptions. La première a lieu, lorsqu'il s'agit de donner extension à des termes purement énonciatifs ; car régulièrement les énonciations ne renferment aucune disposition (6).

La seconde, lorsqu'il s'agit de donner extension aux paroles purement narratives ; car les choses qu'elles expriment, sont plutôt de nature à être prouvées qu'elles ne servent à prouver elles-mêmes (7). Cette exception a lieu

---

(1) Riminald. *Consil.* 183, n.º 3.

(2) DD. in Authent. *quas actiones*, &c.

(3) Decius in leg. fin. Cod. *de pact.*

(4) L. 6, §. 1, ff. *de verbor. signif.* — *Parisiens. Consuetud.* lib. 3, 66, n.º 63.

(5) Forster, *ibid.* — Everhard, *ibid.*

(6) L. 7, Cod. *de testam. milit.*

(7) Bald. in leg. *non epist.* 13, Cod. *de probat.*

sur-tout lorsque le dispositif a plus d'étendue que la partie narrative ; car alors cette dernière n'est plus considérée que comme la cause impulsive de la loi (1). (*Voyez* ci-dessus §. CII.)

II.ᵉ PARTIE.

§. CXVIII.

Interprétation restrictive (§. LXXI).

L'interprétation restrictive a été repoussée par une foule d'auteurs (2) ; elle repose néanmoins sur les mêmes principes que l'interprétation extensive. Si la règle, *scire leges, non est earum verba, sed vim ac potestatem tenere*, est vraie pour l'une, elle est nécessairement vraie pour l'autre : car, que recherche-t-on ? la volonté du législateur, le sens obligatoire de la loi ; or, si le premier devoir de l'interprète est de rechercher ce sens, même au-delà des termes, il n'est pas moins de son devoir de le rechercher en deçà des termes, puisque tous les auteurs reconnaissent que ce sens est la loi toute entière (§§. LXXII et XCVII).

Seulement nous conviendrons que l'usage de l'interprétation restrictive doit être soumis à des conditions plus sévères que celui de l'interprétation extensive. Nous en déduirons les causes plus tard.

Quelque grande que soit la variété des opinions sur les signes propres à autoriser l'interprétation restrictive, je

---

(1) Jean André, in cap. *quoniam* 4.
(2) Ils sont cités par Forster, *Interpr.* lib. 2, cap. 3, n.º 3.

m'en tiendrai à ce principe simple : toutes les fois qu'il sera démontré à ma raison que les mots employés par le législateur disent plus de choses qu'il n'a voulu leur en faire dire, que par conséquent le sens de ces mots n'est pas le sens de la loi, je m'attacherai, par tous les procédés que suggèrent le raisonnement et l'expérience, à découvrir ce dernier sens, le seul obligatoire pour moi.

J'admettrai donc quelques principes propres à me diriger dans cette recherche.

Ainsi, je reconnaîtrai qu'on peut faire résulter l'obligation de restreindre la loi,

1.º De ses différentes parties ;

2.º De ses motifs ;

3.º De l'équité ;

4.º De la raison naturelle ;

5.º Des autres lois positives.

§. CXIX.

Restriction de la Loi, résultant de ses différentes parties.

Il peut arriver que le législateur donne une définition ou qu'il s'exprime d'une manière générale, en commençant la loi, et qu'il rejette ensuite cet énoncé, soit en totalité, soit en partie, ou qu'il y déroge seulement et le modifie en vertu de la règle : *in toto jure, generi per speciem derogatur.*

Il peut arriver, au contraire, qu'il commence la loi par un énoncé particulier, et la termine par un énoncé général. Dans ce cas, comme dans l'autre, il y aura lieu à appliquer la même règle, et l'énoncé particulier dérogera au général.

La loi 7, au Digeste, *de supellect. leg.*, nous offre un exemple du premier cas. Celse rapporte, dans le 1.er §., l'opinion de Tubéro, et parait l'approuver ; mais il la repousse entièrement vers la fin de la loi.

« Tubéro essaie de définir ainsi ce qu'on entend par
» meuble : tout instrument du père de famille propre aux
» usages ordinaires de la vie , et qui n'est pas susceptible
» d'être classé dans une autre espèce d'objets ; par exemple,
» les provisions alimentaires, l'argent, les vêtemens, les or-
» nemens, les instrumens aratoires , ou qui servent dans la
» maison. Et il ne faut pas s'étonner (1) (ni par conséquent
» changer la définition), si le temps et les usages de la cité
» ont fait varier l'acception de ce mot ; car autrefois on se
» servait de meubles de terre, de bois, de verre, d'airain ;
» aujourd'hui les meubles sont en ivoire , en écaille de
» tortue, en argent, même en or et en pierres précieuses :
» en sorte que c'est plutôt la forme que la matière que l'on
» considère dans les meubles ; on ne demande pas tant si
» c'est un vêtement, que s'il est en or. Servius avoue qu'il
» faudrait examiner dans quel sens celui qui a légué des
» meubles, est habitué à employer ce mot. Cependant s'il
» était dans l'usage de l'employer pour désigner des choses
» qui appartiennent évidemment à une autre classe d'ob-
» jets, comme, par exemple, la vaisselle d'argent, des
» manteaux, des toges, &c. &c., il ne pense pas que ces
» choses fussent comprises dans le legs des meubles : car
» on doit interpréter les mots, non pas selon l'opinion

____

(1) Ici c'est le sentiment de Celse.

» particulière de chacun, mais bien d'après le commun
» usage. Tubéro, ajoute Celse, ne partage pas ce senti-
» ment ; car, quel est l'office des mots, selon lui, si ce
» n'est de rendre les idées de celui qui parle? Et certes
» je ne crois pas (c'est toujours le sentiment de Tubéro)
» qu'une personne dise autre chose que ce qu'elle pense,
» parce qu'elle aura employé, pour dire cette chose, le mot
» qu'elle emploie habituellement. En effet, les mots sont
» faits pour exprimer les idées , et personne n'est censé
» avoir dit ce qu'il n'a pas eu réellement dans l'esprit. Mais,
» continue Celse, quelque imposantes que soient pour moi
» l'autorité et la sagesse de Tubéro, je me range à l'avis
» de Servius : je ne puis concevoir que quelqu'un ait parlé
» (juste), lorsqu'il n'a pas employé, pour désigner l'objet
» dont il parle, le mot qui lui est propre ; car , bien que
» son intention doive certainement prévaloir sur les mots
» dont il s'est servi , il n'en est pas moins vrai que per-
» sonne n'est censé s'exprimer sans le secours des mots , à
» l'exception de ceux qui ne peuvent parler , &c. &c. »

Ici l'on voit que Celse justifie d'abord la définition de
Tubéro, ce qui supposerait qu'il l'adopte. La conséquence
de cette définition serait que le mot *meuble*, employé
comme objet d'un legs, devrait s'entendre des objets pré-
cieux dont parle la loi, puisque autrefois ces objets, for-
més de matières communes, étaient comptés parmi les
meubles : cependant, par les motifs exprimés dans la loi,
on voit que le jurisconsulte se prononce pour une opinion
différente, qui est celle de Servius.

Autre exemple : La loi 20 , au Digeste, *de rebus credi-*

tis , &c. &c. , porte : « Si je vous avais donné une somme
» d'argent pour que vous me fissiez le prêt de cette somme,
» on demande si cette somme serait (réellement) prêtée ?
» J'ai répondu , dit Julien, auteur de la loi, que, dans de
» tels énoncés, nous ne faisions pas usage des mots propres;
» un pareil contrat n'est ni une donation, ni un prêt. Il
» n'est pas une donation, car l'argent n'a pas été remis avec
» l'intention qu'il devînt la propriété pleine et entière de
» celui qui le recevait : il n'est pas un prêt, car ce contrat
» avait plutôt pour objet de libérer l'acceptant de son obli-
» gation, que d'engager l'autre à titre d'emprunteur. Ainsi
» donc, si celui qui a reçu la somme, à condition qu'il me
» la prêterait, en a ensuite donné quittance à l'autre, cette
» somme n'est pas (réellement) prêtée; je suis plutôt censé
» avoir reçu mon propre argent : mais, ajoute le juriscon-
» sulte en terminant , toutes ces choses ne sont vraies
» que quant à la subtilité des mots; il est plus naturel de
» décider que les deux contrats sont valables. »

On voit que le jurisconsulte , après avoir consacré le
texte presque tout entier à discuter et à approfondir la
question proposée, de manière à ne laisser aucun doute
sur la solution à rendre, rejette tout-à-coup cette solution ,
et embrasse une opinion contraire , qui est la loi.

J'ai dit que les dernières parties de la loi pouvaient
contenir des énonciations générales, et les premières des
énonciations spéciales qui dérogeaient aux dernières; voici
un exemple de ce cas : La loi 10, au Code, *fam. ercisc.*,
porte: « Toutes les fois qu'un testateur a partagé sa suc-
» cession entre ses héritiers, et a voulu que chacun d'eux

12..

» se contentât des portions qui lui étaient assignées ainsi
» que des esclaves qui en dépendaient, il est évident que
» sa volonté doit être suivie (sauf le réglement de la quarte
» falcidie) : les clauses suivantes, par lesquelles il recom-
» manderait ses esclaves en général et sans distinction à
» ses héritiers, ne changent pas cette disposition ; car la
» division est suffisamment indiquée dans les paroles
» mêmes par lesquelles il l'établit entre ses héritiers. »

Cet exemple, quoique tiré d'une disposition testamen-
taire, s'applique néanmoins à la loi, en ce sens que des
énonciations spéciales peuvent précéder des énonciations
générales et y déroger (1). On fait aussi résulter de la loi 3,
§§. 3 et 4, *de liber. et posth.*, et de la loi 1.re Cod. *de
liber. præter.*, &c., qu'une clause insérée soit au com-
mencement, soit au milieu d'un texte, se réfère à tout ce
qui précède et à tout ce qui suit. Mais il est bon de re-
marquer que les énonciations qui suivent se réfèrent plu-
tôt aux énonciations précédentes *exprimant des dis-
positions générales et principales*, qu'à celles qui ne
renfermeraient que des exceptions, ou qui sont purement
démonstratives (2).

La conclusion naturelle qui résulte de cette première
méthode de restriction, est la nécessité d'appliquer cons-
tamment, en interprétant les lois, l'importante règle de
Celse: *Incivile est, nisi totâ lege perspectâ, unâ aliquâ*

____

(1) On peut voir d'autres exemples dans la loi fin. ff. *de hæred. instit.*
L. 34, §. 1, ff. *de verb. oblig.* &c. &c.
(2) Arg. de la loi *nam quod liquidæ* 4, §. fin. ff. *de pen. leg.*

particulâ ejus propositâ judicare , vel respondere.
L. 24, ff. *de legib.* (1).

§. CXX.

Restriction de la Loi, résultant de ses motifs.

J'ai dit (§§. III et XCVII) que le motif de la loi était la mesure du sens de la loi, ce qui l'avait fait considérer par les auteurs comme la loi elle-même ; de là plusieurs conséquences.

---

(1) La rédaction des lois modernes ne permet pas de leur faire l'application de ces principes d'une manière exactement conforme à celle que l'on peut faire au droit romain.

Toutes les dispositions d'une même loi se trouvant aujourd'hui subdivisées en une foule d'articles plus ou moins courts qui appartiennent eux-mêmes à des divisions souvent très-étendues, il est rare qu'un seul article se trouve composé de parties différentes et tendant à présenter des sens divers.

J'appliquerai donc ces principes à l'ensemble des dispositions rendues sur un même objet dans plusieurs lois, titres ou chapitres, lorsque les divers énoncés qui s'éclaircissent mutuellement, peuvent être considérés comme appartenant à une même loi.

Par exemple, la dernière partie de l'article 193, Cod. de procéd., reçoit de la disposition finale de l'article 194, un éclaircissement qui aide à lever les doutes que l'on pourrait concevoir à la lecture du premier article. (Une loi du 3 septembre 1807 a donné l'explication complète que réclamait cette matière.)

Pareillement, l'article 477 du même Code, porte « que le tribunal » devant lequel le jugement attaqué (par la tierce opposition) aura été » produit, pourra, suivant les circonstances, passer outre ou surseoir. » Il est évident que cet article ne peut s'entendre que du cas où la tierce opposition est *incidente,* ce qui résulte du rapprochement des articles précédens, et de la nature des choses.

1.° Le motif de la loi cessant, la loi cesse avec lui (1);

2.° Le motif de la loi se trouvant limité, l'effet est limité avec lui (2);

3.° Le motif de la loi étant corrigé, la loi sera aussi corrigée (3).

Il résulte encore de là que l'on devra abandonner même l'acception propre et régulière des mots, pour s'attacher au motif de la loi (4), et que ce qui serait douteux quant à l'expression, cessera de l'être par la connaissance du motif de la loi.

Voyons des exemples.

L'édit des édiles impose comme obligation à ceux qui vendent des bêtes de somme, de faire connaître à l'acheteur les maladies ou les vices dont se trouvent atteints les animaux qu'ils vendent; s'ils ne remplissent pas le vœu de la loi, l'acheteur a contre eux l'action rédhibitoire (5). On demande si la loi doit s'entendre du cas où le vendeur vendrait un cheval boiteux ou borgne, car elle n'en a pas parlé? On répond que non (6). Cependant on objecte que les termes de l'édit n'exceptent aucun cas; mais le jurisconsulte réfute ainsi l'objection: Quel est le motif de l'édit?

---

(1) L. *quod dictum,* ff. *de pactis;* L. *de eo,* et L. *quid enim* et seq. ff. *de judic.*

(2) L. *cancellaverat,* ff. *de his quæ in testament. aci. facit.*

(3) L. 1, in principio, ff. *de legitim. tutel.* — Authentic. *ingressi,* in fin.; L. *generali,* C. *de ss. eccles.*

(4) L. 63, ff. *de œdilit. edict.* (*Voyez* Forster, *Interpr.* lib. 2, cap. 3, n.° 15.)

(5) L. 1, ff. *de œdil. edict.*

(6) L. 1, §. *si intelligitur,* ff. cod.

d'empêcher que l'acheteur ne soit trompé (1) ; or, l'acheteur n'est pas trompé toutes les fois qu'il peut voir par lui-même le vice dont est atteint le cheval. Ici le motif de la loi cessant, il est évident que la loi cesse avec lui. Autre exemple : il résulte des termes du sénatusconsulte Velléien qu'aucune femme ne peut valablement s'obliger comme caution d'un tiers (2) ; cependant le même sénatusconsulte (3) déclare que cette disposition n'est pas applicable à la femme qui a trompé le créancier, en déclarant qu'elle s'obligeait pour son propre compte , tandis qu'elle s'obligeait réellement pour un tiers , attendu que le motif de la loi n'est plus applicable. Quel a été le but de la loi ? de venir au secours de la faiblesse du sexe, et non d'aider la fraude : *Infirmitas*, dit Ulpien, *non calliditas auxilium meruit* (4).

De là est née la règle particulière : *Quod favore aliquorum introductum est , non debet unquàm contra ipsorum commodum produci* (5). « Ce qui a été introduit pour l'avantage de quelques personnes , ne peut pas être tourné à leur préjudice. » En effet, il est telle loi qui , entendue selon ses termes , devrait avoir son effet même contre celui pour lequel elle a été faite : mais le motif de la loi , par conséquent sa volonté , s'y opposent; car elle a

____

(1) §. 1 cod.

(2) L. 2, ff. *ad senatusc. Velleian.*

(3) §. 3.

(4) Ibid. *Voyez* d'autres exemples dans les lois *pactum*, ff. *de pactis ;* — *de eo*, ff. *de judic.* &c. &c.

(5) l. *quod favore*, C. *de legib.* ; l. *nulla*, ff. eod. tit.

eu pour but de venir au secours et non de nuire. Par
exemple, la loi *juris gentium*, §. *ait prætor*, ff. *de pac-
tis*, porte que les pactes faits de mauvaise foi ne sont pas
obligatoires (1). En suivant rigoureusement les termes de
cette loi, on devrait dire que tout pacte, toute transaction
de cette nature, sont absolument sans valeur, même sur la
demande formelle de celui qui a été trompé ; cependant
on décide le contraire, et l'on écoute celui qui a été trompé
lorsqu'il demande le maintien d'un pareil pacte ou d'une
pareille transaction (2). Quel est le fondement de cette dé-
cision, qui paraît en opposition avec les termes de l'édit ?
Le motif même de la loi. Elle a voulu venir au secours de
celui qui a été trompé, et non du trompeur ; or, ce qui a
été conçu dans le but de secourir une personne, ne doit
pas être tourné contre elle, &c. &c. La même règle de dé-
cision s'applique, dans le droit romain, aux engagemens
contractés par les mineurs. Ces engagemens étaient nuls
quant aux mineurs, en cas de lésion ; ils étaient valables, si
leur condition en devenait meilleure. C'est ainsi qu'on fait
résulter du motif de la loi la nécessité de la restreindre.

Mais on ne doit pas abandonner facilement les termes,
et l'on doit toujours présumer qu'ils représentent exacte-
ment la pensée du législateur (3).

---

(1) *Pacta conventa, quæ neque dolo malo, neque adversus leges,
plebiscita, senatusconsulta, edicta principum, neque quò fraus cui
eorum fiat, facta erunt, servabo.*

(2) L. *transact. finit.* C. *de transact.*

(3) *In dubio, si de ratione non planè certi simus, melius est verbis
legis servire.* (L. 1, §. *licet autem*, 20, ff. *de exercit. action.*) *In re igitur*

Que si le motif et par conséquent la volonté de la *loi*
sont évidens, alors il faut suivre cette volonté et s'attacher
à ce motif; « car, dit la loi 13, §. 2, ff. *de excusat. tutor.,*
» quoique les paroles de la loi présentent un sens véri-
» table, cependant le législateur veut autre chose (1).

§. CXXI.

Mais comment s'assurera-t-on que le motif de la loi est
assez clair, assez précis, pour qu'on doive lui sacrifier
les mots ?

On en aura la certitude, toutes les fois, 1.° qu'on le
trouvera exprimé dans l'une des parties de la loi ; 2.° dans
les autres lois positives ; 3.° enfin, lorsqu'on pourra le faire
résulter d'argumens décisifs tirés de la législation ou d'ail-
leurs (2). Ainsi les auteurs (3) considèrent comme un
motif suffisamment exprimé, l'intention contraire du légis-
lateur ; car, ce qui a été introduit par lui dans un certain
but, ne saurait être appliqué à un but contraire. C'est
d'après ce principe que le fisc qui succède n'est pas tenu de
venger la mort du défunt , comme y aurait été tenu celui

---

*dubia melius est verbis edicti servire ; cùm ea præsumatur legis sen-
tentia , quam verba demonstrant.* (L. *Labeo* 7 , §. fin. *de supell. legat.*)
Etiamsi lex dura videatur. (L. *prospexit* 12, ff. *qui et à quibus manumit.*)

(1) *Etsi maximè verba legis hunc habeant intellectum , tamen mens
legislatoris aliud vult.*

(2) Confer. Gloss. in l. *quamvis,* C. *de fideicomm.*—Arg. leg. 2, C. *de
liber et posth.*

(3) Stephan. de Federic. pars 1, n.° 132. — Donell. Comment. jur.
civ. cap. 13, n.° 10.

auquel il enlève la succession (1). De même celui qui
n'use pas du bénéfice introduit par une loi , ne contre-
vient pas à cette loi (2). Ce qui a été établi en haine de
certains actes ou de certaines personnes , ne saurait être
entendu dans un sens favorable à ces actes ou à ces per-
sonnes (3) , et réciproquement.

C'est d'après le même principe qu'il faut entendre le
sénatusconsulte Velléien dont j'ai déjà parlé, et le séna-
tusconsulte Macédonien, fait principalement en haine des
usuriers. Il est évident que l'intention du législateur, et
par conséquent le motif de la loi, résultent du but direct
qu'il s'est proposé ; car il veut nécessairement par-là éviter
le but contraire.

Un autre argument qui décèle le motif de la loi, résulte
de la parité. Par exemple , on demande si un individu ,
parent à un certain degré, peut être entendu dans une af-
faire ? La loi décide que non. Cependant on limite cette
décision en ce sens , que si l'individu est parent au même
degré des deux parties, il pourra être entendu (4); car il
y a parité. De même, aux termes de la loi *si mora*, ff. *de
solut. matrim.*, celui qui est en retard est tenu des événe-
nemens fortuits, des accidens , &c. &c. ; mais il faut en

---

(1) L. *quia poterat*, §. fin. ff. *ad Trebell.*

(2) L. *speciem*, ff. *de his quæ in fraud. credit.*

(3) L. *eleganter*, ff. *de dolo ;* l. *Julianus*, §. *si quis colludente*,
ff. *de action. empti*, et l. *cùm profitearis*, C. *de revocand. donat.*

(4) Cap. *postremo* Extrav. *de appell.* l. *non solùm*, §. *adoptivus*,
ff. *de ritu nuptiar.*

excepter le cas où la partie adverse serait elle-même en retard ; il y a encore parité.

On considère aussi comme argumens propres à déceler le motif de la loi et à autoriser la restriction,

1.° Le raisonnement qui conduirait à l'absurde, si la loi n'était pas restreinte (1) ;

2.° Le préjudice qu'éprouverait un tiers, si la restriction n'avait pas lieu (2) ;

3.° Le dommage qu'il souffrirait injustement ;

4.° La qualité de la matière ; par exemple, si elle est odieuse. *(Consil. Marpurg. 9.)*

Au reste, la restriction cesse, même dans ces cas, 1.° lorsque le législateur a formellement prescrit que la loi serait entendue et appliquée selon ses termes, sans interprétation (3) ; 2.° lorsque la loi n'exprime pas de motif, et qu'on ne peut lui en assigner aucun (4); 3.° lorsqu'il s'agit d'empêcher la perte d'un gain légitime (Clém. 1 et Gloss.); 4.° lorsqu'il importe à l'intérêt public que la loi soit entendue sans restriction (5) ; 5.° lorsque la loi , redoublant ses expressions , paraît s'opposer à toute restriction (6) : cependant Coraz n'admet cette dernière res-

---

(1) L. *scire oportet*, §. *aliud*, ff. *de excusat. tut.* — Everhard, *Loc. arg. leg.* 5, n.° 10.

(2) L. *si quando*, in principio, C. *de inoff. testam.*

(3) L. *prospexit*, ff. *de legib.*

(4) L. 1, §. *si quis navem*, ff. *de exercitor.*

(5) L. *si quis in gravi*, §. *utrum*, ff; l. 1, §. *nunciatio*, ff. *de nov. oper. nunciat.*

(6) L. *pluribus*, 6, ff. *de accept.*

triction que lorsque l'ensemble du texte l'autorise d'une manière évidente. *(Arg. I. illud, ff. ad leg. Aquil.)*

§. CXXII.

Restriction de la Loi, résultant de l'équité.

Pour exposer des principes clairs sur cette matière, il importe d'adopter de bonnes divisions, et de s'exprimer correctement.

Il y a trois espèces d'équité :

1.° L'équité naturelle proprement dite ;

2.° L'équité civile ;

3.° L'équité d'interprétation ou d'application.

L'équité naturelle est définie par le président Bouhier : *Lueur de raison que la nature a imprimée dans tous les hommes* (1).

L'équité civile est définie par les jurisconsultes : « Raison » probable qui n'est pas naturellement connue de tout le » monde, mais bien d'un petit nombre d'hommes qui, » doués de sagesse, de lumières, et consommés dans l'ex- » périence des affaires humaines, ont appris à connaître » les choses les plus convenables à la conservation de la » société (2). »

Ainsi, par exemple, l'équité naturelle veut que tout possesseur de la chose d'autrui soit forcé de la lui rendre, en quelque temps qu'il la lui demande ; mais l'équité civile

---

(1) *Observat. sur la Coutum. de Bourgogne*, chap. 11, n.° 44.

(2) Calvin. *Lexic. jurid.* et Tulden. *de Caus. corrupt. judic.* lib. 2, cap. 8.

modifie ce principe; et, considérant le danger qu'il y aurait
à laisser les propriétés perpétuellement incertaines, elle
veut qu'après un certain nombre d'années, le possesseur
soit présumé propriétaire et ne puisse plus être recherché:
de là la prescription.

On voit par-là que ces deux sortes d'équité sont exclu-
sivement du domaine du législateur, et qu'elles ne peuvent
être confondues avec l'équité d'interprétation, dont je vais
parler.

§. CXXIII.

Une loi étant rendue, il s'agit de savoir si, par des motifs
tirés de l'équité, on pourra en restreindre le sens.

Les lois romaines semblent se contredire sur ce point.

Cependant, si on les classe bien, si on les explique bien,
les contradictions disparaissent.

J'ai établi dans les paragraphes précédens que la loi était
susceptible d'extension ou de restriction, selon que son
motif devenait plus ou moins grave, plus ou moins étendu;
car le motif de la loi en est la mesure. D'où il suit que la
loi est inapplicable dans les cas où son motif a cessé. On
pourra, par une analogie exacte, décider que, dans les cas
où il y aurait iniquité à appliquer la loi, elle ne saurait
l'être; et que, quelque étendus que soient les termes, la
loi sera restreinte et cessera dans ces cas. C'est proprement
le vœu et le sens des règles suivantes: *In omnibus quidem,
maximè tamen in jure, æquitas spectanda est (l. in
omnibus, ff. de reg. jur.). Benigniùs leges interpre-
tandæ sunt, quò earum voluntas conservetur (l. beni-*

*gniùs, ff. de legib.). Benignè temperare, et æquitate,
seu naturalis juris moderamine temperare (l. non sine,
C. de bonis quæ liber.).*

Mais on remarque à quelle condition l'équité est permise
par ces règles. *L'humanité, l'équité,* dont elles parlent,
doivent servir à tempérer, à modérer le droit, et non à le
détruire. « Nous voulons que, dans toutes les affaires,
» disent les empereurs (1), on suive plutôt la justice et
» l'équité que la rigueur du droit. » C'est-à-dire, lorsque
le droit s'exprime en termes généraux, et que des cas se
présentent où il serait injuste et inique de l'appliquer ;
comme alors il y a opposition évidente entre la justice,
l'équité, et le droit tel qu'il est écrit, nous suivons l'équité
et nous abandonnons le droit, qui n'est plus que le droit
strict fondé sur la seule autorité des mots, contraire au
sens et à la volonté de la loi.

Par exemple, le sénatusconsulte relatif à la pétition
d'hérédité dispose que le possesseur de l'hérédité doit
restituer, après la demande, tout ce dont il était redevable
au moment même de la demande (2). Les termes de ce
sénatusconsulte s'appliquent au possesseur de bonne foi
comme au possesseur de mauvaise foi (3). On demande si
le possesseur de bonne foi devra néanmoins être tenu des
pertes (en bêtes de somme, troupeaux ou autres), sur-

----

(1) L. *placuit,* C. *de judic.*

(2) L. *illud* 20, ff. *de hered. petit.* — *Ut post acceptum judicium id
actori præstetur, quod habiturus esset, si eo tempore, quo petit, resti-
tuta esset hereditas.*

(3) L. *sed etsi,* §. *si antè,* ff. *de petit. her.*

venues depuis la litiscontestation (ou le commencement
de l'instance). Mais le jurisconsulte Paul décide que non ,
parce qu'il y aurait dureté et injustice (1). *Nec enim debet
possessor, aut mortalitatem præstare, aut propter me-
tum hujus periculi temerè indefensum jus suum relin-
quere.* Pareillement, d'après la loi *nemo*, §. 1, ff. *de verb.
oblig.*, si la chose a péri entre les mains du débiteur après
qu'il a été mis en demeure , il n'est pas moins tenu de
la rendre que si elle existait encore. A s'en tenir aux termes
de cette loi , il faudrait décider qu'une fois le débiteur mis
en demeure , s'il offre ensuite la chose au créancier, que
celui-ci la refuse sans motifs, et qu'elle périsse , le débiteur
n'en sera pas moins tenu; mais Celse repousse cette déci-
sion , comme contraire à l'équité , quoique conforme aux
termes de la loi (2). « Celui qui a été en retard de payer
» l'esclave qu'il avait promis, peut réparer ce retard en of-
» frant ensuite l'esclave; car c'est là une question de pure
» équité : or, dans cette matière, dit le jurisconsulte, on
» commettrait de graves erreurs si l'on ne consultait que les
» principes du droit (3).

§. CXXIV.

Je viens d'établir que l'interprétation dans laquelle l'é-
quité est employée pour tempérer la rigueur du droit ,

___

(1) L. *illud*, ff. *de petit. hered.*
(2) L. *si servum*, §. *sequitur*, ff. *de verb. oblig.*
(3) *Eum, qui moram fecit in solvendo stico quem promiserat, posse
emendare eam moram posteà offerendo : esse enim hanc quæstionem de
bono et æquo ; in quo genere PLERÙMQUE SUB AUCTORITATE JURIS
SCIENTIÆ PERNICIOSÈ ERRATUR.*

était conforme au sens de la loi ; je vais prouver que telle est la volonté de la loi.

Benigniùs leges interpretandæ sunt, dit Celse, *quò earum voluntas conservetur.* C'est donc se conformer au vœu de la loi que d'interpréter avec ce tempérament, car la loi est précisément ce qu'elle a voulu, *Lex est, id quod lex voluit* (1) ; et cette volonté est fondée sur les définitions mêmes du droit : *Jus est ars æqui et boni* (2) ; *est ars ad justitiam ferens* (3). Or, nous ne pouvons pas concevoir que le législateur veuille modifier le droit naturel, de telle sorte que le droit civil ne puisse pas, dans de certains cas évidemment contraires à l'équité, recevoir des exceptions (4).

Mais cette doctrine, qui est appuyée sur plusieurs lois romaines, parait contraire à la loi première au Cod. *de legib.*, qui porte : *Inter æquitatem jusque interpositam interpretationem, nobis solis et oportet et licet inspicere.* « En matière d'interprétation, lorsqu'il s'agit d'exa » miner si l'on doit suivre le droit ou l'équité, c'est à nous » seuls qu'il appartient de prononcer. » Une explication judicieuse de cette loi fera disparaitre, ainsi que je l'ai dit en commençant, l'espèce d'antinomie qu'elle parait présenter.

---

(1) L. *non dubium*, C. *de legib.*

(2) L. 1, ff. *de just et jur.*

(3) Ibid.

(4) *Civilis ratio naturalia jura corrumpere non potest.* L. 8 *de cap. minut.* ff.

Quel est le vœu des lois précédentes? que l'équité tempère, modère le droit. *Benigniùs leges interpretandæ sunt, quò voluntas earum conservetur* (1). *Placuit præcipuam esse æquitatis scriptæ, quàm scripti juris rationem* (2), &c. Or, que supposent ces lois? qu'un droit quelconque existe. Que veulent-elles? qu'il soit interprété conformément à l'équité. Il résulte de là que, tant que le droit existe, il doit être interprété d'après les règles de l'équité, car tel est le vœu de la loi. Mais si, sous le prétexte de faire prévaloir l'équité, on allait jusqu'à détruire le droit en totalité ou dans ses principales parties, alors sans doute on usurperait les fonctions du législateur; on irait contre le vœu de la loi; et ce serait le cas d'appliquer la loi 1.re au Cod. *de legib.* Telle est la conciliation naturelle de ces textes.

Ainsi, en faisant un usage légitime de l'équité dans l'interprétation des lois, nous suivons le véritable sens de la loi, nous accomplissons sa volonté, qui est la conservation de ce sens dans toutes ses parties:

Au reste, les auteurs apportent une sage restriction à l'usage de l'équité, même dans ce cas. En effet, quel est le premier devoir de l'interprète? de rechercher la volonté du législateur (§§. LXX et LXXII). Or, s'il résulte des termes de la loi que le législateur a voulu qu'on lui obéît dans tous les cas, et que tout accès à l'équité fût interdit, l'interprète doit respecter sa volonté, et appliquer la loi

----

(1) L. *benigniüs*, ff. *de legib.*
(2) L. *placuit*, ff. *de legib.*

dans toute sa rigueur. C'est le sens de la loi *prospexit*, ff. *qui et à quibus manumiss. liber.*

Ainsi, la loi *Julia, de adulteris*, dispose qu'une femme soupçonnée d'adultère, qui est en instance de divorce, ne peut affranchir ni aliéner absolument aucun de ses esclaves, pendant les soixante jours qui suivent le divorce (1). D'après les termes de cette loi, la femme ne peut aliéner ni les esclaves qui ne sont pas à son service, ni ceux qui sont dans les champs ou à la campagne, ou qui, dans tout autre éloignement, seraient hors d'état de rendre un témoignage utile sur le fait de l'adultère. Ulpien avoue que cela est, non-seulement dur, mais très-dur, *quod quidem perquàm durum* (2) ; car, on lui ôte par-là le droit de disposer de ses esclaves, qui sont sa propriété (3). *Sed lex ità scripta est*, ajoute Ulpien (4) ; par conséquent il faut l'exécuter dans toute sa rigueur. *Ipsa igitur quæ divertit, omnes omnimodo servos suos manumittere vel alienare prohibetur: quia ità verba faciunt, ut ne eum quidem servum qui extra ministerium ejus mulieris fuit, vel in agro, vel in provincia, possit manumittere vel alienare. Quod quidem perquàm durum est : sed ità lex scripta est.* (*L. prospexit, §. 1, ff. qui et à quib. manumiss.*) Quel est le fondement de l'opinion d'Ulpien? C'est que les termes de la loi lui paraissent exclure tout moyen d'interprétation par

---

(1) L. 3, C. *de adulter.* D. l. *prospexit* ff.
(2) D. l. *prospexit ;* l. *illud,* ff. *de petit. hered.*
(3) L. 2, ff. *de his qui sui vel alien. jur. sunt.*
(4) D. l. *prospexit, §. 1.*

l'équité ; car, lorsque la loi se prononce pour tous les cas, il est évident que sa volonté est qu'elle s'applique dans tous les cas (1). Quant à l'observation que la loi est inique, qu'elle n'aurait pas dû être ainsi rendue, que toute loi doit avoir pour résultat nécessaire de consacrer les principes éternels de la justice et non de les violer, ces observations et autres semblables sont hors des attributions de l'interprète, et rentrent dans le domaine du législateur. De là est née évidemment la maxime de Julien : *Non omnium quæ à majoribus constituta sunt, ratio reddi potest*. Cependant il importe de bien entendre cette maxime elle-même :

---

(1) Je trouve, dans une dissertation récente d'un jurisconsulte hollandais, M. Cock *(Disputatio de argumento ab analogia)*, une opinion contraire à celle que j'ai plusieurs fois professée dans ce traité, savoir, que le motif de la loi est la loi elle-même. Ce jurisconsulte fait résulter des termes dont se sert Ulpien dans la loi que je viens de rapporter, que les motifs de la loi et sa volonté ne sont pas les mêmes ; d'où il faut tirer la conséquence, selon lui, que ce motif n'est pas non plus la loi. « *Quòd* » *si verò sententiam legis et rationem iisdem finibus circumscriptam* » *esse credidisset, nequaquàm ità respondere potuisset Ulpianus.* »

Mais qui ne voit que la loi a ici deux motifs, l'un exprimé, l'autre non exprimé ? Ce dernier est la crainte de la fraude. Il ne serait pas toujours très-difficile, en effet, de faire passer un esclave présent pour absent ; car la position de la femme doit lui suggérer tous les moyens possibles de se soustraire à l'action intentée contre elle. La loi n'a pas voulu embarrasser la preuve du fait capital de l'adultère, de toutes les difficultés particulières relatives au témoignage. L'importance de ce but même lui a paru supérieure à l'inconvénient éventuel de blesser la femme dans son droit de propriété. Ainsi la loi, dans ce cas, aura deux motifs.

On sent maintenant que de la réunion de ces deux motifs (qui ont l'un et l'autre le même objet), résulte la volonté réelle du législateur, et comment j'ai eu raison de dire avec Doneau, Everhard et autres, que le motif ou les motifs de la loi étaient la loi elle-même.

13..

elle ne signifie pas qu'il puisse y avoir des lois dépourvues
de motifs ; car la loi étant définie le précepte (réfléchi)
des hommes sages (1), comment concevoir qu'elle ne soit
pas toujours accompagnée d'un motif ? (*Voyez* § LXVII
suprà.) Mais cela signifie que le motif ne nous est pas
toujours connu, quelque excellent qu'il soit d'ailleurs ;
c'est-là même ce qui nous donnera le vrai sens de la loi
prospexit (2). En effet, ce qui nous paraît injuste, inique
d'après les termes, peut au fond être juste et équitable
d'après le motif. Or, ce motif n'en existe pas moins, quoi-
qu'il ne nous soit pas connu ; car, il ne nous est pas tou-
jours possible de déduire le motif des lois. De là cette con-
séquence exprimée par la loi 21, ff. *de legib.*, qu'il ne
faut pas rechercher le motif des lois : *Et ideò, rationes
eorum quæ constituuntur, inquiri non oportet ; alio-
quin multa ex his quæ certa sunt, subvertuntur.* Enfin
cette dernière loi elle-même demande une explication. En-
tendue dans son sens simple et direct, elle énonce un prin-
cipe faux. Loin qu'il ne faille pas rechercher le motif des
lois, cela est nécessaire pour plusieurs raisons ; d'abord,
pour ne pas faire l'application d'un sens qui serait contraire
au motif de la loi, motif que nous avons dit être la loi elle-
même ; ensuite, pour donner à la loi, et d'après son propre
vœu, l'extension ou la restriction qui résulte de son motif.
Mais le véritable sens de cette loi est que, dans l'impossibi-
lité réelle de trouver ce motif, ou jusqu'à ce que nous en

---

(1) L. 1, ff. *de legib.*
(2) ff. *qui et à quibus manumiss.*

ayons trouvé un autre différent de celui que nous connaissons, nous ne pouvons nous refuser à faire l'application de la loi ; car, sans cela, le droit n'aurait plus aucune certitude : *alioquin multa ex his quæ certa sunt, subvertuntur.*

§. CXXV.

Restriction résultant de la Raison naturelle.

Quelque affinité que paraissent avoir entre elles la raison naturelle et l'équité, j'ai trouvé des nuances très-prononcées entre les méthodes spéciales de restriction qu'elles fournissent l'une et l'autre, et c'est ce qui m'a déterminé à les séparer.

En principe, une loi générale est toujours restreinte, sous quelques rapports, par la raison naturelle, qui est réputée loi écrite (1). Ainsi, de même qu'on n'est pas censé comprendre dans l'obligation générale ce qu'il n'est pas vraisemblable que l'un des contractans eût exigé de l'autre (2), de même qu'un mandat général n'est pas censé embrasser ce qui sort des limites naturelles du mandat (3) ; de même aussi le législateur n'est pas censé avoir compris dans la loi ce qu'il n'eût pas voulu y insérer, si on l'eût interrogé sur ce point (4) : car la loi est le précepte réfléchi des hommes sages, avons-nous dit. Or, elle n'est pas

---

(1) L. *scire oportet,* §. *sufficit,* ff. *de excusat. tutor.;* l. *indebitam,* ff. *de condict. indeb.*

(2) L. *obligatione generali,* ff. *de pignor.*

(3) L. *si filius,* ff. *de donat.*

(4) Arg. l. *tale pactum,* §. fin. ff. *de pactis.*

censée renfermer, selon Aristote (1), ce que désapprou-
verait un homme sage et juste.

Les conséquences de ce principe sont qu'une loi, quel-
que générale qu'elle soit, est toujours présumée exclure ce
qui serait honteux ou contraire aux bonnes mœurs (2) :
ainsi, dans le legs des vêtemens, on ne doit pas comprendre
ceux que les lois ou les bonnes mœurs défendent de por-
ter (3) ; tels seraient, par exemple, ceux qui paraîtraient
destinés à l'exécution d'un crime, à la pratique de la
fraude, &c. &c. (4). Ainsi les lois romaines décident que
tout ce qu'acquiert le fils de famille ou l'esclave, est ac-
quis au père ou au patron (5); cependant elles en exceptent
ce qui résulte d'un gain illicite ou honteux. Le locataire
qui a promis de n'avoir pas de feu dans la maison qu'il a
louée, n'est pas censé s'être interdit la faculté d'avoir le feu
nécessaire pour le nourrir (6). Ainsi la loi qui s'en remet
au serment du demandeur pour fixer la quotité de la de-
mande, doit être entendue avec cette restriction que, si
la fixation est excessive, le juge puisse la réduire (7) ;
ainsi le père qui a confié au tuteur le soin de marier sa
fille, est présumé avoir interdit au tuteur de se marier avec
elle. La décence et l'honnêteté, disent les lois romaines,

---

(1) 2 *Ethic.*
(2) L. 28, ff. *de liber. et posth.*
(3) L. *cùm sponsæ,* §. *si res,* ff. *de public.*
(4) L. *in fundo,* ff. *de rei vindicat.*
(5) L. *placet,* ff. *de acquir. hered.*
(6) L. *videamus,* ff. §. *locati.*
(7) Arg. leg. *qui restituere,* ff. *de public. in rem action.*

ne sont jamais placées sous une supériorité quelconque (1).
Pareillement la loi générale doit être restreinte en ce sens,
que personne ne retire un bénéfice de son dol ou de sa
faute (2) ; que personne n'éprouve ni peine ni dommages
par suite d'actions louables ou justes (3) ; que la condition
du méchant ne soit pas meilleure que celle de l'homme de
bien, celle de l'imprudent meilleure que celle du sage,
celle du contumax meilleure que celle de l'homme qui se
conîe à la loi (4). Ainsi, celui qui tient du juge le droit de
se mettre en possession d'une chose, est réputé possesseur
de plein droit de cette chose, toutes les fois que le déten-
teur se refuse à la lui livrer, par dol ou par force (5). Ainsi,
la loi générale n'embrasse pas les cas où la piété filiale serait
blessée (6), ni les cas injustes ; car il serait absurde que la
loi, qui est réputée essentiellement juste, pût être étendue
à des cas injustes (7) : ainsi la loi doit toujours être res-
treinte en ce sens, qu'un homme ne préfère pas le gain
d'autrui au sien propre ; car, jamais la personne de celui
qui parle n'est comprise dans son énoncé général (8) : ainsi
le testateur qui substitue un tiers à son fils ou à sa fille s'ils

---

(1) L. *quamquàm*, ff. *de ritu nuptiar.*; l. *quod ex liberta*, Cod. *de
oper. liber.*, et l. *Quintus Mutius*, ff. *mandatis.* Ce motif n'est pas la
cause directe de la défense ; mais on sent qu'il en est la cause éloignée.

(2) L. 1, ff. *de dolo*; l. *uxori*, ff. *de usufruct. legat.*

(3) L. *Gracchus*, C. *de adulter. &c. &c.*

(4) L. *quod servus*, ff. *quod vi aut clàm.*

(5) Extrav. *de dol. et cont.*

(6) L. *minimè*, ff. *de religios.*

(7) Arg. *leg. pœn.* ff. *ad exhib.*

(8) L. *inquisitio*, C. *de solution.*

meurent sans enfans, est censé parler d'enfans légitimes(1).
Je n'étendrai pas davantage cette série d'exemples ; il est
facile de les multiplier dans la pratique, en prenant pour
règle constante que le droit naturel est réputé droit écrit (2)
(*car*, dit Sénèque, *il est des choses non écrites qui sont
préférables aux choses écrites*), et qu'il est le supplé-
ment du droit positif.

§. CXXVI.
Restriction résultant des Lois positives.

J'ai déjà dit (§. CIX) que toutes les lois positives
agissaient les unes sur les autres, de manière à s'interpréter
mutuellement, et qu'on pouvait appliquer à la législation
entière les mêmes règles d'interprétation qu'on applique-
rait à une loi composée de plusieurs paragraphes. Cette
doctrine a besoin d'être développée.

Sans doute les lois anciennes peuvent être abrogées ,
restreintes, interprétées par les lois nouvelles ; ce sont des
effets naturels de la volonté du législateur, qui peut, ainsi
que je l'ai dit, modifier à son gré toutes les parties du
droit. Mais lorsqu'une loi nouvelle déroge à une loi anté-
rieure, on ne doit pas oublier que la cause de la déroga-
tion est toute entière dans la volonté de la loi postérieure ,
et non dans les termes ni dans l'esprit de la loi antérieure,
qui a dû être interprétée dans toute son étendue jusqu'à
la dérogation. Dans le cas contraire, lorsqu'il s'agit de la
dérogation d'une loi nouvelle générale sur une matière par

---

(1) L. *ex facto*, ff. *ad Trebell.*
(2) L. *immò magnæ*, ff. *de legib.*

une loi spéciale antérieure sur la même matière, il faut poser en principe :

1.° Que, dans ce cas comme dans l'autre, il y a dérogation, en vertu de la règle, *in toto jure, generi per speciem derogatur* ;

2.° Que, dans ce second cas, la cause de la dérogation est toujours dans la volonté de la loi nouvelle générale, qui a laissé subsister la loi antérieure en totalité ou en partie, et qu'elle a en quelque sorte adoptée, comme faisant partie de ses propres dispositions ; c'est-là le sens des lois romaines : *Non est novum, ut priores leges ad posteriores trahantur* (1). *Ideò, quia antiquiores leges ad posteriores trahi usitatum est ; et semper quasi hoc legibus inesse credi oportet, ut ad eas quoque personas et ad eas res pertinerent, quæ quandoquè similes erunt* (2). *Sed et posteriores leges ad priores pertinent, nisi contrariæ sint ; idque multis argumentis probatur* (3).

Conformément à ce principe, nous dirons : Lorsqu'une loi nouvelle spéciale déroge à une loi antérieure générale sur la même matière, tout ce que comprend la loi spéciale sera sans doute retranché de la loi antérieure, comme n'exis-

---

(1) L. 26, ff. *de legib.* Il n'est pas nouveau que l'on rattache les anciennes lois aux lois postérieures.

(2) L. 27, cod. tit. Cela est fondé sur l'usage où l'on est de les rattacher ainsi ; et comme s'il était constamment écrit dans les lois, qu'elles s'appliqueront aux mêmes personnes et aux mêmes choses, toutes les fois qu'il y aura lieu.

(3) L. 28, cod. tit. Il est prouvé de mille manières que les lois postérieures se rattachent aux lois précédentes, à moins qu'elles ne leur soient contraires.

tant plus, et l'ancien droit subsistera et conservera toute sa force pour tout ce qui n'a pas fait l'objet de la loi nouvelle (1). Mais comme la cause de cette dérogation est toute entière dans la volonté de la loi nouvelle, c'est dans cette volonté qu'il faudra chercher le sens et l'interprétation de la loi nouvelle. Dans le cas contraire, c'est-à-dire, lorsqu'il existera des lois spéciales sur une matière, et qu'une loi générale sera ensuite rendue sur la même matière, il faudra dire aussi que la loi générale doit souffrir les exceptions et les restrictions renfermées dans les lois antérieures, et par suite l'interprétation qui a pour but la conservation de la loi spéciale antérieure, quoique les termes de la loi nouvelle paraissent s'y opposer.

Supposons, par exemple, qu'une loi nouvelle porte, entre autres dispositions, que toute personne qui s'obligera par-devant notaire, sera tenue d'accomplir son engagement, que les parties soient présentes, absentes, solvables ou non, &c. &c.

Certainement, aux termes de cette loi, qui n'excepte personne, il faudrait décider que les femmes mariées et les mineurs seront tenus, par suite de leurs engagemens, de même que les majeurs ; cependant la décision contraire sera seule vraie, parce que la loi nouvelle ne peut être entendue qu'en la rattachant aux lois antérieures sur la même matière, par conséquent avec les modifications, exceptions et restrictions que prescrivent ces lois pour les cas qui leur sont propres. On devra donc sous-entendre, dans la

____

(1) L. *præcipimus*, in fin. C. *de appell.*

loi nouvelle, que les femmes mariées et les mineurs ne pourront valablement s'obliger, dans la forme qu'elle introduit, qu'à la condition expresse qu'ils auront satisfait d'ailleurs à toutes les formalités qui leur sont imposées par les lois antérieures spéciales qui les concernent, pour rendre leurs engagemens valables.

Mais on peut demander sur quoi l'on se fonde pour excepter de la loi nouvelle tout ce que comprend la loi antérieure spéciale, puisque la loi nouvelle n'énonce pas l'exception, et que ses termes y paraissent contraires? Nous dirons que cela est fondé sur la volonté même de celui qui a rendu la loi nouvelle. Sa volonté présumée est, qu'il laisse subsister tout l'ancien droit; il n'y déroge que lorsqu'il l'a formellement exprimé, ou lorsque sa volonté, à cet égard, résulte évidemment de la loi nouvelle (1); comme, par exemple, lorsque cette loi se trouve entièrement contraire à la loi précédente (ce qui s'établit par une foule d'argumens, d'après le jurisconsulte Paul, I. 28, ff. *de legib.*) : alors on applique la règle de Modestin, savoir, que les lois postérieures abrogent naturellement les lois antérieures, ou y dérogent (2).

Cependant il est bon de remarquer que même les lois anciennes abrogées peuvent servir à interpréter les lois postérieures (3).

____

(1) L. *si quando*, in principio, C. *de testam.*; I. *sed et posteriores*, ff. *de legib.*

(2) L. fin. ff. *de constit.* princip.

(3) Cap. *fuerunt* 2, §. *paulatim*, dist. 7, et ibi Archid.

§. CXXVII.

La restriction de la loi peut résulter de la signification propre des mots. Par exemple, le mot *consentement* exclut l'erreur, la violence, le dol (1); le mot *arbitrer* exclut le dol, l'iniquité, la lésion énorme (2).

Elle peut résulter de la forme habituelle du langage. Par exemple, lorsque nous disons, *tout le monde sait, personne ne doute*, &c. &c., il faut restreindre ces locutions aux personnes susceptibles de savoir la chose dont on parle; et c'est ainsi que l'usage les interprète (3).

Elle peut résulter de la nature de la chose ou de l'affaire dont il s'agit. Par exemple, il est de la nature de la transaction qu'elle intervienne sur des choses douteuses (4); on ne pourra donc, quelque étendus que soient les termes dans lesquels elle est conçue, l'appliquer à des choses déjà décidées (5).

La restriction peut encore résulter, 1.º de la présomption de la loi (6); 2.º de l'absurdité qu'il y aurait à interpréter la loi selon ses termes (7); 3.º enfin la restriction a lieu lorsqu'il s'agit d'éviter un préjudice fait à un tiers,

---

(1) L. 2, §. 1, ff. *de judic.*

(2) L. *si libertus,* ff. *de oper. liber.*; l. *generaliter,* ff. *de reg. jur.*; l. *si societatem,* §. *arbitratorum,* ff. *pro socio.*

(3) l. 12, ff. *qui satisd. cog.,* et l. 18, §. *asinam,* ff. *de instruct. vel instrum. legat.*

(4) L. 1, ff. *de transact.*

(5) L. *eleganter,* §. *post. rem,* ff. *de condict. indebit.*

(6) L. *cùm acutissimi,* Cod. *de fideicom.*; l. *precibus,* Cod. *de impub.*

(7) L. 13, §. 2, ff. *de excusat. tutor.*

ou d'empêcher qu'il ne soit privé d'un avantage (1), et en général dans les matières odieuses (2).

Cette règle néanmoins reçoit exception, 1.° lorsque la loi déclare formellement qu'elle doit être entendue selon ses termes (3) ; 2.° lorsque le motif de la loi est douteux (4) ; 3.° dans le cas où l'on ferait perdre indûment à quelqu'un un profit légitime (5) ; 4.° lorsqu'il est de l'intérêt public que la loi ne soit pas restreinte (6) ; 5.° lorsque la loi emploie des expressions redoublées dans sa disposition ; car des expressions ainsi répétées annoncent une volonté formelle de la part du législateur (7).

III.ᵉ PARTIE.

Interprétation déclarative.

---

§. CXXVIII.

L'interprétation déclarative a pour objet d'exposer le sens naturel et régulier de la loi ; elle est l'interprétation

---

(1) L. *si quandò* 35, in principio, Cod. *de inoff. testam.;* et l. 2, §. *si quis* 16, et §. *meritò* 10, ff. *ne quis in loc. public.*

(2) *Consil. Marpurg.* 9, n.° 91.

(3) L. *prospexit* 12, §. 1, ff. *qui et à quib. manumiss.*

(4) L. 1, *si quis navem* 19, ff. *de exercit. act.;* l. *non aliter* 69, ff. *de legat.* 3.°

(5) *Clement.* 1, et Glossat.

(6) L. *si quis in gravi* 3, §. 15, ff. *ad senatusc. Syllanian.* — Everhard, *Loc. arg. leg.* 78, n.° 11.

(7) *Bald. in cap. eam* Extrav. *de rescript.* Forster. — *Interpr.* lib. 2, cap. 3, n.° 30.

proprement dite (1) : celle qui nous donne le sens de la loi par le moyen de l'extension ou de la restriction des termes, n'est appelée qu'improprement interprétation (2).

L'interprétation déclarative a lieu dans tous les cas ; car on a toujours besoin de connaître le sens de la loi. Elle est la plus naturelle, car elle n'ajoute ni ne retranche rien au texte ; elle est même considérée comme virtuellement renfermée dans le texte (3). De là la conséquence que, lors même que la loi aurait défendu toute espèce d'interprétation, celle-là serait encore permise (4) ; car il n'est au pouvoir d'aucune loi de décider qu'on ne s'assurera pas du sens qu'elle exprime (5). De là le principe que toutes les conséquences que l'on fait résulter d'une loi par l'interprétation déclarative, sont censées exprimées dans la loi (6).

On la définit explication régulière de mots équivoques, ambigus ou obscurs, de locutions douteuses, ambiguës ou obscures (7).

On fait spécialement usage de l'interprétation déclarative,

---

(1) Simon de Præt. *de Interpr. ult. volunt.* — Chassaneus, *ad Consuetud. Burgund.* in conclus. Consuet. versic. *Interpretans*, n.º 7.

(2) Everhard, *Loc. arg. leg.* 79, n.º 4.

(3) L. *heredes palam* 21, §. 1, ff. *de testam.*

(4) Bald. in l. 1 Cod. — Bartol. in l. *omnes populi* 9, ff. *de justit. et jure.*

(5) Simon de Præt. ibid.

(6) Bolognet. ad tit. *de verbor. oblig.*

(7) Sim. de Præt. lib. 1, fol. 9, col. 2, n.º 9.

1.° Lorsque les mots sont obscurs, équivoques ou ambigus ;

2.° Lorsque les mots étant clairs, le sens de la loi est obscur, équivoque ou ambigu ;

3.° Lorsque les mots et le sens sont obscurs en même temps.

§. CXXIX.

Lorsque les mots sont obscurs et le sens clair, il y a lieu à appliquer les règles suivantes : *In ambiguis orationibus, maximè sententia spectanda est ejus qui eas protulit* (1). *In conventionibus contrahentium, voluntatem potiùs quàm verba spectari placuit* (2), &c.

Lorsque les mots sont clairs et le sens obscur, alors on suit les règles suivantes : *In re dubia verbis legis est standum* (3). *In re dubia melius est verbis edicti servire* (4).

Mais lorsque les mots et le sens sont obscurs en même temps, il faut s'attacher au sens, car c'est-là toute la loi. Ici s'appliquent les règles précédentes qui font un devoir de rechercher le sens de la loi et sur-tout la volonté du législateur ; *etenim qui ambiguè loquitur, non utrumque dicit, sed quod sensit et voluit* (5).

Mais d'où naissent les obscurités du discours, et comment connaître la pensée de la loi ?

------

(1) L. 96, ff. *de reg. jur.*

(2) L. *in conventionibus* 219, ff. *de verb. sign.*

(3) L. 1, §. *licet* 20, ff. *de exercit. act.*

(4) L. 69, ff. *de legat.* 3.°; l. 12, §. 1, ff. *qui et à quibus manum.*

(5) L. 3, ff. *de reb. dub.*

Les obscurités du discours naissent ou de l'ambiguité des mots, ou de la construction vicieuse et ambiguë de la phrase, ou de l'incertitude de la matière.

Il y a ambiguité dans les mots toutes les fois qu'un ou plusieurs mots expriment plusieurs sens.

La première règle à suivre dans ce cas est de n'abandonner la signification propre des mots, que lorsqu'il est évident que le législateur s'en est écarté. Cette règle, qui est tracée par la loi *non aliter* ff. *de legat.* 3.°, est relative aux tuteurs; mais elle s'applique, à bien plus forte raison, aux législateurs, qui, étant présumés plus sages que les autres hommes, plus instruits dans la langue, et apporter plus de soins dans la rédaction des lois que les simples particuliers dans celle de leurs testamens, sont présumés aussi faire un usage plus régulier des mots. Mais je viens de dire qu'ils peuvent avoir manifesté une intention contraire; à quels signes reconnaîtra-t-on cette volonté?

On doit faire résulter l'intention ou la volonté de la loi,

1.° De la qualité même de la loi;

2.° De la matière qu'elle a pour objet;

3.° Des parties qui la précèdent ou qui la suivent;

4.° Du langage employé;

5.° De tous les moyens par lesquels le sens de la loi peut être étendu ou restreint.

§. CXXX.

L'intention ou la volonté de la Loi résulte de sa qualité.

La loi étant présumée honnête, utile et franche (1), car

____

(1) Arg. l. 1 *de legib.*

elle est le résultat des méditations des Hommes sages (1),
il suit de là que le sens naturel à lui donner doit être aussi
franc, honnête, conforme à la justice et à la raison (2),
tel, par conséquent, qu'il respecte les droits d'autrui ; car,
comment concevoir que la loi, juste par essence, soit sus-
ceptible d'une interprétation injuste (3)? Qu'il soit exempt
d'absurdité, sans quoi il blesserait la raison (4). De là la
conséquence que les termes d'un jugement doivent être
entendus conformément au droit à rendre (5) ; et comme
on doit plutôt s'attacher à concilier les lois qu'à les trouver
en opposition, on doit toujours préférer l'interprétation
qui n'offre aucune dérogation aux lois précédentes (6). De
là la règle qu'il faut choisir le sens qui se trouve conforme
au droit commun plutôt qu'au droit particulier (7). Et,
comme la loi doit toujours avoir un but, nous devons pré-
férer le sens par lequel elle a un effet (8). De plus, les
mots étant subordonnés aux choses qu'ils expriment, nous
devons abandonner leur sens propre plutôt que de ne
trouver aucun sens dans la loi. Pareillement, la loi ayant
été rendue pour les cas douteux, nous devons l'interpréter
dans le sens qui présentait réellement des doutes (9). Puis-

(1) L. 1, *de just. et jur.*
(2) L. *in ambiguo*, ff. *de legib.*
(3) L. *si possessor*, ff. *de petit. hered.*
(4) L. *Cæsar*, ff. *de public.*
(5) L. *miles*, §. 1, ff. *de re judic.*
(6) L. 2, C. *de inoff. dot.*
(7) L. *in testam.* C. *de testam. milit.*
(8) L. *cùm quidam*, C. *de verb. signif.*
(9) L. *Domitius Labeo*, ff. *de testam.*

qu'elle est le fruit des méditations des hommes sages, nous devons préférer le sens qui nous suggère les voies les plus sûres, par conséquent celui qui nous conseille de nous abstenir d'une chose, plutôt que de l'entreprendre témérairement (1). Et, comme elle doit être claire et certaine, nous devons nous attacher au sens d'après lequel elle deviendra certaine par la nature des choses (2). Enfin on peut dire que chaque chose doit être entendue selon sa propre nature (3), et que chaque chose est présumée être ce qu'elle doit être, d'après le droit qui la régit (4).

§. CXXXI.

L'intention ou la volonté de la Loi résulte de la matière qu'elle a pour objet.

La volonté de la loi s'infère de la matière même qu'elle a pour objet; car les mots étant subordonnés aux choses qu'ils expriment (5), doivent être interprétés selon la matière dont la loi s'occupe. Nous devons même abandonner le sens propre des mots pour interpréter selon la matière de la loi (6). Pareillement, lorsqu'une énonciation de la loi peut être entendue en bonne ou en mauvaise part, il faut voir si la loi défend, ordonne ou permet. Dans le premier cas, l'énonciation doit être entendue en mauvaise

---

(1) L. *adoptivus*, §. 1, ff. *de ritu nupt.*
(2) L. 1, §. *his autem*, ff. *ne quid in flum. public.*
(3) L. *sciendum*, ff. *de verb. oblig.*
(4) Arg. l. fin., §. penult., ff. *de just. et jur.*
(5) Cap. *intelligentia*, Extrav. *de verb. signif.*
(6) L. *si uno*, §. 1, ff. *locati.*

part ; si elle ordonne ou permet, au contraire, elle doit être entendue en bonne part (1) : ainsi nous disons qu'il faut préférer le sens conforme à ce qui arrive communément (2), que les mots ambigus doivent être rapportés à la personne qui a le plus grand intérêt à la chose (3), qu'il faut préférer le sens qui est le plus proportionné à la matière ; d'où nous tirons la conséquence qu'un prix hors de proportion avec la chose vendue, une location ou un fermage hors de proportion avec les produits du fonds, de l'huile ou autres objets payés pour prix du fermage d'une vigne, &c., décèlent un contrat simulé (4). Nous disons encore qu'il faut interpréter une loi selon le sens qui s'adapte le mieux au but et à la fin de la loi (5). Ainsi, s'il est stipulé dans un mandat qu'une certaine chose sera mise sous la garde du mandataire, cette clause pourra être considérée comme sortant des limites naturelles du mandat ; mais l'acte ne cessera pas pour cela d'être un véritable mandat, et il ne pourra pas être considéré comme dépôt (6). Ainsi, la loi qui décide qu'on ajoutera foi pleine et entière aux livres des marchands, doit s'entendre des matières commerciales et non des matières civiles, &c. &c. (7).

---

(1) Cap. 1, *de Constit.* super verb. *Sensu.*

(2) L. *nam ad ea*, ff. *de legib.*

(3) L. *si servus*, §. *qui margaritam, de legat.* 1.º ff.

(4) Cap. *ad nostram de empt. et vendit.*

(5) L. *prætor*, §. *omnis*, ff. *vi bonor. rapt.*

(6) L. 1, §. *quòd si rem*, ff. *depositi*, *&c.*

(7) L. *si quis ex argentar.* §. *rationem*, in fin. ff. *de edendo.*

14..

§. CXXXII.

L'intention ou la volonté de la Loi résulte des parties qui la précèdent ou qui la suivent.

Par exemple, la loi *mancipia*, au Code, *de serv. fug.*, décide que si une loi condamne celui qui trouble la possession d'autrui à payer cent (pièces), et à restituer la possession, ce trouble doit s'entendre de celui qui tendrait à *l'expulsion*, et non de celui qui aurait simplement pour but d'inquiéter le possesseur ; cela résulte du mot *restituer*, employé par la loi, et qui sert à expliquer le trouble dont elle parle précédemment. Pareillement, la loi 1, ff. *de bonis eorum qui sibi mort. consc.*, porte : *Principes ignoscendum ei putaverunt, qui sanguinem suum qualiter qualiter redemptum voluit.* « Les princes ont pensé qu'il » fallait pardonner à celui qui avait voulu racheter sa vie » à tout prix. » Les parties qui précèdent dans la loi ne permettent pas de douter que la peine ne s'entende ici de la *mort*, et non de la perte quelconque de son sang.

Cette règle s'applique non-seulement aux termes employés par la loi, mais encore à des faits précédens établissant la coutume. C'est ainsi que la location dont parlent la l. *nummis*, ff. *de legat.* 3.ᵉ et la l. *si prius*, §. 1, ff. *de aq. pluv. arc.*, doit s'entendre de la location accoutumée, faite conformément aux années précédentes. Au reste, les termes de la loi doivent être interprétés pour les accessoires, de la même manière que pour le principal (1). Il suit encore de là

____

(1) Instit. *qui dare tut. poss.* §. *certæ rei.*

que les exemples servent à exposer et à déclarer la règle (1).
Ainsi, Balde décide (2) que, dans le cas où la loi prononce
que s'il existe des enfans mâles, les filles ne succéderont
qu'à leur dot, mais que, s'il y a un testament, elles ne suc-
céderont à cette dot que tout autant que le testateur la leur
aura laissée, il faut entendre cette dernière partie de la
phrase toujours avec la condition qu'il existera des enfans
mâles; le mot *mais*, employé dans ia dernière partie, in-
diquant une répétition. Il faut encore rapporter ici comme
propres à expliquer ce qui précède ou ce qui suit, 1.° les
similitudes (3) ; 2.° les corrélatifs (4), d'où il suit que la
loi interprétative doit être interprétée conformément à
la loi interprétée (5) ; 3.° les contraires, en ce sens que
ce qui se trouve diminué ou augmenté par un contraire,
est restitué ou diminué par l'autre (6); ainsi, quoique la
partie doive s'entendre de la moitié dans la loi 9 ff. *de
stipul. prætor.*, cependant, lorsque dans un cas contraire
il s'agira du tout, la partie devra s'entendre d'une portion
plus grande ou moindre que la moitié; 4.° les subrogés ;
car une chose subrogée à une autre doit être entendue con-
formément à la chose à laquelle elle a été subrogée (7), &c.

---

(1) *Arg. notatorum.* Instit. *de rer. divis.*

(2) L. *omnes populi* 9, ff. *de justit. et jure.*

(3) L. 1, ff. *de legat. 1.°*; l. *privileg. de episcop. et cleric. Voyez ce*
que nous avons dit au §. XCVIII.

(4) L. *femina*, et l. *generali*, C. *de secund. nupt.*

(5) L. *nihil*, C. *de conjung. cum emancip. liber.*, et Authent. *de fil.*
ante dotal. instrum. natis, §. 1.

(6) Arg. l. 1, Cod. *de cad. tollend.*

(7) L. 1, C. *de offic. ejus qui vicem alter.*

Enfin, cette dernière méthode d'où nous pouvons faire résulter l'intention de la loi, suppose l'application constante de la règle de Celse : *Incivile est nisi totâ lege perspectâ, unâ aliquâ particulâ ejus propositâ, judicare vel respondere.*

§. CXXXIII.

L'intention de la Loi peut résulter du langage employé.

Si l'intention et la volonté de la loi ne résultent pas des parties qui précèdent ou qui suivent, on examine si son énoncé est correct, régulier, et offre un sens juste. S'il n'en est pas ainsi, on abandonne cet énoncé incorrect ou vicieux, pour chercher le vrai sens de la loi. C'est le cas d'appliquer la règle : *In ambigua voce, ea potiùs accipienda est significatio quæ vitio caret, præsertim cùm etiam voluntas legis ex hoc colligi possit* (1). La signification de la loi est dite vicieuse, toutes les fois qu'elle aurait pour effet de rendre la loi inutile ou superflue : par exemple, un testateur lègue à son épouse ce qu'il lui avait donné pendant son vivant. Ce legs est nommément confirmé par la loi *donationes quas parentes &c. C. de donat. inter vir. et uxor.* On demande si l'on devra comprendre dans le legs exactement les mêmes choses que le mari avait données à sa femme de son vivant. Si nous suivons la signification propre du mot *donation*, nous dirons que ces choses n'y sont pas comprises ; car les donations entre mari et femme ne sont pas valables, aux termes du

---

(1) L. *in ambigua*, ff. *de legib.*

droit : or, une donation qui n'est pas valable, n'est pas donation (1); donc, le legs ne porte sur rien. Cependant on décide qu'il est valable, qu'il ne peut s'entendre même que des choses comprises dans la donation nulle, car sans cela le legs serait inutile et superflu (2). Mais ce qui est vrai pour le cas d'un simple legs, est à plus forte raison vrai pour la loi, qui a une toute autre importance qu'une disposition privée, et qui est, comme je l'ai déjà dit souvent, l'ouvrage réfléchi, le fruit des veilles et des méditations des hommes les plus sages et les plus instruits. Pareillement, dans le doute, si une disposition de loi est limitative ou démonstrative, le second parti doit l'emporter sur le premier, dit Dumoulin (*Consuetud. Parisiens.* §. 2, glos. 3, n.º 7) : *Expressio in dubio censetur facta causâ demonstrationis, nisi hoc exprimatur et clarè de mente appareat.*

L'interprétation de la loi est encore dite vicieuse, lorsqu'elle est inepte, absurde, et ne saurait convenir aux affaires ou aux matières sur lesquelles la loi statue. C'est le cas d'appliquer la règle : *Quoties idem sermo duas sententias exprimit, eam potissimùm accipiendam, quæ rei gerendæ aptior est* (3). Mais lorsqu'il est constant que le législateur a voulu s'écarter du sens propre des mots, il faut s'attacher au sens qu'il leur a donné; car c'est là

----

(1) L. *non dubium*, C. *de legib.*

(2) L. *si quando*, in princip. ff. *de legat.*

(3) L. *quoties idem sermo*, ff. *de reg. jur.*

qu'est sa volonté (§. LXXII). Par exemple; l'article 2 du Code pénal porte : » Toute *tentative* de crime qui aura » été manifestée par des actes extérieurs, et suivie d'un » commencement d'exécution, si elle n'a été suspendue » ou n'a manqué son effet que par des circonstances for- » tuites ou indépendantes de la volonté de l'auteur, est » considérée comme le crime même. »

Le sens propre de *tentative*, dans le langage ordinaire, supposerait nécessairement un commencement d'exécu- tion; car jusqu'au moment où l'exécution commence, il est difficile souvent de caractériser l'espèce de crime qu'a voulu commettre le coupable, les actes extérieurs n'étant pas toujours suffisans : mais la loi déclare formellement par ces termes, *suivie d'un commencement d'exécution*, vou- loir s'écarter du sens propre du mot; et dès-lors le sens impropre dans lequel elle entend le mot *tentative*, sera le seul obligatoire.

Relativement à la propriété ou à l'incorrection du lan- gage employé par le législateur, on peut faire la question suivante : Si des conjectures contraires sur l'intention du législateur, d'après le langage qu'il a employé, nous offrent plusieurs sens également plausibles, auquel de ces sens devrons-nous nous attacher? Nous devrons nous attacher à celui qui sera le plus clair, le plus efficace, par analogie de ce que décide la loi *ob carmen*, ff. *de testib.* Or, on con- sidérera comme sens plus clair et plus efficace que tout autre, celui dont le contraire sera le plus en opposition avec la loi ou le plus absurde; comme, par exemple, si le sens opposé la rendait contraire à elle-même, injuste, inutile (1).

ƒ. CXXXIV.

Au reste, il convient d'examiner ici avec quelques détails les procédés de l'entendement, pour se fixer sur le choix des conjectures propres à donner directement et avec certitude le véritable sens de la loi. On peut reconnaître, avec Balde, quatre termes ou élémens générateurs de la loi : 1.º les objets ou les idées que le législateur a voulu exprimer; 2.º la manière dont il a envisagé ou dont il a senti ces objets ; 3.º les expressions dont il s'est servi ; 4.º les caractères à l'aide desquels son précepte est conservé. Ces élémens sont modifiés successivement les uns par les autres, de la manière suivante : 1.º les caractères placés dans les mots reçoivent d'eux leur mode, leur existence, et en quelque sorte leur interprétation (2); 2.º les mots sont modifiés par l'entendement, et c'est principalement de lui qu'ils reçoivent leur exacte valeur, et par suite leur interprétation (3); 3.º enfin l'entendement lui-même est affecté par les objets qu'il veut exprimer, et c'est par ces objets, qui sont proprement la matière soumise, que ces affections doivent être interprétées (4). Mais comme l'entendement peut se tromper et ne pas saisir les objets conformément à leur nature et à la vérité, on décide que les mots doi-

---

(1) Arg. l. *ità vulneratus*, ff. *ad leg. Aquil.*

(2) L. *non figura*, ff. *de action. et oblig.*

(3) L. *Labeo*, ff. *de supell. legat.*

(4) L. *si uno*, ff. *locati.*

vent être entendus plutôt d'après ce qu'a voulu l'entendement que conformément à la nature des choses (1). Au reste, indépendamment de toutes les autres bonnes raisons déduites par Aristote, la principale pour nous, dans cette matière, est que la loi toute entière réside dans la volonté du législateur.

Il suit de là que les conditions les plus immédiatement requises pour fonder nos conjectures, sont, 1.° l'exacte conformité que nous pouvons établir entre l'expression employée par le législateur et sa volonté connue; 2.° celle que nous pouvons établir ensuite avec la nature et la vérité des choses; 3.° celle qui résultera de la régularité et de la propriété des termes; 4.° enfin celle que nous offrira la régularité des caractères employés.

Mais toutes les fois que le sens de la loi est fondé sur des présomptions légitimes, il n'est pas permis de s'écarter de la propriété des termes (2); car rien ne serait plus absurde que d'abandonner des mots certains, exprimant un sens clair, pour chercher un sens douteux; on détruirait par-là toute certitude en législation.

Au reste, la propriété des termes résulte, selon Bartole, Decianus et quelques autres, de trois principales causes : 1.° de l'autorité de la loi; 2.° de sa définition; 3.° de son étymologie (3).

---

(1) Aristot. et Boet. in libr. *Pariermon.*

(2) L. *licet,* in princip. *de legat.* 1.°; l. *non aliter, de legat.* 3.°; l. 1, §. *si is qui de exercit.*

(3) D'autres auteurs en ont admis davantage; Stephan. de Federic. en reconnaît jusqu'à vingt-deux. Ces nombreuses divisions tombent dans la subtilité.

§. CXXXV.

L'intention et la volonté de la loi résulteront aussi de tous les moyens que nous avons reconnus propres à autoriser l'interprétation extensive et restrictive ; car s'il est permis d'étendre ou de restreindre la loi par voie de conjectures régulières et fondées, il est à plus forte raison permis d'employer cette voie pour en faire connaître le sens naturel et direct (1).

Ainsi, tout ce que nous avons dit du motif de la loi, de l'équité, des diverses lois positives, &c. &c., s'applique ici *à fortiori*.

Ainsi, nous pouvons recourir aux lois antérieures, même à la coutume ; car, dit la loi 37, ff. *de legib.*, *optima legum interpres consuetudo*. Si les lois antérieures ou la coutume établie se réfèrent à de certaines personnes ou à de certaines choses non désignées dans la loi nouvelle, c'est à ces personnes ou à ces choses que s'appliqueront ses dispositions. Nous expliquerons les termes de la loi nouvelle dans le sens des mêmes termes employés dans la loi antérieure ; car le législateur est présumé les avoir employés dans le sens que tous les sujets connaissent et observent, et qu'il importe dès-lors à la dignité et à l'autorité de la législation de conserver. Par exemple, la loi 2, §. 2, ff. *de decurionibus*, accorde un certain droit aux fils des *décurions* ; mais on peut concevoir le fils d'un décurion de deux manières différentes, savoir, celle où ce fils

____

(1) Arg. l. *palàm*, §. *sed si notam*. ff. *de testam.*

est né d'un père déjà décurion, et celle où il est né d'un plébéien fait décurion par la suite. Dans le doute sur le sens à prendre, nous devons adopter celui qu'une loi antérieure ou la coutume aura donné à ces expressions.

Enfin en l'absence de toute conjecture raisonnable, on fera usage des règles suivantes :

In dubiis benigniora præferenda sunt (1).

In re dubia benigniorem interpretationem sequi debemus (2).

Capienda occasio est, quæ præbet benignius responsum (3).

Ainsi, en retenant l'exemple ci-dessus, si les lois antérieures ou la coutume n'avaient pas déterminé d'une manière précise comment on doit entendre le fils de décurion, on ferait l'application des règles citées, et l'on interpréterait ces mots dans un sens favorable, en étendant le bénéfice qu'accorde la loi au fils d'un plébéien fait décurion par la suite; et telle est en effet la solution donnée par la loi elle-même, §. 2.

§. CXXXVI.

L'obscurité ou l'ambiguité de la loi peut résulter de la construction même des phrases. Par exemple, une loi prononce que les fils d'une prostituée ne peuvent être élevés aux honneurs ou aux dignités publiques. On demande si l'individu né en légitime mariage, d'une mère qui s'est

---

(1) L. *semper in dubiis*, ff. *de reg. jur.*
(2) L. *ea quæ in partes*, §. 1, ff. *de reg. jur.*
(3) L. *capienda*, ff. *cod.*

livrée postérieurement à la débauche, est compris dans la disposition de la loi ? La difficulté consiste à savoir quelle est l'étendue que la loi a donnée au mot *prostituée*. Mais en prenant pour règle de solution les maximes que je viens de rapporter, nous dirons que, si les lois antérieures ou l'usage n'ont pas fixé d'une manière positive le sens du mot *prostituée*, la loi n'a pas entendu exclure des charges publiques l'individu né d'un légitime mariage, dont la mère se serait prostituée plus tard.

§. CXXXVII.

Enfin l'obscurité de la loi peut résulter de l'incertitude même de la matière. Par exemple, supposons qu'un individu meure laissant un fils et sa femme enceinte. D'après le droit romain, l'enfant qui est dans le sein de sa mère, a, sur la succession de son père, les mêmes droits que son frère. Il suit de là que l'enfant survivant n'a droit qu'à sa portion héréditaire, et que ses créanciers ne peuvent le poursuivre que jusqu'à concurrence de cette portion (1). On demande quelle sera la portion du posthume jusqu'au moment de sa naissance ; par suite, quelle sera celle de l'enfant survivant. Cela dépend évidemment du nombre des enfans auxquels la mère peut donner le jour. Mais comment déterminer ce nombre (2)? On ne saurait le fixer même d'après ce qui peut arriver selon la nature des choses ; car ce qu'on cherche directement à savoir, c'est le nombre

---

(1) L. 28, §. ultim. ff. *de judic.* l. 3, ff. *si pars hered. pet.*
(2) L. 28, ff. *de judic.*

des enfans à naître. Dans l'impossibilité évidente d'arriver à ce résultat, les anciens jurisconsultes ont pris pour règle de leur décision la volonté vraisemblable de la loi (1) ; en conséquence, ils ont prononcé que, jusqu'au moment de l'accouchement de la mère, elle serait censée devoir donner le jour à trois enfans, et que la portion du survivant serait calculée jusqu'à ce moment d'après ce nombre (2). On demande d'abord par quel motif les jurisconsultes ont fixé à trois le nombre des enfans à naître, tandis qu'il n'en naît ordinairement qu'un ; en supposant qu'il en naisse trois, ce qui est rare, il serait facile de faire leur part dans la succession du père, en diminuant proportionnellement celle qu'aurait reçue le survivant. Mais la loi a eu un autre motif. Trois enfans peuvent naître ; cela suffit dans son intention, pour qu'elle veuille pourvoir sur-le-champ à leurs intérêts, et les considérer comme déjà nés. D'ailleurs le survivant, une fois en possession de la moitié de la succession, peut la dissiper ; comment les posthumes pourront-ils recouvrer leur portion lorsqu'elle n'existera plus ?

Mais, dit-on, le nombre de trois est arbitraire ; il peut en naître davantage ; il n'est pas sans exemple que des mères aient donné le jour à cinq et six enfans (3). La réponse est facile. Les exemples de femmes qui donnent le jour à plus de trois enfans à-la-fois, sont si rares, qu'ils

---

(1) L. 114, ff. *de reg. jur.*

(2) L. 28, ff. *de judic.*; l. 3, ff. *si pars hered. pet.* Je ne vois rien dans les dispositions du Code civil (art. 393, 725 et 906) qui s'oppose à ce que cette solution soit admise dans notre droit.

(3) D. l. 3, ff. *si pars hered. pet.*

ne sauraient être pris en considération par les lois (1):
La loi résulte de ce qui arrive communément parmi les
hommes (2). La jurisprudence a pu et a dû, dans ce cas,
adopter ce principe comme règle de ses décisions.

Mais si la chose sur laquelle la loi statue arrive toujours
de la même manière, quoique rarement, alors la loi peut
adopter une base précise. Par exemple, quoiqu'il soit rare
qu'une île naisse dans la mer, la loi a pu décider et a
décidé en effet qu'elle appartiendrait au premier occu-
pant (3); quoiqu'il soit rare qu'une femme devienne mère
après cinquante ans, néanmoins la loi reconnaît l'enfant
qu'elle a eu après cet âge, et lui attribue les mêmes droits
qu'à celui qu'elle aurait eu antérieurement (4). Dans les
deux hypothèses, l'événement qui donne lieu à la dispo-
sition de la loi, arrive constamment de la même manière.

§. CXXXVIII.

De l'Interprétation mixte.

M. Thibaut admet une espèce d'interprétation mixte,
qui serait composée de l'*extensive* et de la *restrictive* en
même temps (5). J'avoue que je ne saurais concevoir l'exis-
tence de cette interprétation ; et les exemples qu'il nous
donne lui-même me paraissent démontrer plutôt l'impossi-

---

(1) L. 4 et 5, ff. *de legib.*
(2) L. 3, ff. *de legib.*
(3) §. *insula*, Instit. *de rer. divis.*
(4) L. *si major*, Cod. *de legit. hered.*
(5) *Théorie de l'interprétation des lois*, §. 26.

bilité que la possibilité de cette interprétation. Il cite la loi 12 au Cod. *de legib.* §. 1. Voici ce que porte cette loi : « Ayant trouvé dans les anciennes lois qu'on avait mis
» en doute si, lorsque l'empereur avait interprété une loi,
» on était tenu d'obéir à cette interprétation ; cette vaine
» subtilité nous a paru si ridicule , que nous avons cru
» devoir la condamner. Ainsi donc, nous décidons que
» toute interprétation de loi donnée par l'empereur, soit
» sur requête, soit dans des jugemens, soit de toute autre
» manière, fera foi et sera considérée comme certaine. Si
» en effet aujourd'hui il appartient à l'empereur seul de
» rendre des lois, à lui seul il appartient de les interpréter.
» Pourquoi s'adresse-t-on à nous , d'après l'avis des juris-
» consultes, sur les difficultés qui s'élèvent dans les procès,
» lorsqu'ils se reconnaissent eux-mêmes insuffisans pour
» les terminer ? Pourquoi toutes les ambiguités que les
» juges aperçoivent dans les lois, nous sont-elles soumises,
» si le droit de les interpréter ne nous est pas directement
» dévolu ? Qui paraîtra propre à résoudre les difficultés des
» lois, à découvrir leur véritable sens, si ce n'est celui-là
» seul qui peut se dire législateur ? Ainsi donc , écartant
» tous ces doutes ridicules, nous déclarons que l'empereur
» seul est l'interprète de la loi, comme il en est seul l'au-
» teur. N'entendant pas déroger par la présente loi aux
» interprétations des anciens jurisconsultes, parce qu'ils
» reçurent de la majesté impériale la faculté de les donner. »

« Il ne s'agit pas ici de l'interprétation de lois claires ,
» dit M. Thibaut, mais bien de l'interprétation de lois qui
» n'ont aucun sens, ainsi que cela résulte de l'ensemble

» même de cette loi. Si l'on veut l'entendre, non d'après
» ses *termes*, mais d'après son esprit, alors elle échappe
» à la critique, parce que l'interprétation, d'après l'inten-
» tion du législateur, peut avoir lieu sans aucune restric-
» tion (1). »

Mais quelque sens que l'on veuille donner à cette loi,
il n'y aura jamais lieu, ce me semble, à l'interprétation
extensive et *restrictive* en même temps.

Si l'on veut l'entendre en ce sens qu'elle parle de toute
espèce de lois claires ou ambiguës, ce qui serait exclure
l'interprétation de doctrine, on irait contre son propre
contexte, comme le remarque M. Thibaut lui-même, et
par conséquent contre ses termes. Si l'on veut l'entendre
au contraire selon son esprit et l'intention du législateur,
c'est-à-dire en ce sens qu'elle parle uniquement des lois
ambiguës, ce qui est la seule manière de l'entendre, alors
il n'y pas lieu à l'interprétation restrictive, comme le dit
encore M. Thibaut. D'où je conclus qu'il est impossible
d'interpréter cette loi par le concours de ces deux mé-
thodes.

J'applique la même observation au second exemple qu'il
cite. « On verra dans la loi 16, §. 1, Cod. *de usufructu*,
» dit cet auteur, que l'extension et la restriction peuvent
» également s'y rencontrer; mais que la dernière seule est
» au pouvoir du jurisconsulte. La première peut avoir lieu,
» si la raison relative à l'usufruit convient aussi aux servi-
» tudes réelles; mais les principes sur l'extension des lois

____

(1) *Théorie de l'interprétation des lois*, §. 20.

» dérogatoires s'y opposent. On peut, au contraire, facile-
» ment restreindre les mots, *nisi talis exceptio &c.* »

Ainsi, selon M. Thibaut lui-même, cette loi serait bien
susceptible de restriction, mais non d'extension.

§. CXXXIX.

De l'Analogie.

« L'analogie, dit Aulu-Gelle (1), est une détermination
» semblable à d'autres déterminations : les Latins l'ap-
» pellent proportion ; » *Est similium similis declinatio ;
quam quidem latinè proportionem vocant.* Varron la
décrit d'une manière plus précise encore , lorsqu'il l'ap-
pelle « vérité ou raison , qui dérive de la similitude ; »
veritas et ratio, QUÆ À SIMILITUDINE ORITUR.
« L'habitude de parler , dit aussi Quintilien (2), est le
» meilleur maître en ce genre; on doit faire usage des
» mots, comme des pièces de monnaie que la puissance
» publique a revêtues de signes caractéristiques et publics.
» Mais l'application de ce principe suppose beaucoup de
» sagacité et de jugement, sur-tout dans l'emploi de l'analo-
» gie, mot grec que les Latins ont assez exactement rendu
» par celui de *proportion. L'analogie a pour effet de dé-
» terminer* une chose douteuse et incertaine, d'après une
» autre chose certaine et semblable à la première. Par elle,
» le certain détermine l'incertain. » *Consuetudo certis-
sima loquendi magistra , utendumque planè sermone ,*

- -

(1) *Noct. Attic.* lib. 2, cap. 25.
(2) *Instit. orat.* lib. 1 , cap. 6.

*ut nummo, cui publica forma est. Omnia tamen hæc
exigunt acre judicium, in analogiâ præcipuè, quam
proximè ex græco transferentes in latinum proportio-
nem vocaverunt. EJUS HÆC VIS EST, UT ID QUOD
DUBIUM EST, AD ALIQUID SIMILE, DE QUO NON
QUÆRITUR, REFERAT, UT INCERTA CERTIS PRO-
BET.*

On ne saurait prouver d'une manière plus claire, que la
conséquence tirée des cas semblables, c'est-à-dire, l'inter-
prétation extensive, qui a lieu pour cause d'identité de mo-
tifs, mérite seule le nom d'analogie. Que si l'on tire une
conséquence d'un cas décidé à un cas contraire non dé-
cidé, ou plutôt si l'on conclut qu'un motif contraire à celui
de la loi doit amener une décision contraire, c'est-là une
nouvelle espèce d'interprétation extensive, qui doit sans
doute être adoptée, parce qu'il est de l'essence d'une bonne
législation d'admettre toute juste conséquence ; mais une
pareille interprétation ne saurait, par ce seul motif, être
considérée comme une espèce d'analogie. Toute extension
donnée à la loi, soit d'après son motif, soit d'après l'in-
tention du législateur, rentrant dans l'interprétation lo-
gique extensive, il paraîtrait beaucoup plus convenable
de considérer celle dont je parle, comme une interpréta-
tion de cette dernière espèce.

Cependant il ne faut pas confondre cette espèce d'in-
terprétation, que l'on peut appeler *decisio secundùm ar-
gumentum legis*, avec l'interprétation restrictive. Celle-ci
suppose qu'un cas réellement décidé par la loi, l'est ensuite
d'une manière contraire à cette même loi ; tandis que, par

la première, un cas non décidé l'est ensuite d'une manière inverse à un autre cas décidé. Dans la première hypothèse, une décision législative cesse d'avoir son effet ; dans la seconde, un motif légal s'applique, avec toutes ses conséquences, d'une manière inverse.

Un auteur allemand (M. Gluck) (1) veut appeler du nom d'*analogie* le résultat de l'interprétation logique en général, soit extensive, soit restrictive.

M. Thibaut réfute cette opinion de la manière suivante : « L'interprétation logique ne tire pas toujours ses consé-
» quences du motif de la loi, et l'on n'appelle pas inter-
» préter par analogie, lorsqu'on étend ou qu'on restreint
» la loi à des cas réellement prévus par le législateur. On
» doit tout aussi peu désigner sous le nom de conséquence
» tirée par analogie, le résultat de l'interprétation restric-
» tive ; car, en premier lieu, l'interprétation restrictive,
» lorsque le motif de la loi cesse *ob deficientem ratio-*
» *nem*, est une chimère ; et lorsqu'une loi est restreinte,
» la cause de cette restriction est toujours étrangère à la
» cessation du motif de la loi, et de la conséquence qui en
» a été tirée. En second lieu, tout le monde est d'accord
» sur ce point, que la loi ne doit pas avoir prévu le cas
» à décider par analogie. Restreindre une loi, c'est, à
» proprement parler, refuser à une disposition législative
» son effet ; mais ce n'est pas décider un cas qui ne l'est
» pas. Ce n'est donc pas véritablement décider *secundùm*
» *argumentum legis.* »

---

(1) *Commentaire sur Hellfeld,* 1.er vol. §. 37.

M. Thibaut se livre ensuite à une dissertation sur l'essence de l'analogie. Cette dissertation n'offrant qu'une métaphysique subtile, entièrement dépourvue d'exemples qui puissent la rendre sensible, je n'ai pas cru devoir en faire usage.

§. CXL.

Rapports que les diverses Interprétations ont entre elles.

J'ai dit (§. VIII) que les principales espèces d'interprétations, étaient l'interprétation grammaticale et l'interprétation logique.

L'interprétation logique se divise en interprétation d'après le motif de la loi, et interprétation d'après l'intention du législateur. Celle-ci doit être ou expresse ou supposée légalement reconnue. Quant aux rapports qu'ont entre elles ces quatre espèces d'interprétations, voici les règles qu'il convient d'admettre :

1.° Le jurisconsulte doit avant tout s'en tenir au sens des termes, et il ne lui est permis de recourir à l'interprétation logique, que lorsque toutes les conditions requises pour qu'elle ait lieu, existent (1) ; mais lorsqu'elles existent, on doit toujours préférer le sens qu'elle indique à celui exprimé par les termes (2) ;

2.° Lorsque l'intention expresse du législateur est en opposition avec l'intention qu'il est censé avoir eue, on doit préférer la première, parce que ce qui est constant en fait, doit toujours l'emporter sur les présomptions.

---

(1) L. 1, §. 20, ff. *de exerc. act.*
(2) L. 17, 18, 29, ff. *de legib.*

Ainsi, par exemple, il est de principe que les lois attributives d'un avantage doivent être restreintes, lorsqu'elles nuisent à ceux en faveur desquels elles sont rendues, et que la loi ne soit pas appliquée de manière à nuire à des droits acquis ; mais ces deux principes cessent d'exister, dans le cas où le législateur a expressément voulu le contraire ;

3.° Lorsque l'interprétation logique d'après le motif de la loi, est opposée à l'interprétation logique d'après l'intention du législateur, et qu'elle est permise, elle doit être préférée à cette dernière. Car l'interprétation extensive, de laquelle seule il peut être question ici, repose toute entière sur cette idée principale, que le législateur convient avoir pensé autre chose que ce qu'il aurait dû penser, et qu'il appartient au jurisconsulte, dans ce cas, de suppléer à cette imperfection de la législation.

LIVRE III.

INTERPRÉTATION D'USAGE ET DE JURISPRUDENCE.

§. CXLI.

LES auteurs ne sont pas d'accord sur la place que doit occuper l'interprétation d'usage. Quelques-uns veulent la considérer comme une espèce d'interprétation légale (1). Ils se fondent, 1.° sur ce qu'elle prend sa source dans le droit non écrit ; or, la volonté du législateur ne se manifeste pas moins par le droit non écrit que par le droit écrit (2) ; 2.° sur ce que le législateur dont est censée émaner cette espèce d'interprétation, n'est astreint à aucune règle ; d'où l'on pourrait conclure, avec assez de fondement, que cette interprétation est une espèce de disposition législative. Je ne saurais partager cette opinion. En supposant, ce que je vais examiner, que l'usage ait le pouvoir d'abroger la loi ou de suppléer à ses dispositions,

---

(1) Thibaut, *Pandect.* seconde division, §. 42. — Coock, *de Argument. ab analog.* pag. 12.

(2) Dans le langage des jurisconsultes, le droit écrit est le droit *promulgué* ; le droit non écrit, le droit *non promulgué*. Ainsi tout droit *promulgué* par l'écriture, par les crieurs publics ou de toute autre manière, est dit *droit écrit*. Au contraire, tout droit (ou toute loi) tacitement admis dans l'état, sans le secours de la promulgation, est dit *droit non écrit*, quoiqu'il puisse plus tard être rédigé par écrit. (Heinecc. *Instit.* §. 44.)

il ne suit pas nécessairement de là que l'interprétation donnée par l'usage ou la jurisprudence, soit une interprétation légale; et quoique, dans l'interprétation d'usage, on conçoive l'intervention tacite de l'autorité législative, comme on la conçoit dans l'abrogation de la loi, ou en général dans le supplément donné à la législation par l'usage (1), néanmoins on voit plutôt, dans le premier cas, le fait du législateur; dans le second, celui des interprètes de la loi. Lorsqu'il s'agit de l'abrogation d'une loi, *il y a résistance à la loi ;* l'opinion et les mœurs se refusent à son exécution; et, après un temps déterminé, *il y a consentement présumé du législateur* à ce qu'elle perde son autorité. Les mêmes réflexions s'appliquent au cas de l'introduction d'une loi nouvelle par l'usage. Dans l'une comme dans l'autre hypothèse, on voit sur-tout un acte de la puissance souveraine qui consent à l'abrogation ou au supplément de la législation.

Mais dans le cas de l'interprétation d'usage, *il y a obéissance à la loi ;* cette interprétation a même pu, dans l'origine, reposer sur l'un des procédés de l'interprétation de doctrine. Seulement, au moment où elle porte le caractère d'interprétation d'usage ou de jurisprudence, elle suppose l'approbation tacite du législateur, puisqu'il a eu constamment la faculté de la faire réformer. Ici je vois principalement l'acte du sujet qui a fait un usage plus ou

____

(1) Car, dans les deux hypothèses, le ministère public (en France du moins) peut dénoncer à la cour de cassation, et, s'il y a lieu ensuite, à l'autorité souveraine, les innovations de tout genre faites à la législation.

moins régulier des méthodes d'interprétation ordinaire, auquel s'est réunie l'approbation tacite du législateur.

Je tirerai de là cette conséquence que la dénomination d'*interprétation légale* ne saurait aucunement convenir à l'interprétation d'usage et de jurisprudence.

§. CXLII.

Il me reste à examiner quel est le degré d'autorité de l'interprétation d'usage et de jurisprudence, et si elle doit, dans tous les cas, l'emporter sur l'interprétation de doctrine.

Pour procéder avec méthode dans cet examen, je dois traiter trois choses :

1.º L'usage peut-il abroger la loi?
2.º Peut-il suppléer la loi?
3.º Peut-il l'interpréter?

§. CXLIII.

L'usage peut-il abroger la loi (1)?

Et d'abord, qu'est-ce que l'usage?

Dans le droit romain, l'usage et la coutume sont syno-

---

(1) Quelques auteurs modernes ont traité la matière dont je m'occupe dans un sens inverse de celui que j'ai adopté. Le but qu'ils s'étaient proposé n'était pas le mien. L'interprétation d'usage ou la faculté d'entendre et d'appliquer la loi habituellement dans un sens, n'est qu'une émanation d'un pouvoir plus grand, celui de l'abroger. Je ne pouvais donc me livrer avec fruit à la question relative à l'interprétation, sans être forcé de remonter à la question principale qui comprend l'autre : celle de l'abrogation de la loi par l'usage.

nymes, *consuetudinis usûsque longævi non vilis auc-toritas est*, dit la loi 2, au Code, liv. 8, tit. 53.

Avant la révolution, on distinguait les coutumes et les usages. Les premières étaient des règles introduites par les mœurs des peuples, que l'autorité souveraine avait fait rédiger, et auxquelles elle avait donné force de loi. Les usages étaient celles de ces règles dont la rédaction n'avait été ni ordonnée ni approuvée par le souverain.

Les coutumes sont abrogées aujourd'hui (loi sur la réunion des lois civiles, 30 ventôse an 12, art. 7). Mais les usages subsistent; et plusieurs articles du Code civil renvoient aux usages locaux. (Art. 645, 671, 674, 1648, 1736, &c.)

On pourra donc définir l'usage, avec le président Bouhier (1), « tout ce qui se pratique d'ordinaire dans un » pays, par rapport aux différentes affaires qui se traitent » parmi les hommes. »

§. CXLIV.

Caractère de l'Usage.

Je viens d'indiquer les principales différences qui existaient autrefois entre la *coutume* et l'*usage*. Bouhier (2), d'Argentré (3), Beaumanoir (4), Dunod (5), indiquent celles qui existent entre l'usage et la prescription.

---

(1) *Observat. sur la Coutume de Bourgogne*, chap. 13, n.º 34.

(2) *Ibid.* chap. 65, n.º 29.

(3) *Ancienne Coutume de Bretagne*, art. 277.

(4) Chap. 24.

(5) *Traité des prescriptions*, chap. 13.

Je vais examiner comment se forme et s'établit l'usage ; de là résultera son caractère.

§. CXLV.

Six conditions sont requises pour former un usage ayant force de loi.

Il doit se composer de faits, 1.° uniformes, 2.° publics, 3.° multipliés, 4.° observés par la généralité des habitans, 5.° réitérés pendant un long espace de temps, 6.° constamment tolérés par le législateur.

Les faits doivent être uniformes. « Comme il faut, » selon Dunod, que ces faits soient agréés et adoptés, » pour ainsi dire, par la multitude, qui marque, en ne » les contredisant pas et ne faisant rien de contraire, » qu'elle en userait de même en pareille occasion, ils » doivent être uniformes. »

« Ainsi des faits sur lesquels les témoignages varieraient, » dit Voët (1), des actes dans lesquels se trouveraient » mêlés d'autres actes différens ou contraires, de telle sorte » qu'il ne résultât pas de là qu'on eût constamment pra- » tiqué la même chose, seraient insuffisans pour établir un » véritable usage. » *Si enim variatum fuisse appareat, et actibus pluribus uniformibus intermixtos intercessisse actus diversos vel contrarios, sic ut modò hoc, modò aliud, observatum inveniatur, non poterit ex actibus hujusmodi disparibus elici legitima consuetudo.*

____

(1) *Ad Pandect. de legib.* n.° 31.

§. CXLVI.

Quant à la *publicité*, elle tient à la nature même de l'usage. Ce qu'il importe sur-tout, c'est d'obtenir la certitude que la multitude a donné son consentement à de certains faits pouvant former usage; or, comment serait-elle censée avoir donné son consentement à des faits demeurés clandestins et qu'elle n'aurait pas pu connaître?

Au reste, la publicité, ici, doit être expliquée. Il n'est pas nécessaire, selon quelques auteurs, que les actes soient judiciaires. « Des actes, dit Dunod, peuvent former un » usage, quand même ils n'auraient pas été faits en justice, » pourvu qu'ils soient tels qu'ils aient pu parvenir à la » connaissance du public. Il est difficile de trouver cette » qualité dans des actes extrajudiciels, qui, étant ordinai- » rement peu connus et dépendant le plus souvent des » pactes et des convenances de ceux qui contractent, ne » paraissent guère capables de former une coutume, s'ils ne » sont en grand nombre. »—« Peu importe, dit Voët (1), » par quels actes le peuple a manifesté sa volonté; et non- » seulement les actes judiciaires, mais encore les actes » extrajudiciaires (2), peuvent servir à établir la coutume. » Cela résulte, selon lui, « de ce que, dans la loi 38 ff. *de* » *legib.*, le mot *coutume* ou *usage* est pris par l'empereur

---

(1) *Ad Pand. de leg.* n.º 30.

(2) Je donne ici à ce mot un sens différent de celui qu'on lui donne au palais ; j'entends par conséquent tous les actes faits hors jugement, pouvant servir à prouver.

» pour toute autre chose que ce qui résulte des actes ju-
» diciaires. *Consuetudinem*, porte la loi, *vel seriem rerum*
» *perpetuò similiter judicatarum, vim legis habere.* Ce
» qui serait absurde s'il fallait que la coutume résultât né-
» cessairement d'actes judiciaires. Or, ajoute Voët, puisque
» le consentement exprès du peuple suffit pour établir une
» loi, sans l'intervention de l'autorité du juge, il n'y a pas
» plus de raison pour que cette intervention soit néces-
» saire, lorsque la loi résulte de l'expression tacite de la
» volonté publique, sur-tout lorsqu'on ne trouve dans au-
» cune loi relative à l'usage, la nécessité qu'il soit établi
» par des actes judiciaires, &c. &c. »

Il paraîtrait même résulter des principes de cet auteur,
qu'un usage ainsi constaté serait suffisant pour abroger la
loi. « La simple dénégation d'un fait, exprimée dans une
» déposition de témoins (*ibid.* n.° 35); la déclaration
» de leur part *qu'ils n'ont pas connaissance, qu'ils*
» *n'ont pas vu que telle ou telle chose se pratiquât*
» *dans le pays,* ne suffiraient pas pour établir l'usage ; leurs
» témoignages doivent être affirmatifs et non négatifs, c'est-
» à-dire qu'ils doivent attester que des actes contraires à
» la loi ont été faits, et qu'ils n'ont rien vu ni appris qui
» tendît à les empêcher : car ce n'est pas *par le seul non-*
» *usage, ou par l'absence d'actes qui constatent l'ob-*
» *servation de l'ancien droit, qu'il est abrogé, MAIS*
» *BIEN PAR PLUSIEURS ACTES CONTRAIRES.* En effet,
» il arrive souvent, dans les transactions ou autres actes
» civils, qu'on n'a pas occasion d'appliquer le droit même
» le plus conforme à l'équité, &c. &c. » *Nec simplex*

facti negatio, testium depositione comprehensa, ad consuetudinis probationem efficax est, dùm se non novisse aiunt vel non vidisse, hoc aut illud eà in regione servari; sed necesse est ut de actibus in contrarium gestis, assertionem faciant, atque ità deinceps, his actibus repugnans nihil se unquàm audivisse vel vidisse testentur. Neque enim solo non usu, actuumque defectu, sed demùm actuum contrariorum palàm exercitorum FREQUENTIÂ, ANTIQUA TOLLUNTUR JURA; cùm sæpè vel transactionibus vel privatis conventionibus interpositis, occasio deficiat utendi juribus, etiam æquissimis, in civitate probatis.

Mais cette doctrine est fortement combattue par le président Bouhier, d'Argentré et Dumoulin.

« Il y a, dit le président Bouhier (1), deux sortes
» d'usages : l'un est une coutume de faire de certaines
» choses ou d'une certaine manière, sans qu'il y ait eu
» sur cela de contradiction, du moins qui ait été suivie de
» jugement ; l'autre est une coutume qui non-seulement
» a été controversée, mais qui de plus a été suivie de
» quelque jugement contradictoire.

» A l'égard de la première espèce d'usage, je ne crois
» pas que raisonnablement on puisse lui attribuer le droit
» d'abroger la loi. C'est un point sur lequel Dumoulin (2)
» et d'Argentré (3), quoique le plus souvent d'avis con-
» traire, sont parfaitement d'accord. »

---

(1) *Observations sur la Coutume de Bourgogne*, chap. 13, n.º 35.

(2) *In antiq. Consuet. Paris.* §. 30, n.º 26, et §. 35, n.º 8.

(3) *In antiq. Consuet. Brit.* §. 323, gloss. 1, n.º 7.

D'Argentré va même jusqu'à dire que mille ans de non-usage ne sauraient anéantir la force du statut. *Semel scriptâ consuetudine, etiamsi mille annis nemo eâ utatur, tamen semper habitu obtinet.* Ce qui est conforme d'ailleurs à la décision précise des empereurs (1) : *Consuetudinis usûsque longævi non vilis est auctóritas; verùm non usque adeò suî valitura momento, ut aut rationem vincat, aut legem.*

Quant au second usage, savoir, celui qui, après avoir été contredit, a été confirmé par quelque jugement, voici encore comment s'exprime le président Bouhier : « Il faut » convenir que l'autorité des choses jugées est très-consi-» dérable pour établir une coutume; car encore que les » jugemens par eux-mêmes ne fassent pas coutume, ils » servent néanmoins beaucoup pour la prouver. » *Judicatarum rerum auctoritas, licèt non inducat consuetudinem, inductam tamen probat, quod magnum quidpiam est,* dit le président Faber (2); et c'est ce qui a donné lieu à la loi 34, ff. *de legib.,* qui porte que lorsqu'on allègue une coutume, la première chose à éclaircir est de savoir s'il y a eu à ce sujet quelque jugement contradictoire : *Cùm de consuetudine civitatis vel provinciæ confidere quis videtur, primùm illud explorandum arbitror, an etiam contradicto aliquandò judicio (3) consuetudo firmata sit.* Il suivrait de là que les jugemens

---

(1) L. 2, Cod. *quæ sit longa consuet.*

(2) *Ration.* in l. 34, ff. *de legib.*

(3) Quelques auteurs, entre autres Noodt, prétendent qu'il faut lire

servant à prouver la coutume, et la coutume pouvant
abroger la loi, ce seraient en quelque manière les jugemens
qui opéreraient l'abrogation. Cette distinction entre les
deux usages paraîtrait aussi avoir été admise par Cujas (1).

Quelque imposantes que soient ces autorités, je pré-
fère le sentiment de Voët et de Dunod. « Puisque le con-
» sentement exprès du peuple suffit, dit le premier de ces
» auteurs (2), pour introduire une loi, sans qu'il soit
» besoin de jugement ou de l'approbation du juge, il n'y
» a pas plus de raison pour que ce jugement ou cette
» approbation soit nécessaire, lorsque la loi résulte de
» l'expression tacite de la volonté publique ; sur-tout
» lorsqu'on ne trouve dans aucune loi qui traite de l'usage,
» la nécessité des actes judiciaires. Sans doute les actes
» judiciaires étant plus certains, plus évidens, ou du moins
» offrant habituellement une preuve plus certaine et plus
» prompte, il est naturel que l'on conseille à ceux qui
» allèguent la coutume d'une ville ou d'une province, de
» s'assurer d'abord si la coutume est confirmée par quelque
» jugement contradictoire ; mais à défaut de ce moyen,
» *on peut recourir aux actes extrajudiciaires*, pourvu
» qu'ils soient probans (3). »

---

dans la loi, *contradicta aliquandò judicio*, ce qui donnerait un autre
sens ; mais les meilleurs commentateurs ont repoussé cette leçon.

(1) In lib. 2, tit. 1, *de feudis*.

(2) *Ad Pand. de legib.* n.º 30.

(3) *Cùmque ad legem introducendam expressus sufficiat populi con-
sensus, sine judicio judicisve auctoritate, ratio nulla est, cur magis
ad consensûs taciti declarationem judiciali auctoritate vel confirma-
tione opus esset ; maximè, quia nuspiàm in legibus, de consuetudine*

§. CXLVII.

La multiplicité des actes d'où résulte l'usage est prescrite par la loi 24, ff. *de reg. jur. : Quod in regione in quâ actum est, frequentatur.* « Une foule de témoins » qui attesteraient des faits séparés ou étrangers les uns » aux autres, dit encore Voët (*ibid.* n.° 37), n'établiraient » pas un usage véritable. Il faut citer plusieurs actes uni-» formes. Il ne suffirait pas non plus de les rapporter d'a-» près autrui ; il faut les rapporter d'après soi-même, de » sa propre science et expérience ; ils ne doivent varier » entre eux ni sous le rapport des circonstances, ni sous » celui des temps, ni sous celui des personnes ; » *Neque enim aliter hîc fidem fecerint, quàm si de actuum frequentiâ, non tam ex aliorum relatione, quàm ex propriâ experientiâ, additâ scientiæ suæ ratione, itâ testentur, ut in actuum quos allegant, circumstantiis*

---

tractantibus, actuum judicialium necessitas invenitur. Sanè cùm actus judiciales certiores sint et evidentiores, aut saltem certiorem ut plurimùm magisque promptam ex actis publicis probationem habeant; non mirum id consilii datum esse illis qui consuetudini civitatis aut provinciæ confidere videntur, ut primùm quidem explorent sollicitè, an etiam contradicto aliquandò judicio consuetudo confirmata sit. Sed, si ipsum non appareat, ad extrajudiciales recurri poterit, si modò probationem habeant.

Les actes ordinaires par lesquels on prouve l'existence d'un usage sont une suite d'arrêts ou de jugemens passés en force de chose jugée, uniformes et rendus sur les mêmes matières de droit, *series rerum perpetuò similiter judicatarum*, le témoignage des magistrats, des jurisconsultes, des avocats, des praticiens, &c. &c. *Voyez* Voët, *ad Pandect. de legib.* n.° 33, et Mascardus, *de Probat.* conclus. 423, &c. &c.

inter se, respectu temporis, rerum ac personarum, non varient.

§. CXLVIII.

Il faut de plus *le concours de la généralité des habitans.* Un fait personnel et particulier ne peut pas nuire aux tiers, ni obliger le général.

Au reste, il ne faut pas confondre l'usage du grand nombre avec l'usage général. Pour fonder un usage général, la seule pluralité ne suffit pas; il faut une prépondérance bien décidée sur le petit nombre qui ignore l'usage. Pourquoi cela ? parce que l'usage général suppose l'unanimité morale et le consentement présumé de tous : or, ni cette unanimité, ni ce consentement, ne sont renfermés dans le simple usage du grand nombre. Mais ce caractère est difficile à déterminer; et c'est ici le cas de dire avec la loi 32, ff. *de usuris :* « Les questions qui sont plus de » fait que de droit, ne peuvent être décidées ni par les lé- » gislateurs, ni par les jurisconsultes. »

§. CXLIX.

Relativement *au temps requis pour établir un usage,* la difficulté n'est pas moindre que la précédente; car c'est encore une question de fait.

Autrefois on exigeait dix ou vingt ans, lorsqu'il s'agissait d'un usage supplétif ou interprétatif de la loi; et quarante, lorsqu'il était question de l'abrogation d'une loi ou d'un droit par un usage contraire.

« Mais, dit Dunod, je crois mieux fondé le sentiment

» de ceux qui laissent à l'arbitrage du juge, de décider,
» par le nombre et la qualité des actes, si la coutume est
» acquise, si ces actes sont tels, et s'il s'est écoulé un temps
» assez long pour que le public et le législateur en aient eu
» connaissance; parce que l'établissement de chaque cou-
» tume dépendant des faits et des circonstances, il n'est
» pas possible de donner sur cela une règle certaine et
» invariable. »

§. CL.

Enfin la dernière condition requise pour établir l'usage,
est *que le législateur l'ait constamment toléré*, ou que,
s'il l'a condamné, il se soit écoulé un assez long espace
de temps pour faire présumer une approbation tacite de
sa part.

§. CLI.

L'usage peut-il abroger la loi ?

En parlant du caractère de l'usage, j'ai supposé qu'il
avait la force d'abroger la loi : je vais démontrer que tel
est en effet son pouvoir.

Deux lois romaines paraissent en opposition sur ce
point. La loi 32, §. 1, au Digeste, *de legib.*, porte : « Un
» usage anciennement établi peut avec raison être con-
» sidéré comme loi (c'est ce que nous appelons le droit
» établi par les mœurs ou l'usage); car les lois elles-mêmes
» n'étant obligatoires que parce qu'elles ont été reçues par
» le peuple, nous dirons avec raison que celles que le
» peuple a approuvées, quoiqu'elles ne soient pas écrites,

» sont également obligatoires : en effet, qu'importe que
» le peuple ait exprimé sa volonté en émettant son suf-
» frage, ou qu'il l'ait manifestée par des faits et par des
» actes? En conséquence, on a établi avec grande raison
» que les lois pouvaient être abrogées non-seulement par
» le suffrage du législateur, mais encore par l'effet de la
» désuétude fondée sur le consentement tacite de tout le
» monde (1). »

La loi 2, au Code, *quæ sit longa consuetudo*, porte
au contraire : « L'autorité de la coutume et d'un long usage
» est respectable sans doute; mais elle ne saurait jamais
» l'emporter ni sur la raison ni sur la loi (2). »

Ces deux lois évidemment contraires ont été diverse-
ment conciliées par les auteurs (3). Averani (*Interpr. jur.*
lib. 2, cap. 1, n.° 9) prétend que la loi pouvant résulter
de la volonté formelle du peuple, et d'un long usage
(I. 32, ff. §. 1, *ibid.*), le sens de la loi 2, au Code, est
que la coutume ne peut pas par elle-même et par sa na-

---

(1) *Inveterata consuetudo pro lege non immeritò custoditur. (Et hoc
est jus quod dicitur moribus constitutum.) Nam cùm ipsæ leges nullá
aliá ex causá nos teneant, quàm quòd judicio populi receptæ sunt,
meritò et ea quæ sine ullo scripto populus probavit, tenebunt omnes :
nam quid interest, suffragio populus voluntatem suam declaret, an
rebus ipsis et factis? Quare rectissimè etiam illud receptum est, ut
leges non solùm suffragio legislatoris, sed etiam tacito consensu
omnium, per desuetudinem abrogentur.*

(2) *Consuetudinis ususque longævi non vilis auctoritas est : verùm
non usque adeò sui valitura momento, ut aut rationem vincat, aut
legem.*

(3) *Voyez* Duaren, disputat. 2, cap. 32.

ture l'emporter sur la loi, d'après la valeur propre des mots, *non sui valitura momento ;* car, de deux choses égales, l'une ne peut pas l'emporter sur l'autre : il n'y aura donc lieu à reconnaître une préférence que lorsque l'une d'elles sera postérieure à l'autre, en vertu de la maxime *posteriora prioribus derogant.*

Mais cette solution n'a pas été généralement adoptée. Voici celle de Voët (1), qui me paraît en tout la meilleure. « Au reste, tout ce qui vient d'être dit sur l'usage abroga-
» toire d'une loi antérieure, doit être entendu d'un usage
» raisonnable, établi dans un état démocratique où le
» pouvoir de faire les lois réside entre les mains du
» peuple. Que s'il paraissait que cet usage fût fondé, non
» sur la raison, mais sur l'erreur ; comme un pareil usage
» ne saurait avoir force de loi, ni recevoir extension à des
» cas semblables (l. 30, ff. *de legib.*), il ne saurait non
» plus l'emporter sur la loi (l. 2, Cod. *quæ sit long. con-*
» *suet.*). Pareillement, dans les états monarchiques, le
» peuple ne pourrait, par l'effet d'un usage contraire,
» quelque ancien qu'il fût, anéantir des lois revêtues de
» la sanction du prince, à moins qu'il n'apparût du con-
» sentement tacite et de la volonté du prince ; car le peuple
» lui ayant transféré le pouvoir de faire la loi, étant d'ail-
» leurs conforme à la raison naturelle que celui-là seul
» puisse dégager qui a le pouvoir d'engager, et que celui
» qui a la faculté de vouloir, ait par suite celle de ne pas
» vouloir (l. 4, ff. *de reg. jur.*), comment se pourrait-il

---

(1) *Ad Pandect. de legib.* n.° 37.

» que celui qui est dépourvu du droit de faire la loi,
» eût cependant celui de s'en affranchir, malgré le légis-
» lateur (1) ?

Je trouve, dans le *Répertoire de jurisprudence* (2), un
article contraire à cette doctrine. « Voët n'a pas fait atten-
» tion, dit l'auteur de cet article, que la première de ces
» lois avait, comme la seconde, été faite pour l'empire
» romain, et à une époque où, depuis très-long-temps, le
» peuple ne prenait plus aucune part active à la législation.

» D'ailleurs, la raison sur laquelle s'appuie cette pre-
» mière loi, n'est pas moins applicable aux gouvernemens
» représentatifs, *et même purement monarchiques*, qu'aux
» gouvernemens dans lesquels le pouvoir législatif est
» exercé immédiatement par le peuple ; car, dans les uns
» comme dans les autres, la loi est toujours l'expression

---

(1) *Cæterùm, quæ de consuetudine, legem priorem abrogante, dicta
sunt, de eâ quidem quæ rationabilis est, et in statu democratico (in
quo penès populum condendæ legis potestas est), introducitur, expedita
satis. Verùm si, non ratione, sed errore, eam obtentam esse appareat ;
uti legis vigore destituta est, et aliis similibus in casibus deinceps haud
observanda (l. quod non ratione 39, ff. de reg. jur.), ità nec legem,
ratione justâ et æquitate suffultam, vincet (l. 2, C. quæ sit long.
consuet.). Non magis sanè, quàm in monarchico regimine, sancitas à
principe constitutiones, usu contrario, utcumque inveterato, populus
sustulerit ; nisi de tacito principis consensu ac conniventiâ constet.
Nam cùm omnem legis condendæ potestatem populus in principem
transtulerit, et, naturali ratione, ejus sit solvere, qui potest ligare, ac
ejus sit nolle, qui potest velle (l. 4, ff. de reg. jur.), qui, quæso,
posset, invito legislatore, abrumpere legum fræna, ipse legis ferendæ
exutus potestate?*

(1) Au mot *Usage*, §. 2, n.º 3.

» formelle ou présumée de la volonté générale : elle en est
» l'expression formelle dans les états où le peuple la vote
» lui-même directement ; elle en est l'expression présumée,
» dans les états où elle est votée par les délégués électifs
» ou héréditaires du peuple. Ainsi, dans les uns comme
» dans les autres, c'est, à proprement parler, le peuple
» qui fait les lois ; il peut donc les abroger dans les uns
» comme dans les autres. Or, que ce soit par des paroles
» ou par une longue série de faits qu'il manifeste sa volonté,
» il importe peu : dans l'un et l'autre cas, il use du plus
» incontestable de tous ses droits, et sa volonté souveraine
» doit être respectée. »

Cet article me paraît renfermer deux erreurs que je
dois signaler. 1.° Il est impossible de supposer que Voët
n'ait pas fait attention à l'époque à laquelle cette loi avait
été rendue, ni à la forme de l'état politique à cette même
époque ; la manière savante et précise dont il commente
cette loi se refuse à cette idée : l'unique question consiste
donc à savoir si réellement, à cette époque, la loi était ren-
due par le prince seul et sans le concours du peuple, et
si Voët a entendu que la définition donnée par Julien pût
s'appliquer à un pareil état de choses ?

Mais d'abord, quoique ce jurisconsulte vécût sous Ha-
drien, il ne suit pas de là qu'à cette époque le peuple ne
prit aucune part à la législation ; loin de là, tous les auteurs
sont d'accord sur ce point d'antiquité, que même après
l'émission de la loi *Regia*, qui transférait au prince le
pouvoir législatif, on observait encore l'ancienne forme
legislative, d'après laquelle le peuple participait à la confec-

tion de la loi. « *Les lois*, dit Jacques Godefroi (1), sont
» celles qui étaient rendues du consentement et *de l'ordre*
» *exprès du peuple romain*, non-seulement dans l'état
» démocratique ou populaire, mais encore pendant quelque
» temps dans les *commencemens de la monarchie ro-*
» *maine*, comme cela résulte des lois *Julia*, *Papia* et de
» quelques autres. »

   « Que l'on ne croie pas, dit Heineccius (2), que les
» Romains se soient, par la loi *Regia*, voués à la servitude,
» ni entièrement dépouillés de l'autorité souveraine; loin
» de là, et quoiqu'on fasse ordinairement résulter cette
» opinion, de Dion (liv. 53, pag. 588), de la loi 1, ff. *de*
» *const. princip.*, et de la loi 31, ff. *de legib.*, cependant
» toute l'histoire est là pour la démentir. En effet, après
» tous les sénatusconsultes rendus en faveur d'Auguste,
» le sénat affranchit Caligula des obligations de la loi *Pa-*
» *pia Poppea* (Dion. lib. 59). Or, à quoi servait cette
» exemption, si les empereurs étaient déjà, en vertu de
» la loi *Regia*, affranchis du joug des lois? Ainsi donc il
» faut dire que les princes étaient affranchis des lois seules
» dont le peuple romain les avait nommément déliés. »

   De plus, cette définition n'était qu'un simple précepte
de législation, à l'époque où elle a paru : ce précepte n'a

---

(1) *Opera jurid. minora*, pag. 1318. *Leges quæ expresso videlicet populi romani consensu jussoque latæ, non in democratico tantùm seu populari statu, verùm etiam aliquandiù, inter initia monarchiæ romanæ, ut apparet ex legibus Juliis, Papiis, aliisque nonnullis quæ tum latæ fuerunt.*

   (2) *Antiquit. roman.* lib. 1, tit. 2, §. 66.

pris caractère de loi que lorsqu'il a passé dans le corps de droit de Justinien, et l'on sait que Salv. Julien, auteur de ce précepte, appartenait à la secte des Sabiniens, qui étaient opiniâtrément attachés, ainsi que je l'ai dit (§. XXVIII), aux anciennes doctrines de droit.

Comment supposer d'après cela que Voët, qu'on ne peut guère soupçonner d'ignorance en pareille matière, ait appliqué, même par inadvertance, à un état purement monarchique, une définition exclusivement applicable aux états démocratiques ?

Il faut dire, au contraire, que Voët, fondé sur les notions les plus exactes des antiquités romaines, a considéré la définition de Julien comme ayant été faite pour une époque à laquelle le peuple participait plus ou moins à la puissance législative. Je suis d'autant plus autorisé à interpréter ainsi la pensée de Voët, que lui-même, dans le passage cité, s'appuie des principes de droit, *ejus est solvere qui potest ligare ; ejus est nolle qui potest velle*, &c. &c. Or, comment faire l'application de ces principes, s'il eût entendu qu'à l'époque où vivait Julien, le pouvoir législatif fût entièrement entre les mains du prince ?

2.° Je dis maintenant que la raison sur laquelle est appuyée la loi 32, ff. *de legib.*, n'est point applicable aux gouvernemens *purement monarchiques*. En effet, comment supposer que ces mots, *nam quid interest suffragio populus voluntatem suam declaret, an rebus ipsis et factis*, s'appliquent à un état *où le peuple ne prend plus aucune part active à la législation*, selon l'auteur de l'article? Comment faire résulter des mots, *quòd judicio populi receptæ sunt, tacito consensu omnium*, et en général, de toutes les parties de cette loi rédigée par l'un des jurisconsultes les plus sages, les plus exacts et les plus habiles de l'ancienne Rome (1), l'exclusion du peuple de toute participation à la loi? Mais c'est ici qu'on a recours à la fiction des temps modernes, savoir, que la loi est *l'expression de la volonté générale ;* que cette volonté est, ou *formelle*, ou *présumée ;* et à l'aide de cette fiction, on prétend appliquer la loi 32 même aux états purement monarchiques. D'abord, il ne paraît pas que les anciens aient connu cette fiction; et certes, Voët se garde bien de s'en servir pour expliquer une loi qui s'explique d'elle-même, et d'une manière naturelle, à l'aide de quelques notions sur les antiquités du droit romain. Mais il y a plus, l'auteur de l'article lui-même a reconnu précédemment que l'un des caractères indispensables pour constater un usage abrogatoire, est qu'il soit *constamment toléré par le législateur ;* ce qui suppose nécessairement autre chose que la volonté formelle ou présumée du peuple dans les états monarchiques.

Il faudra donc admettre la doctrine de Voët, et décider que, dans toutes les formes de gouvernement, le gouvernement populaire excepté, l'intervention du législateur

---

(1) Heinecc. *de Salvio Juliano*, exercit. 24. Ceux qui liront cette dissertation, y verront que ce jurisconsulte appartient à une époque où le peuple participait encore à la législation.

(du prince, des délégués ou autres, &c. &c.), sera nécessaire pour donner à l'usage, quel qu'il soit, le véritable caractère de loi.

§. CLII.

Après ces développemens et à l'aide des principes naturels de la matière, je reconnais que l'usage portant tous les caractères que j'ai décrits, a le pouvoir d'abroger la loi (1).

Mais ici se présente une grave difficulté. On voit une foule de lois abrogées par des usages contraires. D'un autre côté, une foule d'anciens usages portant tous les caractères de la loi, sont proscrits, malgré leur ancienneté, comme opposés au texte ou à l'esprit des lois. D'après quelles règles devra-t-on se diriger pour affirmer que telle loi subsiste malgré un usage contraire qui paraît l'abroger, et réciproquement ?

La première règle à suivre en cette matière est que tout usage qui blesse la raison, le droit naturel (2), les mœurs, la liberté publique; tout usage introduit par erreur, clandestinement ou par violence (3); tout usage nuisible,

____

(1) Mais si la loi déclarait qu'elle prohibe tout usage contraire, l'empêcherait-elle de naître? Oui, selon Dunod *(des Prescriptions*, part. 1, chap. 13). Cependant si des usages contraires faisaient tomber en désuétude la défense elle-même, les principes veulent que la loi soit aussi abrogée.

(2) Nov. 134, cap. 1; l. 2, Cod. *quæ sit long. consuet.;* C. 2, seq. X *de consuet.*—Heinecc. *Pandect.* §. 17.

(3) L. 39, ff. *de legib.* Tel serait, par exemple, l'usage de tourmenter les nouveaux venus dans les académies, ou de leur faire subir des épreuves. (*Constit. omnem reipublicæ*, §. 9, *ad antecessor.)*

déraisonnable ou absurde, doit être repoussé, et ne peut jamais l'emporter sur la loi.

La seconde, qu'une loi qui renferme elle-même quelques-uns des vices dont je viens de parler, peut tomber aisément en désuétude : il y a plus, les changemens survenus dans les mœurs, les institutions, peuvent autoriser suffisamment la désuétude; car alors la loi, ne s'appliquant plus aux mœurs et aux besoins du peuple, devient inutile. C'est ce qui faisait dire au chancelier d'Aguesseau (1) : « Toutes » les lois sont sujettes à tomber en désuétude; et il est » bien certain que quand cela est arrivé, on ne peut plus » tirer un moyen de cassation d'une loi qui a été abrogée » tacitement par un usage contraire. Il y a bien des choses, » disait-il encore (2), qu'on a conservées dans la rédaction » ou la réformation des coutumes, par respect ou par pré- » vention pour d'anciennes traditions qui ne doivent plus » tirer à conséquence depuis que la législation s'est per- » fectionnée, et qui sont censées suffisamment abrogées » par l'esprit général des lois, par l'usage commun de toute » la France, qui en est le plus sûr interprète. »

La troisième enfin, que dans les choses indifférentes à l'ordre public, et sur lesquelles la raison ne réclame pas fortement pour un parti plutôt que pour l'autre, il y a une distinction à faire : ou l'usage qui se trouve en opposition avec une loi est concentré dans une partie du terri-

----

(1) Lettre du 26 octobre 1736 au premier président du parlement de Toulouse.

(2) Lettre du 2 septembre 1742.

toire soumis à cette loi, ou il est suivi dans tout ce territoire. Dans le premier cas, l'usage ne saurait l'emporter sur la loi qui conserve encore l'assentiment général de ceux pour lesquels elle a été rendue ; et c'est proprement le cas d'appliquer la loi 2, Cod. *quæ sit long. consuetud.* Dans le second, au contraire, l'usage abroge la loi, en vertu de la loi 32, ff. *de legib.* §. 1 : *Tacito consensu omnium per desuetudinem (lex) abrogatur* (1).

§. CLIII.

L'usage peut-il suppléer la loi ?

La solution de cette question est implicitement renfermée dans celle que je viens de traiter. Il est évident que si l'usage a la force d'abroger la loi, il peut, à plus forte raison, la suppléer. Les motifs sont les mêmes de part et d'autre : les besoins de la civilisation, le concours général et uniforme des individus sur de certains faits ou de certains actes, le consentement tacite et l'approbation du législateur sur ces mêmes faits ou actes ; telles sont les conditions à l'aide desquelles un usage ancien pourra servir de supplément à la législation, et tel est aussi le sens direct et précis de la loi 32, ff. *de legib.* déjà citée. « Dans » les causes où nous manquons de lois écrites, il faut ob» server ce qui a été introduit par les mœurs et par les » usages; » *De quibus causis scriptis legibus non utimur, id custodiri oportet quod moribus et consuetudine inductum est.*

___

(1) *Voyez* aussi la loi 13, ff. *communia præd.*

Le droit français a consacré ces principes, et le Code civil renvoie fréquemment (ainsi que je l'ai dit §. CXLIII) aux usages locaux, pour suppléer ou compléter ses dispositions.

§. CLIV.

L'usage peut-il interpréter la loi ?

L'usage pouvant abroger et suppléer la loi, il peut aussi l'interpréter. Il y a plus, la meilleure interprétation de la loi est celle qui résulte de l'usage. *Si de interpretatione legis quæratur, imprimis inspiciendum est quo jure civitas retrò in ejusmodi casibus usa fuisset : optima enim est legum interpres consuetudo* (1). *Nam imperator noster Severus rescripsit, in ambiguitatibus quæ ex legibus proficiscuntur, consuetudinem... vim legis obtinere debere* (2).

§. CLV.

Mais l'usage aura-t-il la force d'enchaîner l'interprète, de telle manière qu'il ne puisse plus employer ensuite aucune des méthodes de l'interprétation doctrinale ?

Il faut distinguer : si l'interprétation résultant de l'usage porte tous les caractères que nous avons indiqués, comme pouvant donner à l'usage la force d'abroger la loi, il est

---

(1) Lorsqu'il s'agit d'interpréter la loi, il faut examiner d'abord comment on a rendu le droit jusque-là dans des cas pareils ; car l'usage est le meilleur interprète des lois. (L. 37, ff. *de legib.*).

(2) Car l'empereur Sévère a décidé que, dans les ambiguités que pouvaient offrir les lois, la coutume devait avoir force de loi. (L. 38, ff. *ibid.*)

évident qu'elle devra , à plus forte raison , l'emporter sur toute autre interprétation , et ce sera proprement le cas d'appliquer la maxime, *optima est legum interpres consuetudo* (l. 37 , ff. *de legib.*). Dans le cas contraire , c'est-à-dire , lorsque l'interprétation n'est fondée que sur un usage dépourvu de l'un de ces caractères ; si la jurisprudence n'est pas uniforme et constante sur la même matière , quelque imposante que soit d'ailleurs une série de jugemens ou d'arrêts rendus dans un même sens , ils ne sauraient enchaîner l'interprète, qui doit toujours chercher la volonté de la loi dans ses termes et dans son esprit (1). La cour de cassation a plusieurs fois confirmé ces principes (2).

De l'Interprétation authentique ou par voie d'autorité.

§. CLVI.

J'ai dit (§. IV) que l'interprétation de doctrine appartenait aux divers fonctionnaires chargés d'appliquer la loi. J'ai exposé successivement toutes les méthodes par lesquelles ils peuvent arriver au véritable sens des lois , les

---

(1) Il y a plus : la jurisprudence de la cour de cassation, quelque uniforme qu'elle soit sur un point de droit, ne saurait lier l'interprète dans l'usage de l'interprétation de doctrine. La cour de cassation elle-même peut abandonner une jurisprudence ancienne ; le temps, l'habitude de régulariser les applications de la loi, peuvent lui suggérer des interprétations nouvelles qu'une loi seule pourrait lui interdire.

(2) *Voyez* les divers recueils de cette cour, et le *Répertoire de jurisprudence,* aux mots *Loi, Interprétation, Usage, Coutume,* &c.&c.

principes sur lesquels reposent les interprétations *exten-sive*, *restrictive*, *déclarative*, qui toutes ont pour base commune cette règle souveraine en matière d'interpréta-tion : *Scire leges , non est earum verba , sed vim ac potestatem tenere* (1). Enfin j'ai parlé de l'interprétation d'usage et de jurisprudence. Mais ces moyens peuvent se trouver insuffisans ; alors l'interprète a recours au législa-teur (2), qui interprète par voie d'autorité (§. IV).

§. CLVII.

Quoique l'interprétation de doctrine et l'interprétation authentique diffèrent essentiellement, il est un point par où elles se touchent : l'esprit humain est tenté de résoudre tous les doutes ; quel sera pour lui le signe certain auquel il devra reconnaître la défense formelle d'interpréter ? Chez tous les peuples, à toutes les époques de leur législation , on a été tenté de confondre les deux espèces d'interpréta-tions dont je parle. La crainte de cette confusion est même le motif général de la loi 12 au Code *de legib.* que j'ai rap-portée (§. CXXXVIII). Justinien y pose solennellement le principe, qu'au législateur seul appartient le droit d'in-terpréter la loi : *Si enim in præsenti leges condere soli*

____

(1) L. 17, ff. *de legib.*

(2) Je ne veux pas dire que le magistrat applicateur doive recourir directement au législateur ; car la conséquence serait qu'il devrait re-fuser d'appliquer la loi jusqu'à l'émission de la loi interprétative, ce qui est formellement défendu par l'article 4 du Code civil ; mais j'entends par interprète le corps judiciaire (la cour de cassation), qui, aux termes des lois, peut régulièrement recourir au législateur.

imperatori concessum est ; et leges interpretari solo dignum imperio esse oportet. La loi 9 , même titre , porte : *Si quid obscurius. . . . . oportet id ab imperatoriâ interpretatione patefieri , duritiamque legum nostræ humanitati incongruam emendari.* D'un autre côté, le §. 12 de la préface que Justinien a mise en tête du Digeste, exprime la défense formelle faite aux jurisconsultes d'interpréter la loi : *Cùm per contrarias interpretantium sententias , totum jus penè conturbatum est* (1).

En effet , quelque disposé que soit l'interprète à modérer la rigueur du droit, à en rectifier le sens lorsqu'il lui paraît absurde , que deviendrait la législation s'il pouvait la plier à son gré, sous prétexte d'équité ou autrement? La certitude qu'elle doit avoir serait bientôt anéantie, *multa eaque certissima possent subverti* (2) ; et son autorité disparaîtrait au même instant, *rueretque legum auctoritas* (3). Lorsque la volonté du législateur est claire, l'interprète doit l'appliquer telle qu'elle est. Le législateur a eu sans doute ses motifs pour la rendre ainsi; et il n'appartient pas à l'interprète de refuser à la loi son exécution, parce qu'il ne peut en pénétrer les motifs : *Non omnium quæ à majoribus constituta sunt ratio reddi potest* (4).

---

(1) Plusieurs autres lois consacrent ces principes. L. 12, ff. *qui et à quib. manum.*; l. 18 et 20, ff. *de legib.*; l. 1, Cod. *de legib.*; Nov. 82, cap. 10, &c.

(2) L. 21 ; ff. *de legib.*

(3) Plato, lib. 1, *de legib.*

(4) L. 20, ff. *de legib. Voyez* ci-dessus §. CXXIV.

17.

Il y a plus : la loi 19, au Digeste, *de appellat.*, déclare nulle toute sentence expressément rendue contre la rigueur du droit. *Si expressim sententia contra juris rigorem data fuerit, valere non debet, et sine appellatione causa denuò induci potest.* Il doit nous suffire d'avoir une *loi à exécuter*, dit Vinnius (1) ; car, ce qu'il importe sur-tout en affaires, c'est de pouvoir décider quelque chose ; *in rebus enim et negotiis, aliquid certi definiendum est ;* c'est même, selon lui, le besoin de distinguer les fonctions du juge de celles du législateur, sous le rapport de l'interprétation, qui fut l'unique cause, à Rome, des édits et de tout le droit prétorien (2).

§. CLVIII.

En France, avant la révolution, ces deux interprétations tendaient aussi à se confondre. L'article 7, titre 1, de l'ordonnance de 1667, porte que, « si, dans le jugement » des procès qui seront pendans aux parlemens ou autres » cours, il survient quelque doute ou difficulté sur l'exé » cution de quelques articles des ordonnances, édits, dé » clarations et lettres patentes, sa Majesté défend aux cours » de les *interpréter*, mais veut qu'en ce cas elles aient à se » retirer par-devers elle pour apprendre son intention. »

La loi du 24 août 1790, tit. 2, art. 12, « enjoint » aux juges de s'adresser au corps législatif, toutes les fois

------

(1) *Quæstion. select.* 2.
(2) *Ibid.*

» qu'ils croiront nécessaire, soit *d'interpréter une loi*,
» soit d'en faire une nouvelle. »

Enfin l'article 5 du Code civil porte : « Il est défendu
» aux juges de prononcer par voie de disposition générale
» et réglementaire sur les causes qui leur sont soumises. »
Lors de la rédaction de cet article au conseil d'état, il s'é-
leva une discussion qui confirme mes réflexions sur la ten-
dance habituelle des esprits à confondre l'interprétation
authentique (ou législative) avec l'interprétation de doc-
trine. « Le ministre de la justice dit qu'il y a deux sortes
» *d'interprétations*, celle *de législation*, et celle *de doc-*
» *trine* ; que cette dernière appartient essentiellement aux
» tribunaux, que la première est celle qui leur est inter-
» dite ; que, lorsqu'il est défendu aux juges *d'interpréter*,
» il est évident que c'est de *l'interprétation législative*
» qu'il s'agit : il cite l'article 7 du titre 1.er de l'ordonnance
» de 1667, qui défend aux juges *d'interpréter les ordon-*
» *nances*. Il en conclut que le sens de ce mot étant fixé,
» il n'y a aucun inconvénient à l'employer.

  » M. Tronchet dit qu'on a abusé, pour réduire les juges
» à un état purement passif, de la défense que leur avait
» faite l'assemblée constituante d'interpréter les lois et de
» réglementer. Cette défense n'avait pour objet que d'em-
» pêcher les tribunaux d'exercer une partie du pouvoir
» législatif, comme l'avaient fait les anciennes cours, en
» fixant le sens des lois par des interprétations arbitraires
» et générales, ou en les suppléant par des arrêts de régle-
» ment. Mais, pour éviter l'abus qu'on en a fait, il faut
» laisser au juge l'interprétation, sans laquelle il ne peut

» exercer son ministère. En effet, les contestations civiles
» portent sur le sens différent que chacune des parties
» prête à la loi : ce n'est donc pas par une loi nouvelle, mais
» par l'opinion du juge, que la cause doit être décidée....
» On craint que les juges n'abusent de ce principe pour
» juger contre le texte de la loi ; s'ils se le permettaient, le
» tribunal de cassation anéantirait leurs jugemens. Au
» reste, pour ne pas laisser d'équivoque, on pourrait rédi-
» ger ainsi (l'article) : *Il est défendu aux tribunaux de
» prononcer par voie de disposition générale et régle-
» mentaire sur les causes qui sont portées devant
» eux, &c.* »

Et tels sont en effet les termes dans lesquels l'article fut
adopté.

Ainsi, la ligne de démarcation qui sépare ces deux es-
pèces d'interprétations, est aujourd'hui parfaitement tra-
cée ; et la cour de cassation, dont la jurisprudence est
constante à cet égard, ne manque pas de condamner,
comme excès de pouvoir, toute usurpation des corps judi-
ciaires sur les fonctions législatives, en matière d'interpré-
tation, et ne permet plus de voir se renouveler une pareille
confusion (1).

____

(1) Voici l'état de la législation française relativement à la forme
dans laquelle sont rendues les lois interprétatives.

La loi du 1.er décembre 1790, qui crée la cour de cassation, porte,
art. 21 :

« Lorsqu'un jugement aura été cassé deux fois, et qu'un troisième
» tribunal aura jugé en dernier ressort de la même manière que les deux
» premiers, la question ne pourra plus être agitée au tribunal de cas-
» sation, qu'elle n'ait été soumise au corps législatif, qui, en ce cas,

§. CLIX.

Caractère de l'Interprétation authentique. Cas dans lesquels on y a recours.

L'interprétation authentique émane du législateur (§. IV) : comme elle porte le caractère de loi, il importe

---

» portera un décret déclaratoire de la loi, et le tribunal de cassation » s'y conformera dans son jugement. »

L'art. 256 de la constitution de l'an 3 énonce la même disposition, avec cette seule différence, que « la question doit être immédiatement » soumise au corps législatif, si, après une première cassation, un se- » cond tribunal juge la question comme l'a jugée le premier. »

Enfin, l'article 78 de la loi du 27 ventôse an 8 porte : « Lorsque, après » une première cassation, le second jugement sur le fond sera attaqué » par les mêmes moyens que le premier, la question sera portée devant » toutes les sections réunies de la cour de cassation. »

Mais cette dernière loi n'avait pas prévu le cas où, après une seconde cassation, une troisième cour d'appel jugerait comme les deux pre- mières ; or, il arriva souvent, depuis cette loi, que les cours d'appel rendirent un troisième arrêt en opposition directe avec le premier et le second arrêt de la cour de cassation.

C'est dans cet état qu'intervint la loi du 16 septembre 1807 ; elle est ainsi conçue :

« Art. 1.er Il y a lieu à interprétation de la loi, si la cour de cassation » annulle deux arrêts ou jugemens en dernier ressort, rendus dans la » même affaire, entre les mêmes parties, et qui ont été attaqués par les » mêmes moyens.

» 2. Cette interprétation est donnée dans la forme des réglemens » d'administration publique.

» 3. Elle peut être demandée par la cour de cassation avant de pro- » noncer le second arrêt.

» 4. Si elle n'est pas demandée, la cour de cassation ne peut rendre » le second arrêt que les sections réunies, et sous la présidence du » grand-juge.

» 5. Dans le cas déterminé en l'article précédent, si le troisième arrêt peu que celui qui donne cette interprétation ait rendu ou non la loi interprétée ; il suffit qu'il ait le véritable caractère de législateur (1).

Il y a lieu à rendre la loi interprétative,

1.º Lorsque les termes d'une loi sont obscurs, équivoques ou ambigus, de manière que la loi n'ait aucun sens, ou que celui dont elle est susceptible soit absolument inapplicable à l'espèce soumise ;

2.º Lorsque les termes de la loi étant clairs, le sens qu'ils expriment est néanmoins si dur ou tellement absurde, que l'on puisse légitimement douter que le législateur eût rendu la loi, s'il en avait connu les résultats dans l'application ;

3.º Lorsque le sens de la loi est contraire aux mœurs ou à l'utilité publique (2).

» est attaqué, l'interprétation est de droit, et il sera procédé comme il » est dit à l'article 2. »

La chambre des députés avait pris, le 21 septembre 1814, une résolution relative à l'interprétation de la loi. Mais l'effroyable catastrophe du 20 mars empêcha que cette résolution eût aucune suite.

Quelques inductions que l'on veuille tirer aujourd'hui de la Charte ou autres lois, relativement à l'interprétation authentique, comme elles n'énoncent aucune disposition formelle, il est évident que la législation positive en cette matière est la loi du 16 septembre 1807, rattachée aux dispositions antérieures qu'elle laisse subsister : une preuve certaine de cette opinion se tire de la nécessité qui parut démontrée à la chambre des députés en 1814, de proposer la résolution dont j'ai parlé.

(1) Franzkius *ad Pandect.* lib. 1, *de legib.*

(2) Domat, *Lois civiles*, liv. 1.ᵉʳ, tit. 1.ᵉʳ, sect. 2, n.º 12. Quelques auteurs pensent que ces deux derniers cas ont plutôt pour objet de réformer la loi que de l'interpréter. (*Voyez* M. Coock, dissertation

On pourra définir l'interprétation authentique : *explication donnée par le législateur de la volonté qu'il a émise dans une loi antérieure.*

§. CLX.

De cette définition, et des cas dans lesquels il y a lieu à solliciter l'interprétation authentique, résultent les principales différences qui existent entre cette interprétation et l'interprétation de doctrine.

Dans la première, le législateur ajoute à la loi une explication qui manifeste sa volonté ; dans la seconde, rien n'est ajouté à la loi. Le jurisconsulte, simple interprète, fait usage des diverses méthodes dont j'ai parlé dans les livres précédens. Son but est de parvenir à l'exacte connaissance de la volonté du législateur, exprimée par les mots sous lesquels la loi s'offre à lui ; car il doit prendre la loi telle qu'elle est, et se renfermer strictement dans le sens qu'elle énonce. La clarté, la perfection, en un mot l'essence de la loi, ne dépendent pas de l'entendement de l'interprète. Il doit rester esclave du texte qui lui est soumis ; et la mesure de ses efforts est déterminée par l'étendue même de la matière à interpréter. Le législateur, au contraire, crée la loi ; l'étendue de la loi aura donc pour mesure la volonté même du législateur qui l'a faite. D'où il suit que si elle sort de ses mains sous une forme qui ne

---

déjà citée.) Cette opinion ne me paroît pas fondée. L'interprétation donnée par le législateur à une loi dure ou absurde peut n'être qu'une simple explication devant laquelle s'évanouisse la dureté ou l'absurdité.

la représente pas telle qu'il l'a conçue, elle est imparfaite et susceptible d'être interprétée par lui.

Cette interprétation est la véritable; elle est même infaillible, car elle émane de celui qui a rendu la loi : de là vient qu'elle est dite *authentique.* Quelquefois elle ne se borne pas à faire connaître le sens de la loi antérieure ; elle ajoute à ses dispositions ou les diminue : mais elle ne perd pas pour cela son caractère d'interprétation authentique; car la loi interprétée n'ayant pas fait connaître la volonté réelle du législateur, cette volonté est toute entière dans la loi interprétative; c'est donc dans cette dernière loi qu'il faut en chercher la force et l'étendue.

De la Rétroactivité des Lois.

§. CLXI.

Les lois ne peuvent rétroagir. Leges et constitutiones certum est futuris dare formam negotiis, non ad facta præterita revocari (1). « L'office des lois est de régler » l'avenir (disait M. Portalis dans l'exposé des motifs du » titre I.er du Code civil); le passé n'est plus en leur » pouvoir. Par-tout où la rétroactivité des lois serait ad- » mise, non-seulement la sûreté n'existerait plus, mais » son ombre même. »

L'article 2 du Code civil consacre formellement ce principe : « La loi ne dispose que pour l'avenir; elle n'a » point d'effet rétroactif. »

____

(1) L. 7, Cod. *de legib.*

Cependant il est des cas où la loi étend son empire sur le passé comme sur l'avenir. La loi 7 ci-dessus citée exprime elle-même cette exception : *Nisi nominatim et de præterito tempore, et adhuc pendentibus negotiis, cautum sit.*

Relativement *aux affaires pendantes*, et sur lesquelles il n'est intervenu ni décisions définitives, ni transactions, ni autres actes d'où résultent des droits acquis, les lois nouvelles recevront leur application, sur-tout si elles expriment des dispositions favorables. *Quod potissimùm fit*, dit Voët (1), *si favorabilia legibus novis constituantur........favoribus scilicet ampliandis* (2).

Quant *aux actes ou affaires passés*, les lois nouvelles leur sont applicables, 1.° toutes les fois qu'ils se trouvent infectés de turpitude, ou d'une iniquité manifeste et permanente ; soit que des lois antérieures eussent déjà flétri ces actes (comme dans les cas prévus par les lois 8 et 9 au Code *de incest. nupt.*, où les empereurs Zénon et Anastase déclarent nuls les mariages antérieurement contractés, au mépris des lois existantes, entre beaux-frères et belles-sœurs; le cas encore prévu par la loi 16 au Code *de ss. eccles.*, où les empereurs Léon et Anthémius annullent tout ce qui a été fait contre l'église, dans les temps de tyrannie) ; soit que ces actes n'eussent été prévus par aucune loi positive, pourvu qu'une injustice évidente

---

(1) *Ad Pandect. de legib.* n.° 17.

(2) *Voyez* les lois 21 et 23, Cod. *de ss. eccles.*

commande cette application rétroactive, *si modò id insignis suadeat injustitia* (1).

Par exemple, la loi 3, au Code, *de pactis pignorum*, proscrit les pactes commissoires qui avaient été précédemment faits entre les créanciers et les débiteurs. *Si quis igitur tali contractu laborat* (2), *hâc sanctione respiret quæ cum præteritis præsentia quoque repellit, et futura prohibet.*

2.º La rétroactivité a lieu toutes les fois que, par ruse ou par fraude, on a fait des actes contraires à la justice et aux lois existantes. « Car, dit Bacon (3), celui qui, par ruse » ou par fraude, élude ou trompe les termes ou l'esprit de » la loi, mérite d'être enlacé par la loi postérieure. » *Qui verba aut sententiam legis captione et fraude eludit et circumscribit, dignus est qui etiam à lege sequente innodetur.*

3.º La rétroactivité a lieu toutes les fois que la loi nouvelle ne fait que rétablir une loi ancienne, ou une règle d'équité naturelle, dont quelque abus avait altéré l'usage, ou lorsqu'elle règle des questions pour lesquelles il n'y avait jusque-là ni loi, ni coutume (4);

----

(1) Voët, *ad Pandect. de legib.* n.º 17.

(2) Voici comment avait lieu le pacte commissoire : le créancier stipulait que si le débiteur ne le payait pas au jour convenu, le gage lui demeurerait en toute propriété, pour lui tenir lieu du paiement de sa créance. L'iniquité consistait, le plus souvent, en ce qu'un gage très-précieux était destiné à garantir le paiement d'une somme très-modique.

(3) Aphor. 48.

(4) Domat, *Lois civiles*, liv. préliminaire, tit. 1.er, sect. 1.re, n.º 14.

4.° La rétroactivité a lieu, lorsque la loi nouvelle, en statuant sur quelques vices de formalités extérieures d'un acte, a pour objet d'expliquer ou de confirmer le but réel et intérieur de ce même acte (1). « Car, dit encore Bacon, » le principal danger de la rétroactivité consiste dans le » trouble qu'elle apporte à ce qui est déjà fait; mais de pa-» reilles lois confirmatives tendent plutôt à maintenir la » paix et à consolider ce qui est terminé. » *Legis enim quæ retrospicit, vitium vel præcipuum est, quòd perturbet ; at hujusmodi leges confirmatoriæ, ad pacem et stabilimentum eorum quæ transacta sunt, spectant.*

5.° La rétroactivité a lieu, si, en la refusant à la loi, celle-ci présente un sens absurde ; car, dans le doute, il faut donner à la loi le sens qui n'offre aucune défectuosité, la volonté du législateur étant présumée renfermée dans ce dernier sens (2).

6.° La rétroactivité a lieu, lorsque la loi nouvelle introduit une libération, une défense, une exception. Dans ce cas, la loi nouvelle ne s'étend pas à l'obligation antérieure elle-même, ni aux effets qu'elle a produits jusque-là ; elle ne fait qu'empêcher ou modifier les effets ultérieurs qu'elle peut produire. Ainsi, par exemple, la loi nouvelle qui diminuerait ou augmenterait l'intérêt légal de l'argent, diminuerait ou augmenterait par-là les intérêts à payer les

-----

(1) La loi du 4 septembre 1807, relative à la rectification des inscriptions hypothécaires, offre un exemple de ce cas.

(2) L. *in ambigua*, ff. 19 *de legib.*

années suivantes par les particuliers[*], en vertu des contrats existans (1).

7.° La loi nouvelle qui, au moment où l'instruction d'une affaire se trouve commencée, prescrit de nouvelles formes, s'applique à cette affaire, et détermine la suite de son instruction. Ce principe, qui est fondé sur la loi 21, Cod. *de ss. eccles.* in fine, et qui était généralement suivi autrefois (2), a été formellement reconnu par un acte de la législation intermédiaire (3).

8.° C'est la loi nouvelle qui règle la compétence des tribunaux au moment où l'on veut introduire une action, et non celle qui était en vigueur lorsque l'obligation a pris naissance (4).

§. CLXII.

Enfin, il est un cas (et c'est proprement la matière que

---

(1) L. *de usuris* 7, Cod. *de usuris.* — Voët, *ad Pandect. de legib.* n.° 17.

(2) *Répertoire de jurisprudence,* au mot *Compétence,* §. 3.

(3) Arrêté du Gouvernement du 5 fructidor an 9. En voici les termes :

« Tout ce qui touche à l'instruction des affaires, tant qu'elles ne sont » pas terminées, se règle d'après les formes nouvelles, sans blesser le » principe de non-rétroactivité, que l'on n'a jamais appliqué qu'au fond » du droit. »

(4) Je ne parle pas du cas où la loi nouvelle énonce formellement qu'elle rétroagit sur le passé, sans que la rétroactivité se trouve justifiée par aucun principe de droit (loi du 17 nivôse an 2, &c.); la loi, dans ce cas, tirant toute sa force de la volonté exorbitante et irrégulière du législateur, on ne saurait en faire résulter aucune conséquence pour d'autres cas. Néanmoins les tribunaux doivent obéir à cette loi comme à toute loi positive.

j'ai en vue), où même, sans que le législateur s'en soit formellement expliqué, la loi s'applique au passé comme à l'avenir ; c'est lorsqu'elle interprète une loi antérieure, et déclare le sens dans lequel elle a dû être entendue.

Nous avons vu, au §. CLVIII, les cas dans lesquels il y a lieu à recourir au législateur pour obtenir l'interprétation authentique ; voici comment on doit faire l'application de la loi interprétative.

Il est de principe que la loi interprétative remonte, quant à ses effets, au jour même de la loi interprétée et s'identifie avec elle ; car ayant pour objet de déclarer que la loi interprétée a dû toujours être entendue dans un certain sens, et être exécutée d'une certaine manière, c'est au jour même où la loi interprétée a été rendue, qu'il faut se reporter pour savoir comment elle a dû être exécutée. Il suit de là que le sens déterminé par la loi interprétative doit régler tous les droits *non irrévocablement acquis* à l'époque où elle est rendue; tel est le sentiment unanime des auteurs. *Constitutio, quando juris antiqui declaratoria est,* dit Gail (*Observationes practicæ,* lib. 2, observat. 9, n.° 6), *concernit etiam præterita.* La raison en est, selon lui, que, comme l'établit la loi 21, §. 1, ff. *qui testam. fac. poss.,* ce n'est pas faire une nouvelle disposition, que d'expliquer une disposition déjà faite : *et est ratio quòd is qui declarat, nihil novi dat.*

Voët, sur le Digeste, tit. *de legib.,* présente la même doctrine : *Ad præterita legem trahendam ratio dictat, quoties non tam novi quid lege novâ injungitur, quàm potiùs dubiæ legis anterioris interpretatio fit.* Voilà pourquoi Justinien, dans sa novelle 19, déclare que les interprétations contenues dans sa 12.ᵉ novelle, sur les effets de la légitimation, doivent servir de règle même pour les successions ouvertes antérieurement à cette dernière loi, pourvu qu'il n'en ait été autrement disposé ni par transaction, ni par sentence passée en chose irrévocablement jugée ; *exceptis illis negotiis quæ contigit ante leges à nobis propositas, aut decreto judicum, aut transactione determinari ;* et il en donne cette raison, qui est essentiellement applicable à toutes les lois interprétatives : *Cùm omnibus manifestum sit, oportere ea quæ adjecta sunt per interpretationem, in illis valere in quibus interpretatis legibus sit locus.*

La conséquence de ces principes est que même des jugemens rendus en dernier ressort, contraires à des lois interprétatives émises après ces mêmes jugemens, peuvent être cassés par la cour de cassation (1).

§. CLXIII.

Je viens de dire que le sens déterminé par la loi interprétative, réglait tous les droits non irrévocablement acquis à l'époque où elle est rendue. Il convient d'expliquer ici ce qu'on doit entendre par droits acquis.

Voici comment les définit Tobias-Jacob Reinharth, dans ses *Selectæ Observationes ad Christinæum* (tom. I, observat. 49, n.° 5). « Toutes les affaires qui seront

____

(1) *Voyez* le *Répertoire de jurisprudence*, tom. 3, pag. 776 *et suiv.*

» terminées , quant à leur essence , avant la loi rendue ,
» bien que leur accomplissement et leurs effets dépendent
» d'un seul fait qui doive se réaliser après la loi nouvelle ,
» seront mises au nombre des choses passées et jugées
» d'après les lois antérieures et non par la loi nouvelle , à
» moins que l'état de ces affaires ne permette de les rectifier
» et de les accomplir dans le sens de la loi nouvelle (1). »

Glück , dans son commentaire sur la *Jurisprudentia forensis* de Hellfeld, tom. I, §. 21 , dit pareillement :
« Pour qu'un acte dont l'effet dépend d'un événement futur
» qui s'accomplit par un seul fait *(ab actu post legem*
» *novam futuro eoque non extensivo)*, puisse être con-
» sidéré comme un acte passé , et que par-là il nous soit
» défendu de lui appliquer la loi nouvelle , il faut qu'il
» ne soit plus possible d'apporter un changement à l'acte
» dont il s'agit, et de le modifier suivant la loi nouvelle ,
» sans porter atteinte au droit légalement acquis par un
» tiers (2). »

---

(1) *Quæcumque negotia jam ante legem novam latam , quoad essentiam suam , fuerunt perfecta , licèt consummationem suam suosque effectus ab actu demùm post legem novam futuro eoque non extensivo , adhuc nectent , ea ad præterita omninò referenda sunt , adeòque ex anterioribus legibus , nequaquàm verò ex novâ lege latâ , dijudicanda , modò non integrum sit negotium juxta novæ legis placita emendandi et perficiendi.*

(2) Voici l'exemple que donne Glück, pour éclaircir ce principe : Un noble m'a légué une terre après son décès ; mais avant que l'héritier institué ait accepté la succession, une loi nouvelle vient d'être publiée, qui défend de faire passer les terres de cette espèce entre les mains des roturiers. On demande si la loi nouvelle est applicable au legs dont il

L'auteur ajoute qu'on ne doit pas non plus appliquer la
loi nouvelle aux actes antérieurs, quoique conditionnels ;
ce qui résout négativement la question de savoir si les lois
nouvelles régissent les effets des contrats passés ou des
testamens dont les auteurs sont morts avant leur promul-
gation, lorsque leurs effets ne s'ouvrent qu'après cette
même promulgation.

Il y a une autre espèce de droits acquis sans conventions
expresses, et qui résultent de la seule autorité des lois
existantes, d'après ce principe que les dispositions de ces
lois règlent les droits dont il s'agit, comme *contrat* et non
comme *lois*. Par exemple, avant la révolution, lorsque
deux époux se mariaient sans régler leurs droits par un
contrat de mariage, ils étaient censés adopter et changer
en *conventions tacites* les dispositions des lois sous l'em-
pire desquelles ils s'unissaient. Il est évident que si ces lois
eussent réglé leurs droits comme *lois* et non comme *con-
trat*, elles auraient pu être abrogées par des lois posté-
rieures, au préjudice des époux ; mais les réglant comme
contrat, aucune loi postérieure ne pouvait leur porter
atteinte. Telle était la doctrine de Dumoulin (1) et de

---

s'agit. Je crois que non. Par le décès du testateur, qui a eu lieu avant
la loi nouvelle, le testament du défunt avait obtenu toute sa perfection,
et j'avais acquis un droit sur l'immeuble : l'acte doit donc être considéré
comme antérieur à la loi ; car le droit que j'ai de réclamer la terre, n'est
plus subordonné qu'à l'acceptation de la succession, et la loi nouvelle ne
peut et ne doit me priver de ce droit acquis. Il en serait autrement si la
loi nouvelle avait été publiée avant le décès du testateur.

(1) Conseil 53.

Pothier (1) ; le seul d'Argentré professait une opinion contraire, mais elle n'a jamais été suivie. Il en serait de même aujourd'hui, non-seulement lorsque les lois existantes peuvent être considérées comme conventions présumées des parties, mais encore dans les cas où l'usage tient lieu de loi, d'après le principe que *in contractibus tacitè veniunt ea quæ sunt moris et consuetudinis* (2), et d'après l'article 1160 du Code civil (3).

§. CLXIV.

Enfin, relativement à l'état des personnes, on suit généralement le principe que les lois nouvelles s'appliquent, du moment même de leur publication, aux personnes qui se trouvaient dans un état différent, si ces lois nouvelles améliorent leur état ; lorsqu'elles l'empirent, au contraire, elles ne sont applicables qu'aux personnes qui se trouvent encore dans l'état dont elles déterminent la durée (4). » Ainsi, dit Abraham de Wesel, *ad novellas Constitutio-* » *nes Ultrajectinas*, n.° 34, les jeunes gens qui avaient, » sous l'ancienne législation de la province d'Utrecht, » acquis, par l'âge de vingt-deux ans, leur pleine émanci- » pation, ne retombent pas aujourd'hui sous la puissance

(1) *Traité de la communauté*, art. préliminaire, pag. 6.

(2) L. 31, §. 20, ff. *de ædilit. edict.*

(3) *Voyez* le *Répertoire*, tom. 5, pag. 418.

(4) *Voyez* un arrêt de la cour de cassation du 20 mai 1806, *Répertoire de jurisprudence*, au mot *Prodigue*, §. 7, et *Recueil de questions de droit*, au mot *Prodigue*.

» tutélaire, par l'effet de l'article 13 des nouvelles ordon-
» nances, qui reculent la majorité jusqu'à l'âge de vingt-cinq
» ans ; et c'est ce que les états de cette province ont eux-
» mêmes déclaré par un rescrit interprétatoire du 1.er juin
» 1659. » La cour de cassation a pareillement décidé, le 6
avril 1808 (1), que les enfans pubères, et par conséquent
émancipés, à l'époque de la publication du Code civil, ne
retombaient pas dans la tutelle déterminée par ce Code.

Si la distinction que je viens d'établir entre les lois nou-
velles qui améliorent l'état des personnes , et celles qui
l'empirent , a éprouvé quelque contradiction , elle n'en
éprouve du moins aucune lorsqu'on l'applique aux crimes
et aux délits ; et dans ce cas, on décide universellement
que c'est la loi existante à l'époque où le crime ou délit a
été commis, et non celle où on juge le procès, qui doit être
appliquée. Néanmoins, comme c'est pour l'avantage de l'ac-
cusé qu'il est défendu aux juges de faire rétroagir les lois
pénales, si la loi du temps du crime était plus rigoureuse
que celle du temps où se juge le procès, ce serait cette der-
nière qu'on devrait appliquer (2).

---

(1) *Voyez* le *Répertoire*, ibid.

(2) *Voyez* le décret du 23 juillet 1810, relatif à la mise en activité
du Code pénal, et toutes les lois intermédiaires citées au *Répertoire de
jurisprudence,* au mot *Peine,* n.º 9.

Il résulte des définitions et développemens qu'on vient de lire, que
les simples expectatives, les droits qu'on peut révoquer *ad nutum,* en
un mot tous ceux qui ne sauraient être rangés dans l'une des classes
déterminées ci-dessus, ne sont pas proprement *droits acquis,* et que la

§. CLXV.

J'ai promis (§. V) d'indiquer les rapports qui existent entre la philologie et les interprétations *d'usage* et *authentique.*

Pour éviter une discussion aride et métaphysique sur un sujet où je me suis proposé de ne tracer que des règles positives, je me bornerai aux réflexions suivantes.

Les connaissances philologiques que j'ai exigées de l'interprète ordinaire des lois, je les exige sans doute de celui qui interprète par l'usage ou par la jurisprudence ; mais leur emploi n'est pas le même dans les deux cas. Dans l'interprétation de doctrine , ce qu'il importe sur-tout , c'est d'arriver à l'exacte connaissance de la volonté du législateur. De là toutes les méthodes propres à faire connaître la partie extérieure et intérieure du texte. Dans l'interprétation d'usage, au contraire, ce qu'il importe particulièrement, c'est de reconnaître qu'une série de faits ou d'actes propres à constituer un usage, a consacré un certain sens de la loi. Les recherches philologiques auront donc alors pour but l'examen et la critique de ces mêmes actes , l'appréciation morale des témoignages de tout genre d'où peut résulter l'usage, le concours évident des circonstances essentielles

---

loi nouvelle peut les abroger ou les modifier, à compter du jour de sa promulgation.

Je trouve dans Bentham *(Législation civile et pénale)* et dans quelques autres auteurs modernes, une théorie sur les droits acquis qui me paraît bien plus appartenir au domaine de la législation qu'à celui de la jurisprudence ; ce qui me détermine à n'en faire aucun usage.

18..

que j'ai retracées plus haut pour établir, d'une manière invariable, cette masse de présomptions légales qui doit prendre aux yeux du fonctionnaire applicateur la certitude même de la loi.

Quant à la série des jugemens propres à fixer le sens d'une loi, il appartient au philologue d'étudier séparément la source de chacun d'eux, l'espèce précise sur laqvelle ils ont statué, les temps où ils ont été rendus, l'état de la législation et de la jurisprudence à ces diverses époques, le sens réel et constant dans lequel ils paraissent tous concourir à interpréter la loi; en un mot, le philologue exerce ici, jusqu'à un certain point, les fonctions mêmes du législateur; car il détermine comme sens légal, et par conséquent comme volonté législative, des faits constamment renouvelés et jugés de la même manière.

Relativement à l'interprétation authentique, les usages de la philologie sont beaucoup plus bornés. Le législateur, sollicité d'expliquer sa pensée antérieure, ne paraît soumis à d'autre obligation que celle de ressaisir avec exactitude cette même pensée pour la manifester toute entière ; et quoiqu'il puisse, par des motifs supérieurs tirés de la législation et des besoins généraux de la société, s'écarter parfois des limites précises de sa première pensée, néanmoins, comme il est présumé avoir rendu dans l'intérêt public la loi qu'il interprète; comme il ne l'a ni abrogée ni modifiée depuis, il est présumé aussi donner à la loi interprétée le sens qu'il y a originairement attaché, et dans lequel elle aurait dû toujours être entendue.

Il peut arriver cependant que le législateur interprète

une loi ancienne dont il n'est pas personnellement l'auteur; alors, et dans ce cas seulement, il est appelé à faire usage des ressources de la philologie, dans le sens de l'interprétation de doctrine; car, son premier devoir consiste à s'assurer de la pensée réelle du premier auteur de la loi. Mais comme, en matière de législation, le législateur est un être moral, composé de tous les individus revêtus du caractère en vertu duquel ils ont pu faire et rendre la loi; comme ils se sont tous succédé les uns aux autres avec des pouvoirs égaux, il en résulte que le législateur qui interprète une loi ancienne, doit l'interpréter plutôt comme législateur que comme applicateur.

RÈGLES GÉNÉRALES
D'INTERPRÉTATION (1).

RÈGLE Ire

INTERPRETATIO in dubio capienda semper, ut actus et dispositio potiùs valeat quàm pereat. (L. *quoties* 12, ff. *de reb. dub.*).

Confirmation de la Règle.

Interpretatio fugienda per quam lex redditur elusoria (Franc. Rip. in I. *si constante*, n.° 5, *sol. matrim.*) Ubi subdit, quòd etiam interpretatio toleretur, per quam subauditur persona extrinseca, modò ne lex elusoria fiat (Prosper Farinac. consil. 85, n.° 28). Et quælibet dispositio, quantumvis sit stricti juris, semper debet aliquid operari, ne sit inutilis (L. *si stillicidii* 8, ff. *quemadmod. servitus amitt.*) Imò etiam, in materiâ odiosâ, et ad correctionem juris communis verba debent impropriari, ne dispositio inutilis reddatur (Authentic. *ex testam. C. de collat.*). Interpretatio latior admitti solet, ne dispositio legis elusoria reddatur (Porc. consil. 175, n.° 2); et interpretatio quæ facit valere actum, tanquàm regina cæteris præfertur (Cephal. consil. 51, n.° 39); et in dubio fit interpretatio, ut actus non solùm valeat, sed ut fortiùs ac validiùs valeat (*id.* consil. 342, n.° 82); et interpre-

---

(1) Ces règles appartiennent spécialement à l'interprétation de doctrine.

tatio in dubio facienda, ut dispositio sustineatur (Menoch. consil. 167, n.° 4); et ut aliquid operetur etiam in odiosis et strictè interpretandis (*id.* consil. 378, n.° 33); et ità debet interpretatio fieri, ne actio careat effectu (Phil. Porc. consil. 4, n.° 15). Idque procedit in actu quoquo secundario, nedum principali (*Decis.* in cap. *cùm super* 23, *de offic. delegat.*); et interpretatio sumitur, ne frustrà actus sit factus, etiam in his casibus qui strictam interpretationem solùm admittunt (Menoch. *de adipisc. possess.*).

Restriction de la Règle.

Cæterùm fallit hæc regula, quandò interpretatio fieret contra leges expressas, aut quandò versamur in claris. — Non habet etiam locum in præjudicium tertii (*Decis.* in cap. *super eo* 12, col. 2); et dicitur favorabilis et benigna interpretatio, quæ excludit odium, etiam in annullatione actùs (Jason. in lib. 2, *de liber et posth.*). Et interpretatio desumpta ex naturâ actùs, prævalet interpretationi quæ in dubio fit pro validitate actùs (Pedroch. in *Respons. de individ.* n.° 576). — Interpretatio desumpta ex defectu formæ actùs, præfertur validitati ipsius actùs (n.° 578). Interpretatio desumpta ex eo quod repugnat præsumptæ menti disponentis, præfertur interpretationi validitatis actùs (n.° 579). — Et interpretatio, ut actus valeat, non fit, quandò ejus validitati verba præcisè repugnant (Pedroch. n.° 580). Et tum demùm procedit regula, quandò verè constat de ipso actu; secùs, si de eo dubitetur (*Paris. Consuet.* 27, n.° 41).

RÈGLE II.

Interpretatio illa capienda semper, per quam ad jus commune reducimur, quæ juri communi convenit, et per quam juris communis correctio vitatur, et per quam jus commune minùs offenditur, et per quam minimè receditur à jure communi, et per quam jura juribus concordantur (*Hermenop. Pist.* I. 2, quæst. 41).

Interpretatio namque quæ nos ad juris regulas reducit, plausibilis videri debet (**L.** *si unus* 27, §. *pactus* 2). Interpretatio semper admittitur, quæ à jure communi provenit (Menoch. consil. 513, n.° 12). Et ità est facienda, ut adaptetur regulis juris (Cephal. consil. 345, n.° 21). Interpretatio latissima fieri debet, cùm per eam ad jus primævum revertimur (Menoch. consil. 1, n.° 362); et interpretatio ita sumenda, ut res ad sua initia redeat (Zas. in tom. *Consil. Marp.* 47, n.° 101). — Interpretatio, per quam reducimur ad jus antiquum sive commune, tanquam favorabilis sumenda est (Cephal. consil. 539, n.° 96, ubi rationem ejus rei allegat). Interpretatio ad jus commune reducens, pia censetur et favorabilis (Joan. Anton. Rubens. consil. 8, n.° 6). Interpretatio lata fieri debet, ut res recipiat antiquum statum (Mantica, *de Conject. ult. volunt.* lib. 6, tit. 6, n.° 3); nam interpretatio non debet aliquid novi inducere (*Consil Marp.* 26, n.° 50). Interpretationi adhærendum quæ reducit ad jura naturalia sanguinis et æqualitatis (*Consil. Sax.* tom. 3, p. 2, quæst. 5). Interpretatio illa sumenda, per quam le-

gum correctio vitatur (Menoch. *de Arbitr. cas.* 199 ,
n.° 21); et per quam scripturæ scripturis concordantur.

Ampliation de la Règle.

Ampliatur hæc regula, ut locum habeat, quamvis ali-
qua verborum improprietas sequatur (Pedroch.; Mantic.
de Conject. ultim. volunt. lib 6, tom. 2, n.° 6).

Restriction.

Restringitur ut tum non obtineat si primævus status et
antiqua natura rei prorsus et in totum mutata sit et extincta
(Pedroch.).

RÈGLE III.

Interpretatio diù servata, non facilè mutanda (Zas.).
Interpretationem certam habentia non sunt mutanda (Si-
chard. consil. 3 , n.° 14). Interpretatio solita non est
deserenda (Alciat.). Interpretatio communis doctorum
non est deserenda (Angel. Math. *de Legat.* p. 342 ,
n.° 14).

RÈGLE IV.

Interpretatio facienda in meliorem et benigniorem par-
tem (L. 2 et 13 , ff. *de liber. et posth.*)

Interpretatio sumenda quæ magis benignitatem in se
continet, et evitanda , quæ rigorem inducit (Menoch.
consil. 8 , n.° 24). Interpretatio legum debet esse clara et
benigna (Pacian. *de Probat.*); favorabilia namque sunt
amplianda , odiosa verò restringenda (Simon de Præt. *de*

Interpr. ultim. volunt). — Quænam autem sit interpretatio benignior, tractat Francisc. Connan. &c.

RÈGLE V.

Interpretatio recipienda, quæ sapit æquitatem (Menoch. consil. 41, n.° 12).

Omnis enim interpretatio fundari debet in æquo et bono, et debet habere istos comites, scilicet bonum et æquum (Simon de Præt. lib. 1, fol. 93. — Molinæus, *ad Consuetud. Parisiens.* §. 37, gloss. 1, n.° 48). Interpretatio dispositionis, ubi adest naturalis æquitas, adeò efficax est, quòd aliæ non sunt perquirendæ conjecturæ (Pedroch. n.° 675). — Interpretatio recipienda pro æquiori opinione (*id.* n." 672); etiamsi contraria recepta esset (*id.* n.° 676); et interpretatio de æquitate potest tolli, demonstrando in aliâ parte majorem æquitatem extare (Simon de Præt.). Interpretatio sophistica opponitur æquo et bono (Menoch. consil. 202, n.° 10).

Interpretationi tamen ex æquo et bono locus non est, quoties sine vitio scripturæ verba inflecti non possunt (Alb. Bologn. in *Tract. de leg. et æquit.* cap. 34, n.° 9).

Interpretationis iniquitas qualiter deprehendatur, tradit Bart. in leg. *ab executore* 4, n.° 15, ff. *de appell.*

RÈGLE VI.

Interpretatio sumenda, quæ delictum evitetur (Menoch. consil. 8, n.° 21; consil. 128, n.° 8).

Interpretatio quæ ad evitationem delicti facit, potior esse debet (Cothman. respons. 59, n." 175 et 210). —

Interpretatio fieri debet, quæ fraudem et delictum excludit (Menoch. consil. 68, n.° 24); et per quam falsitas evitetur, etiam impropriando verba, et quamvis aliquantulùm sit extranea (*id.* consil. 221, n.° 19 et seq.).

Interpretatio per quam peccatum excluditur, in dubio accipienda est, tanquàm tutior pro animâ (Cephal. consil. 421, n.° 98). — In dubio tamen fit contra delinquentes (Wurmser, n.° 3, observ. 16, p. 438). — Et interpretatio per quam via malitiis aperitur, evitanda est (Chassan. *ad Consuetud. Burgund.* in tit. *des Successions,* §. 5, n.° 6). —Interpretatio illa semper magis recipienda, quæ præcludit viam ad delicta committenda (Farinac. consil. 65).

RÈGLE VII.

Interpretatio illa recipi debet, quæ à sapientibus probari potest (Zas. in tom. suis &c.).

Interpretari ità debet capitulum, ut à sapientibus damnari non possit (Cephal. consil. 539).

RÈGLE VIII.

Interpretatio sumenda, ne contrahentes decipiantur (Menoch. consil. 68, n.° 23); et ut contrahentium æqualis sit conditio (Roll. à Vall. consil. 100, n.° 10); et ut inter ipsos bona fides et æquitas naturalis servetur (Pedroch. n.° 674).

RÈGLE IX.

Interpretatio sumenda pro eo, qui de damno vitando tractat (Menoch. consil. 56 n. 39).

Ut ne quis indebitè damnum sentiat (Menoch. consil. 256, n.° 16); et ut consuletur utrique parti (cons. 494, n.° 23), et ut alterius jus, quantùm fieri possit, minùs lædatur (Rosenthal. *de Feudis*, &c.). Et illa capi debet in dubio, quæ non tendit in præjudicium tertii (Roll. à Vall. consil. 80, n.° 44), et per quam altera pars non remaneat in damno et decepta (Cephal. consil. 198, n.° 10); et quà pars minimè lædatur (Henning, &c.). Interpretatio stricta fit, quando agitur de alterius præjudicio (Cephal. consil. 539, n.° 94). Interpretatio facienda pro eo, qui de damno vitando tractat (*Consil. Marpurg.* 28, n.° 82).

RÈGLE X.

Interpretatio sumta ab observantiâ, valet, et est probabilis (Menoch. consil. 104, n.° 13).

Interpretatio legum à practicâ sumi debet (Borcholt. in *Consil.*). Interpretatio optima, quæ ex praxi et experientiâ sumitur (Menoch. consil. 148, n.° 36). Illa sumi debet, quam consuetudo probat (*id.* consil. 238, n.° 111). Interpretatio à consuetudine approbata optima est (L. *minimè* 23, ff. *de legib.*). In interpretatione verborum, consuetudo loquendi sequenda (Cujac. in *Comment. super Decretal.*). In interpretatione vocabulorum, usum loquendi communem observandum (Bart. in l. *omnes populi* 9, ff. *de just. et jur.*). Interpretatio facienda secundùm id quod fieri solet (*Consil. Marp.* 12, n.° 156). — Interpretatio omnis robur sumit ex communi usu loquendi (Chassan. *ad Consuet .Burg.* titul. *des Justices,*

§. 4). Interpretatio vera à practica sumitur (Martin. Monter. *Decision.* præfat. n.° 20). Juris communis interpretatio fieri debet secundùm consuetudinem loci (L. *omnes populi* 9, ff. *de just. et jur.*). Interpretandæ sunt dictiones juxtà eum sensum qui vulgari communi usu ac legum provinciæ significatione receptus sit (Covarr. lib. 3, *Var. Resol.* 5, n.° 1).

RÈGLE XI.

Interpretatio in dubio facienda in casu magis necessario (Menoch. consil. 61, n.° 19).

RÈGLE XII.

. . . .
. . . .

* RÈGLE XIII.

Interpretatio cessat in claris (*Paris. Consuet.* 6, n.° 5; Cephal. consil. 138, n.° 2); est enim calumniosa in casu claro (*id.* consil. 521, n.° 28).

Quandò verba sunt clara, non admittitur mentis interpretatio (L. *continuus* 137, §. *cùm ità* 2, ff. *de verb. obl.*); nam tacitum consistit in interpretatione juris, non autem expressum (Bald. in Authentic. *nisi rogati*, C. *ad senatuscons. Trebell.*)

Cæterùm hæc interpretum doctrina juri consentire nequaquàm videtur. Quamvis enim manifestissimum sit edictum prætoris, attamen non est negligenda interpretatio ejus (ait Ulpianus, in l. 1, §. 11, ff. *de vent. inspic.*). Nisi quis eam exaudiat de interpretatione extensivá, et restrictivâ, non item declarativâ : aut de eo casu, quandò verba ità sunt dilucida, ut nulla voluntatis aliter sentientis, probabilis subsit conjectura (L. *ille aut ille* 25, §. 1, ff. *de legat.* 3.°). Tunc enim quandò verba clara sunt, interpretationes doctorum, sive cavillationes advocatorum, non admittuntur (Bald. et Dec.).

RÈGLE XIV.

In claris, interpretatio facienda quæ convenit cum verbis (Cephal. consil. 514, n.° 42).

RÈGLE XV.

Interpretatio facienda, ut verba intelligantur, secundùm qualitatem personæ, quamvis impropriarentur verba (Cephal. consil. 23, n.° 28).

RÈGLE XVI.

Interpretatio, ubi ad literam est facienda, tunc significatio et importantia verborum respici debet (Cephal. consil. 40, n.° 49).

RÈGLE XVII.

Interpretatio sumenda quæ magis est favorabilis (Menoch. consil. 171, n.° 18).

Interpretatio larga admittitur in favorabilibus (*idem*, consil. 600, n.° 4). — Dicitur autem interpretatio favorabilis, quæ odium excludit, licèt inutilis reddatur dispositio (Pedroch. n.° 830). — Interpretatio illa recipienda, per quam extenditur casus favorabilis (Pedroch. n.° 622).

RÈGLE XVIII.

Interpretatio in dubio est facienda in favorem ecclesiæ (Cephal. consil. 43, n.° 9). — Item pro dote (L. 85, ff. *de reg. jur.*). — Item in favorem piæ causæ (Cephal. 4, consil. 514, n.° 7). — Item pro paupere (Cornel. Benincas).

RÈGLE XIX.

Interpretatio latior est facienda in liberando, quàm in obligando (Cephal. consil. 228, n.° 32). — Interpretatio in omni actu amplectenda est, quá efficitur ut quis minùs obligetur (*id.* consil. 9, n.° 5). Et facienda pro reo, ad excludendum actorem (*id.* consil. 747, n.° 22); et pro possessore (Decian. vol. 3, resp. 27).

RÈGLE XX.

Interpretatio magis conveniens sensui, probari debet (Menoch. consil. 82, n.° 26);

Et quá rectus sensus servatur (*id.* consil. 179, n.° 13). — Interpretatio congrua sententiis admittitur (Joan. Picus Mirandulæ).

RÈGLE XXI.

Interpretatio numquàm tantùm valet, ut sit melior sensu (Cephal. consil. 765, n.° 55).

Interpretatio verborum, etiam impropria, non repellitur, quandò colligi potest esse de mentis proferentis, et verba illud significant (Cels. Hug. consil. 49, n.° 21).

RÈGLE XXII.

Interpretatio sumenda, quæ magis verisimilis est (Menoch. consil. 37, n.° 16).

Interpretatio fieri debet secundùm id quod verisimilius est (*Consil. Marpurg.* 10, n.° 95).

RÈGLE XXIII.

Interpretatio illa sumenda, quæ absurdum evitetur (Jason. in l. *si sic stipulat.* 93, n.° 5, ff. *de verb. oblig.*).

Quod extenditur, ut ne quidem geminatorum verborum interpretatio fiat, ne absurdum et inconveniens sequatur (Pedroch. n.° 583).

Dicitur autem absurda interpretatio, quæ non consonat auribus vulgi (Sixtin. in *Tractat. de regal.* 11, n.° 51).

RÈGLE XXIV.

Interpretatio illa sequenda quâ æqualitas servetur (Menoch. consil. 141, n.° 18); præsertim inter socios et fratres (Carol. Molinæus *ad Consuet. Parisiens.* §. 33, n.° 11).

Interpretatio per quam major servatur æqualitas, in dubio amplectenda (Pedroch. n.° 560); et interpretatio ut æqualitas servetur, fit etiam contra regulas juris (*id.* n.° 563).

RÈGLE XXV.

Interpretatio illa sumenda, quâ contrarietas et repugnantia vitatur (Menoch. consil. 151, n.° 29).

Interpretatio verissima est in repugnantiâ duarum legum, quæ utramque conservat (Franc. Connan. in *Comment.*). Interpretatio illa amplectenda, quæ lites et discordias tollit (Pedroch. in *Respons.* n.° 554).

RÈGLE XXVI.

Interpretatio in dubio facienda, ut superfluitas evitetur (Cephal. consil. 637, n.° 27).

Interpretatio præfertur, per quam supervacanea vitantur (Menoch. consil. 329, n.° 8).

RÈGLE XXVII.

Interpretationem eam fieri oportet, quâ circuitus et ambages evitantur et præciduntur (Alciat. in *Respons.*).

Interpretatio sic facienda, ut circuitus evitetur (L. *dominus* 53, in fine, ff. *de condic. indeb.*; ibi : *Sed tam benignius quàm utilius est, rectà viâ, ipsum qui numos dedit, suum recipere* (L. *cùm fundus* 31, §. *servum* 1, ff. *de liberat. legat.*). Fallit tamen hæc regula, ut locum non habeat, si circuitus afferrent utilitatem (Per l. *si ità stipulatus* 55, ff. *de fidejuss.*).

RÈGLE XXVIII.

Interpretatio in dubio sumenda est, ex quâ perplexitas evitatur, et actuum nullitas rejicitur (Franc. Rip. *Resp.* 130, n.° 21).

RÈGLE XXIX.

Interpretatio illa sumenda, quæ magis convenit subjectæ materiæ (Menoch. consil. 179, n.° 14); et fieri debet, secundùm materiam subjectam (Vultcius *de Feudis*, n.° 29).

Interpretanda sunt verba secundùm materiam subjectam (Pedroch. *Respons.* n.° 577, ubi tribus modis ampliatur). Interpretatio facienda secundùm subjectam materiam, etiam in materiâ strictâ, et per improprietatem verborum (Farinac. consil. 88, n.° 34). Lex omnis et canon, interpretatione sic juvatur, ut rubricæ seu titulo sub quo collocatus est, conveniat (L. *imperator* 16, ff. *de in diem add.*); etenim rubrica sive titulus, clavis uniuscujusque legis est (Cujac. lib. 14, *Observ.* cap. 31). Quemadmodum lex in dubio sic debet intelligi, ut conveniat inscriptioni tractatûs cui lex subjicitur, sic et inscriptionis verba interpretanda sunt, ut congruant cum materie quæ sub inscriptione comprehenditur (Everhard. in loco *à rubro*). Interpretatio sumenda secundùm naturam materiæ et personarum (Ægid. Bellamer. consil. 2, n.° 22); etiamsi recedendum sit à proprietate verborum (*Consil. Marpurg.* 30, n.° 154).

RÈGLE XXX.

Interpretatio fieri debet secundùm qualitatem personarum quibus verba diriguntur (Matth. *de Afflict.* ad tit. *ex quib. caus. feud. amitt.*) ; secundùm conditionem ejus ad quem confertur dispositio (Gloss. in l. *plenum* 12, §. *equitii* 4, ff. *de usu et habit.*).

Et variatur interpretatio circa personas in quibus fit dispositio (Bolognet.).

RÈGLE XXXI.

Interpretatio nullâ melior, quandò actus est dubius, quàm illa quæ venit ab effectu subsecuto (Menoch. consil. 307, n.° 27).

Non tamen ab eventu fit interpretatio, sed à causâ, juxta Pedroch. n.° 224.

RÈGLE XXXII.

Interpretatio non sumenda à verbis, sed potiùs ab effectu et mente (Molin. ad *Consuetud. Parisiens.* §. 20).

Interpretatio debet fieri secundùm naturam rei, etiamsi proprietas verborum repugnet (Pedroch. n.° 687). Interpretatio nulla melior, quàm quæ sumitur ab effectu (*id.* n.° 226).

RÈGLE XXXIII.

Interpretatio sumenda ex potiori verborum significatu, etiam in odiosis (Menoch. consil. 332, n.^[is] 7 et 27).

Interpretatio capienda, quæ conveniat verbis (Pedroch. n.° 699). Interpretatio debet fieri ad litteram, non ad sensum (Gilman.).

RÈGLE XXXIV.

Interpretatio sumenda, quæ recto sermoni convenit; et rejicienda, quæ repugnat (Menoch. consil. 463, n.° 14).

Interpretatio secundùm possibilitatem verborum, salvâque recti sermonis ratione, fieri debet (Nicol. Everhard. in *Consil.* pag. 398).

RÈGLE XXXV.

Interpretatio ità facienda est, ut capitulum cum aliis conformetur in simili materià loquentibus (Cephal. consil. 539, n.° 95).

RÈGLE XXXVI.

Interpretatio congrua singulis casibus adaptanda (L. *item veniunt* 20, §. *præter hæc* 6, ff. *de hered. petit.*).

RÈGLE XXXVII.

Interpretatio latior in testamentis, strictior in contractibus facienda (Cephal. consil. 626, n.° 26).

RÈGLE XXXVIII.

Interpretatio plena fit in contractibus, plenior in testamentis, plenissima in beneficiis, privilegiis et rescriptis (Joch. Beust. in *Tract. de jurejur.*).

Alii tamen distinguunt inter beneficia et privilegia, et dicunt quòd beneficia quidem latissimè sint interpretanda (L. fin. ff. *de constit. principum*), privilegia non item, per C. fin. *de verb. signif.* — Videatur omninò Donell. lib. 1 *Comment.* cap. 15, ubi dicit, quòd beneficia principum semper plenissimè sint interpretanda. Non potest tamen in tertii præjudicium interpretatio lata fieri. (L. 4, Cod. *de emancip.*).

RÈGLE XXXIX.

Interpretatio justa prævalet propriæ significationi (Cephal. consil. 692, n.° 6).

Interpretatio justa et congrua rationi naturali, semper fieri debet (Alb. Brun. *de Stat.*).

RÈGLE XL.

Interpretatio semper fieri debet, ut unumquodque verbum aliquid operetur (Alex. lib. 4, consil. 110, n.° 4).

Interpretatio in quàcumque dispositione sic facienda, ut verba non sint superfluè apposita, et sine virtute operandi (Roll. à Vall. consil. 61, n.° 14).

RÈGLE XLI.

Interpretatio passiva habet locum in omni dispositione (Alex. consil. 110, n.° 14, lib. 6); etiam in materiâ strictâ (Decian. in lib. *discretis* 10, n.° 2).

Interpretatio rationabilis non rejicienda, nec in materiâ strictâ (Alciat. in tom.). Interpretatio passiva non excluditur, quamquàm dicatur quòd dispositio nullam interpretationem recipere debeat (Alberic. Brun. *de Stat.*).

RÈGLE XLII.

Interpretatio in dubio facienda, quæ periculo et vitio vacat (Sichard. consil. 6, n.° 34).

RÈGLE XLIII.

Interpretatio ea fit in dubio, quæ contumaci noceat, et ejus adversario prosit (Menoch. *de Arbitr.* quæst. 90, n.° 31).

Etenim contra contumaces interpretatio sinistra facienda (Jason. in l. *si cui* 49, §. 8, ff. *de legat.* 1).

RÈGLE XLIV.

Interpretatio hominis cessat, ubi manifesta est et expressa legis interpretatio (*Consil. Marpurg.* 8, n.° 17).

RÈGLE XLV.

Interpretatio in quâlibet dispositione secundùm eam causam fieri debet, ob quam dispositio facta est, et verba prolata sunt (*Consil. Marp.* 10, n.° 88).

RÈGLE XLVI.

Interpretatio in dubio sic fieri debet, ut illud pro omisso non habeatur, quod quis interrogatus dixisset se velle (*Consil. Marpurg.* 17, n.° 39).

RÈGLE XLVII.

Interpretatio in dubio præferenda, quæ plenior et uberior est (*Consil. Marpurg.* 18, n.° 108).

Interpretatio fit pro eo qui majori rationum copiâ nititur (Pedroch. n.° 657).

RÈGLE XLVIII.

Interpretatio idem operari debet, quod ipsa lex (Wesembec. in *Comment. ad Institut.*).

RÈGLE XLIX.

Interpretatio glossæ, expressi textûs juris correctionem ex nudâ conjecturâ introducens, strictissimè est accipienda (Coth. *Resp.* 61, n.° 97).

RÈGLE L.

Interpretatio mentis sumitur ex verbis, nec ulla certior, quàm quæ ab ipso disponente proficiscitur : per exauditionem est infirmior, nisi ea ex mente loquentis aliundè deducta rectò eliciatur (Goedd. in *Tract. de sequest.*)

RÈGLE LI.

Interpretationis facilitate verba legum laxanda sunt (Alb. Bologn. *de legib. et æquit.*)

RÈGLE LII.

Interpretatio sic facienda eo casu, de quo jus commune nihil disponit, ut de similibus ad similia procedatur (Innocent. in cap. *si adversar.* 4).

RÈGLE LIII.

Interpretatio ista sumenda, quæ animarum saluti tutior sit (Phil. Porcius, consil. 4, n.° 21).

Et quæ animæ sit proficua (Porc. consil. 16, n.° 52). Interpretatio dicitur legitima, quæ in favorem animæ fit (*id.* consil. 23, n.° 35); et fit etiam in pejorem partem, ob animarum salutem (*id.* 120, n.° 8).

RÈGLE LIV.

Interpretatio à ratione naturali, potior est omni aliâ (Tiber. Decian).

Ratio naturalis potissima est in quâcumque interpretatione (Pedroch. n.° 429).

RÈGLE LV.

Interpretatio contra fiscum adhibenda (Boer. consil. 1, n.° 23).

RÈGLE LVI.

Interpretatio ex. proprietate verborum est permissa in quâcumque materiâ, etiam odiosâ et exorbitante (Non, in *Tract. de testam.* cap. 203, n.° 43). Etiam in pœnalia et odiosâ.

Interpretatio lata fit etiam in odiosis, quatenùs proprietas verborum patiatur (Phil. Decian.). Interpretatio quæ convenit proprietati verborum, nunquàm censetur exclusa (Prosper Farinac. consil. 45, n.° 17). In dubio, à verborum proprietate non est recedendum (Alciat. in *Respons.*). Verborum propriæ significationi standum (Barthol. Socin.).

RÈGLE LVII.

Interpretatio nulla certior esse potest, quàm quæ fit ab ipso disponente (Pedroch. in *Resp. sing. de contract. indiv.* n.° 544).

RÈGLE LVIII.

Interpretatio fit, ut nemo præsumetur facere voluisse quod de jure non potest (Pedroch. n.° 546).

Nam quæ facta ledunt pietatem, existimationem, verecundiam nostram, et, ut generaliter dixerim, contra bonos mores fiunt, nec facere nos posse credendum est (ait Papinianus, in l. *filius* 15, ff. *de condit. instit.*)

— *Posse* infert honestum; non possumus facere, quod honestè non possumus (ait rectè Gothofredus, ad leg. 79, §. 1, ff. *de jure dot.*).

RÈGLE LIX.

Interpretatio fit in dubio, quæ rei gerendæ aptior est (Pedroch. n.° 581).

RÈGLE LX.

Interpretatio in dubio facienda pro communi opinione (Pedroch. n.° 884).

Et pro pluribus præsumptionibus et conjecturis (Pedroch. n.° 664). Et pro urgentioribus et validioribus (*id.* n.° 665). Et pro regulà contra limitationem (*id.* n.° 611). Et pro regulà negativà magis quàm pro affirmativà (*id.* n.° 623). Et pro naturà rei, etiamsi natura verborum repugnet (*id.* n.° 687).

RÈGLE LXI.

Interpretanda dispositio, ut intelligatur, rebus in eodem statu permanentibus (Pedroch. n.° 289). Etiamsi verba essent præcisa (*id.* n.° 291).

RÈGLE LXII.

Interpretationem à proximis, non à remotis, esse sumendam (Menoch. *de Arbit. casib.* 199, n.° 16).

RÈGLE LXIII.

Interpretatio juris de re pari, par erit (Gilman. in *Symph.* 13, 326).

RÈGLE LXIV.

Verba verè et naturaliter intelligenda, non per fictionem (L. fin. C. *de his qui ven. ætat. impetr.*).

Quandò tamen adest eadem ratio, tunc dispositio, loquens in casu vero, locum etiam habet in casu ficto (L. *filio quem pater* 23, *de liber. et posth.* — Menoch. cons. 227, n.° 43).

RÈGLE LXV.

Interpretatio sumi non potest ex actu futuro (Menoch. cons. 9, n.° 151).

RÈGLE LXVI.

Interpretatio nunquàm recipienda, per quam rectè loquendi ratio læditur et offenditur (Schrad. *de Feud.* p. 8).

RÈGLE LXVII.

Interpretatio non est facienda, quæ à verborum claritate dissentiat (Cephal. cons. 309, n.° 6, &c.).

RÈGLE LXVIII.

Interpretatio non debet esse maligna, et quæ maligna dicatur (Zas. in tomis). Non debet esse callida et malitiosa juris interpretatio, &c.

RÈGLE LXIX.

Interpretatio recipi non debet, quá alter alterius culpá damnum sentiat (Menoch. cons. 8, n.° 23, &c.).

RÈGLE LXX.

Interpretatio non est facienda ad casum improprium (Cephal, cons. 607, n.° 55).

RÈGLE LXXI.

Interpretatio impropria regulariter non admittitur (Cephal. cons. 607, n.° 55).

RÈGLE LXXII.

Interpretatio omnis, quæ verbis non congruit, rejicienda (Borch. in *Cons.* passim).

RÈGLE LXXIII.

Interpretatio fatua et callida reprobatur (Pacian. part. 2, *de Probat.*).

RÈGLE LXXIV.

Interpretatio potiùs quævis alia, quàm donationis, est capienda (*Cons. Marp.* 15, n.° 150).

RÈGLE LXXV.

Interpretatio verborum aliter fieri non debet, quàm habità ratione ejus ad quod is qui ea protulit, respexit (*Cons. Marp.* 10, n.° 34).

RÈGLE LXXVI.

Interpretatio utilitati publicæ adversa, non admittenda (Harprect.). Interpretatio lata fit, quandò agitur de interesse publico (Decian. vol. 1, resp. 1, n.° 321).

RÈGLE LXXVII.

Interpretatio dura et absurda fieri non debet (Roll. à Vall. cons. 25, n.° 18).

Interpretatio quæ parit absurdum, non est admittenda (Decian. vol. 3, resp. 34, n.° 59, ubi tractat etiam an sufficiat tantùm allegare absurdum).

RÈGLE LXXVIII.

Interpretatio inimica prudentiæ, vitari debet (Roll. à Vall. cons. 24, n.° 100). — Interpretatio fieri non debet, quæ à sapientibus reprehendatur (*id.* cons. 38).

RÈGLE LXXIX.

Interpretatio ficta non habet locum in odiosis, et non procedit contra jus (Simon de Præt. lib. 1).

RÈGLE LXXX.

Interpretatio omnis, nisi deserviat foro, hoc est, usui rerum quotidianarum, inutilis est et perniciosa (Arg. I. 2, §. *his legibus* 5, ff. *de or. jur.*).

RÈGLE LXXXI.

Interpretatio nimis subtilis, et à facti consideratione prorsùs recedens, fugienda est (L. *est differentia* 9, ff. *in quib. caus. pig.*).

RÈGLE LXXXII.

Interpretando, neque lex torquenda est, ut facto deserviat, neque variare factum oportet, ut legi respondeat.

Nam in torquendo jure committes fraudem ; in variando facto, mendacium. Utrobique ergo servanda simplex veritas. Responsa enim et interpretationes jurisconsultorum sic oportet interpretari, ut potiùs conveniant, quàm discrepent (L. *si quis.* 9, ff. *qui testam. fac. poss.*).

RÈGLE LXXXIII.

Interpretatio sumi non debet contra mentem disponentis (Pedroch. n.° 544).

RÈGLE LXXXIV.

Interpretatio ex quâ effectuum difformitas sequitur, à lege rejicitur (Pedroch. n.° 568).

RÈGLE LXXXV.

Interpretatio non debet à cortice verborum sumi (Menoch. *de Arbit. cas.* n.° 7).

RÈGLE LXXXVI.

Interpretatio quæ verborum proprietati repugnat, non dicitur possibilis (Farinac. cons. 45, n.° 17).

RÈGLE LXXXVII.

Interpretatio non est capienda, ut novæ Constitutiones Justiniani superfluæ dicantur.

RÈGLE LXXXVIII.

Interpretatio quâ altera pars maneret in damno, non debet admitti (Hadrian. Gilman.).

Règle LXXXIX.

Interpretatio, per quam narratio à conclusione discordat, non est accipienda (Alciat. in *Resp.*).

Règle XC.

Interpretatio non debet esse divinatoria ; nam interpretes juris non divinare, sed solidas legum interpretationes afferre debent (L. *Gallus* 29, §. *quidam rectè* 1, ff. *de liber. et posth. &c.*)

Règle XCI.

Interpretatio legis dicitur ipsa lex (CCtæ *in Clem.* cap. *exivi* 1, §. *item ordo, &c.*).

Et interpretatio præscripta dicitur textus legis (Mascard. *de Probat.* conclus. 1044, ubi id latiùs declarat). Nam quod ex consuetâ interpretatione fit, dicitur liquere, perinde ac si per verba expressa disponentis appareret (Cæpoll. *de Interp. extens.* cap. 1, p. 18, n.° 132, et Stephan. de Federic.).

Règle XCII.

Interpretatio ea in dubio sumenda est in materiâ successionis, quæ nos reducit ad legem 12 tabb. et mediam jurisprudentiam (Tib. Decian. vol. 3, resp. 74).

Règle XCIII.

Interpretatio illa sumenda, quæ reducit ad jus Digestorum, non ad jus Codicis (Tib. Decian. vol. 3, resp. 74).

Ab imperatoribus enim non potest peti proprietas

civilium verb⸗ ⸗m (Franc. Bald. *de Pign.* cap. 1). Nam imperatores in constitutionibus suis πλατυτερος locuti sunt, atque de proprietatibus vocabulorum, non ita solliciti, sicut jureconsulti, fuerunt (Vulteius, disc. 12).—Respiciunt etiam imperatores in legibus ad certam facti speciem plerùmque (Decian. in l. *emancipata* 4, n.° 19, C. *qui admitti*). Et principum rescripta secundùm factorum contingentiam impertiebantur, ait Anton. Matthæus, &c.

RÈGLE XCIV.

Interpretatio sumenda, quæ congruit grammaticæ. — Hinc obscuritatis ob linguam græcam interpretatio fieri potest ab interprete per aliam linguam (Simon de Præt. l. 1, fol. 25).

RÈGLE XCV.

Interpretatio non potest accommodari ad non apta. Adaptatio debet in ipsâ interpretatione esse talis, quæ conveniat rei à quâ fit interpretatio, et rei quæ est voluntas interpretata (Simon de Præt.).

RÈGLE XCVI.

Interpretatio quæ fit per legem, dicitur manifesta probatio, et præfertur, et prævalet aliis : et quæ hujus rei ratio (Simon de Præt.).

RÈGLE XCVII.

Interpretatio in favorabilibus sumitur, ut extensio, quàm restrictio, potiùs oriatur (Decian. vol. 1, resp. 17, n.° 30).

RÈGLE XCVIII.

Interpretatio stricta sumenda est in fideicommissis, legatis et substitutionibus , et propria (Menoch. cons. 97, n.° 4 et 17, &c.).

Etenim interpretatio fit in dubio contra legatarium (Menoch. cons. 423, n.° 30). Et interpretatio illa sumenda , quâ fideicommissum excludatur (Cephal. cons. 447, n.° 15). Et ut evitetur tanquàm odiosum (*Cons. Marp.* 25, n.° 292, &c.).

Convenit tamen ità legatum interpretari, ne sit inutile legatario, et ad hunc finem sumitur interdùm interpretatio larga (Menoch. cons. 539, n.° 11). Et fit nonnunquàm in fideicommissis interpretatio benigna (Cephal. cons. 231, n.° 19).

Nam etsi facienda sit interpretatio contra fideicommissum, ne inducatur, secùs tamen habet, postquàm inductum (Cephal. cons. 371, n.° 58). Et fit interpretatio, quò legatum valeat et utile sit.

Et quòd interpretatio stricta fiat contra legatarium, non absolutè semper est intelligendum; et imò stricta fit interpretatio pro legatariis, adversùs heredes , in aliquibus (Simon de Præt. lib. 1, fol. 58).

Quamvis autem in dispositionibus ultimis larga fiat interpretatio, quoad institutionem heredis (Roll. à Vall. cons. 16, n.° 33). — Quoad onera tamen, sic in dubio facienda , quò fideicommissum evitetur (*id* cons. 65 , n.° 35). Et in favorem heredis interpretatio stricta fit in legatis.

Règle XCIX.

Interpretatio fieri debet adversùs eum qui legem apertiùs contractui dicere potuit (L. *veteribus* 39, ff. *de pactis, &c.*). Hanc regulam latè tractavimus in *Tract. de pactis*, c. 8, memb. 6. Et poterit ea, pro re natâ, latiùs explicari.

Règle C.

Jus vel strictum est, vel æquum et bonum. Æqui objecta sunt honestum, natura, utile. Utile est fictione, repræsentatione (sic dolus, possessionem, rem, conditionem, factum; culpa, rem; factum seu persona, factum aliud, rem aliam, aliam personam repræsentat), præsumptione, conjecturâ, seu interpretatione, non captiosâ, sed civili. Hinc interpretatio sumitur ex naturâ rerum ipsarum, putà, genere, specie, toto, partibus; ab eo quod plus est et minus, principali, accessorio, privatione, habitu, signis, verbis et mente, id est obscuro seu ambiguo. Quo in genere præsumptio sumitur pro autore, pro eo quod verisimilius est, pro rei præsentis opportunitate, pro consuetudine, pro eo quod est benignius vel favorabilius : idque maximè, cùm agitur de libertate, dote, testamento, judiciis, contractibus, pœnis, lucro, onere, majori parte inter fiscum et privatos; de tacito et expresso, ubi agitur de actûs conservatione, de conjunctis et disjunctis, de odio et favore, de duobus malis, de initio utili vel inutili, de jure novo. Hàc enim regulâ Joannis Rami, quem Dion. Gothofred. præceptorem suum et antecessorum doctissimum appellat, ad l. 1, ff. *de reg. jur.*, libros hosce concludere jubet.

FIN.

TABLE ALPHABETIQUE
DES MATIÈRES.

A

ABROGATION DE LA LOI, espèces diverses, pag. 148 *et suiv.*, 200 *et suiv.* — Elle est formelle ou tacite, pag. 149 (note).

ACCESSOIRES (Les) d'une chose donnent lieu à l'extension logique, pag. 115.

ALLUSIONS LÉGALES, pag. 17.

AMBIGUITÉ (Cas où il y a), pag. 207—220.

ANALOGIE (De l'), pag. 203 (note) et 226.

ANALYSE, méthode logique, pag. 24. — Moyens d'interprétation qu'elle fournit, pag. 25.

ANTÉCÉDENS (Divers) d'une chose, donnent lieu à l'extension logique, pag. 114.

AUTORITÉ (Degrés d') des diverses collections du droit romain, pag. 45.

C

CAS ou espèces servant de fondement à la loi, pag. 85.

CHOSE (Une) sous-entendue donne lieu à extension, pag. 123.

CLASSIFICATION des matières du Code civil, pag. 55.

CONFECTION des lois, pag. 42.

CONSÉQUENCE (La) d'une chose est susceptible de l'extension logique, pag. 114.

CONTRAIRES (Deux choses) donnent lieu à extension, pag. 122.

CORRÉLATION (La) entre deux choses donne lieu à extension, pag. 121.

COUTUME. La présomption qui en résulte donne lieu à extension, pag. 109.

CULTURE de l'esprit, premier objet de la philologie, pag. 5.

D

DÉFINITIONS, pag. 1. — La chose qui entre dans la définition d'une autre est soumise par extension à la même disposition de loi, pag. 106.

DÉPENDANCE entre deux choses et extension, pag. 118.

DÉROGATION des lois, pag. 146 *et suiv.*, pag. 200 *et suiv.*

DIÉRÈZE, méthode logique, pag. 23.

DISPOSITIF de la loi, reçoit extension d'après son motif, pag. 136 *et suiv.*; — et restriction, pag. 173 (note). — Règles pour l'appliquer aux cas non prévus, pag. 139.

DIVISIONS générales, pag. 1; — du sujet, pag. 79.

DOCTRINE des auteurs, pag. 63.

DROIT (La didactique, l'histoire, l'exégèse du), pag. 1. — Droit français, pag. 46; — intermédiaire, pag. 53 et 64. — Droit romain, coutumier (voyez *Sources*), canonique, pag. 62; — naturel, pag. 65. — Droit écrit distingué du droit non écrit, pag. 231 (note). — Droits acquis, pag. 270 *et suiv.*

E

ÉMANATION naturelle et non fictive d'une chose, donne lieu à extension, pag. 109.

ÉQUITÉ (Trois espèces d'), pag. 188. — Considérations diverses sur l'équité d'interprétation, pag. 189 *et suiv.* — Elle est le fondement de l'extension, pag. 130. — On ne peut, sous prétexte d'équité, se refuser à exécuter la loi, quoique dure, si telle est la volonté du législateur, pag. 193. (Voyez *Loi*.)

ESPÈCES. (Voyez *Cas*.)

ESPRIT. Sciences propres à sa culture, pag. 5.

EXCEPTIONS. Leur classification, pag. 83. — Exceptions à la règle d'après laquelle l'extension n'a pas lieu dans le cas prévu au §. CV, pag. 142.

EXTENSION LOGIQUE, pag. 106 *et suiv.* — Extension résultant des motifs de la loi, pag. 125. — Cas dans lesquels elle a lieu, pag. 129 *et suiv.* — Distinction entre l'extension active et l'extension passive, pag. 141 (note). —Extension des lois dérogatoires, pénales, de droit commun, &c. (Voyez *Lois*.)

F

FORSTERUS (Note de) sur la nécessité des études historiques, pag. 33.

G

GRAMMAIRE, partie technique, pag. 8 ; — partie philologique, pag. 10 ; — partie métaphysique, pag. 12.

H

HISTOIRE générale du droit, pag. 1. —Histoire et antiquités, pag. 27 ; — du droit romain, pag. 29 *et suiv.* ; — du droit français , pag. 46 *et suiv.* — Note sur le plan de M. Hugo relatif à l'étude de l'histoire du droit romain, pag. 30. — Opinion de M. Thibaut sur les usages de l'histoire, pag. 125. — Opinion d'Eckard sur le même sujet, *ibid.*

I

INTERPRÉTATION (But de l'), et ses fondemens, pag. 3. — Ses espèces et ses méthodes, pag. 4. — Méthodes générales, pag. 77 ; — spéciales, pag. 101. —Interprétation de doctrine, pag. 77. —Espèces diverses, pag. 101. — *Grammaticale*, pag. 6 *et suiv.*, pag. 101 *et suiv.* – *Logique*, pag. 21 *et suiv.*, pag. 101 *et suiv.* — *Par le parallélisme*, pag. 103 (note). — *D'après le but du législateur*, pag. 101 et 102. — *D'après le motif de la loi*, pag. 101 et 104. — *Extensive*, pag. 101, 105 *et suiv.* — *Restrictive*, pag. 101, 175 *et suiv.* — *Déclarative*, pag. 101, 205 *et suiv.* — Sa définition, pag. 206. — Interprétation mixte, pag. 223 ; — d'usage et de jurisprudence, pag. 231 ; — authentique ou par voie d'autorité, pag. 255. — Caractères qui la distinguent de l'interprétation de doctrine, pag. 256 *et suiv.*, 263. — Cas auxquels on y a recours, pag. 261 *et suiv.* — Sa définition, pag. 263.

J

Jurisprudence des arrêts, pag. 61.

L

Lecture du texte, pag. 88.

Logique, pag. 21. — Son usage dans l'interprétation des lois, pag. 22 *et suiv.*

Loi. Sa définition, pag. 5. — On fait résulter son extension de ses différentes parties, pag. 124. — La volonté et le motif de la loi pris l'un pour l'autre, pag. 130. — La volonté de la loi est la loi elle-même *(ibid.).* — Distinction entre le motif et le sens de la loi, pag. 129. — Quelles lois sont susceptibles de l'interprétation extensive, pag. 146. — Lois abrogatoires et dérogatoires, pag. 146 *et suiv.* — Principes d'après lesquels on décide qu'une loi déroge à une autre ou l'abroge, pag. 157 *et suiv.* — Lois pénales, pag. 163. — Opinion de M. Thibaut relativement à l'extension des lois pénales, pag. 164; — de Forsterus, pag. 165; — d'Éverhard, et exposition de mes principes, pag. 166 *et suiv.* — Lois de droit commun, pag. 173. — La loi, quoique dure, doit être interprétée selon ses termes, si telle est la volonté du législateur, pag. 193 et 257. — Lois interprétatives, comment elles sont rendues, pag. 260 (note). — Les lois s'interprètent les unes par les autres, pag. 154 et 201.

M

Matières placées dans le domaine de la loi, pag. 71. — L'incertitude de la matière donne lieu à l'obscurité de la loi, p. 221.

Mesure. Lorsqu'une chose se mesure sur une autre, il y a lieu à extension, pag. 120.

Méthodes d'interprétation : générales, pag. 77; — spéciales, pag. 100.

Motif de la loi, différent du motif légal de décision, p. 126. — Sa définition, pag. 129. — Comment connaîtra-t-on le motif de la loi, pag. 136. — Effets des changemens apportés aux motifs de la loi, pag. 136. — Distinction entre le motif éloigné et le motif déterminant, pag. 137 (note). — Règles d'après lesquelles on doit appliquer le dispositif de la loi aux cas non prévus, pag. 139. — Règles pour le cas où le motif de l'espèce soumise est plus fort que celui de la loi, pag. 140 *et suiv.* — Exceptions à cette règle, pag. 142 *et suiv.* — Le motif de la loi est la loi elle-même, pag. 3, 33, 130 et 195 (note).

MOTS. Cas dans lesquels le législateur s'écarte de leur sens propre, pag. 208 *et suiv.*

MOYEN direct ou détourné d'arriver d'une chose à l'autre, donne lieu à extension, pag. 111. — Combien d'espèces de moyens détournés, pag. 111, 112 *et suiv.*

N

NATURE d'une chose. Tout ce qui en fait partie est susceptible d'extension, pag. 108.

NOTIONS générales et préliminaires, pag. 77.

NULLITÉS. Leur classification, pag. 82.

O

OBJECTIONS, pag. 93.

OBSCURITÉS de la loi, pag. 220 *et suiv.*

OBSERVATIONS générales sur les usages de la grammaire, p. 6 et 7.

ORDONNANCES (anciennes), pag. 60.

P

PARTIES D'UN MÊME TOUT. Diverses manières de les considérer, pag. 107. — L'extension a lieu à l'égard des parties, p. 108.

PHILOLOGIE, pag. 3. — Son objet, pag. 4. — Ses rapports avec les interprétations d'usage et authentique, pag. 275.

PHILOSOPHIE MORALE, pag. 65; — véritable et simulée, pag. 30 (note).

Principes ou axiomes remarquables, pag. 92. — Principes généraux et divisions des méthodes spéciales, pag. 100.

R

Raisons de la loi, pag. 90.

Rapports des diverses interprétations entre elles, pag. 229; — entre la philologie et les interprétations *d'usage* et *authentique*, pag. 275.

Règles générales d'interprétation, pag. 279.

Restrictions au principe de l'extension d'après les motifs de la loi, pag. 184. — La restriction de la loi résulte, 1.º de ses différentes parties, pag. 176 et 181; — 2.º de ses motifs, pag. 181; — 3.º de l'équité, pag. 188; — 4.º de la raison naturelle, pag. 197; — 5.º des autres lois positives, pag. 200. — Principes sur la restriction, appliqués aux lois modernes, pag. 181. — Autres causes énumérées, pag. 204 *et suiv.*

Résumés généraux, pag. 80.

Rétroactivité (De la) des lois, pag. 204 *et suiv.* — Rétroactivité de la loi interprétative, pag. 268 *et suiv.* — Relativement à l'état des personnes, pag. 273. — Relativement aux crimes et aux délits, pag. 274.

Rhétorique, pag. 19.

Rigueur du droit. (Voyez *Loi dure.*)

S

Sectes des jurisconsultes, pag. 37.

Signes de l'extension de la loi, pag. 106. — Signes auxquels on reconnaît que le législateur a voulu s'écarter du sens propre des mots, pag. 208. — Cette volonté résulte, 1.º de la qualité même de la loi *(ibid.)*; — 2.º de la matière qu'elle a pour objet, pag. 210; — 3.º des parties qui la précèdent ou qui la suivent, pag. 212; — 4.º du langage employé, pag. 214; — 5.º de tous les moyens par lesquels le sens de la loi peut être étendu ou restreint, pag. 210.

SIMILITUDE. Espèces diverses, pag. 131 *et suiv.*

SOURCES du droit romain, pag. 34; — du droit français, p. 57. — Sources directes de la loi d'après Eckard, pag. 125.

SUBROGATION d'une chose à l'autre, et extension, pag. 116 *et suiv.*

SYNTHÈSE, méthode logique, pag. 23.

T

TABLEAU des matières placées dans le domaine de la loi, pag. 73.

U

UNION de deux choses et extension, pag. 119.

USAGE (L') peut-il abroger la loi, pag. 243. — Peut-il suppléer à la loi, pag. 253. — Peut-il interpréter la loi, pag. 254. — Son caractère, pag. 233. — Conditions requises pour former un usage ayant force de loi, pag. 235 *et suiv.* — Actes constitutifs de l'usage, pag. 241.

V

VOLONTÉ (La) ou l'intention de la loi résulte de sa qualité, pag. 208; — de la matière qu'elle a pour objet, pag. 210; — des parties qui précèdent ou qui suivent, pag. 212; — du langage employé, pag. 214; — de tous les moyens qui autorisent l'interprétation extensive et restrictive, pag. 219.

FIN DE LA TABLE.

www.ingramcontent.com/pod-product-compliance
Lightning Source LLC
LaVergne TN
LVHW050205030726
842520LV00002B/400